D1932397

Deborah Winter

Mit **Pflegekindern** leben

Anleitung und Erfahrungsbericht

Kirchturm Verlag

Bibliografische Information der Deutschen Bibliothek
Die Deutsche Bibliothek verzeichnet diese Publikation in der Deutschen Nationalbibliografie; detaillierte bibliografische Daten sind im Internet über http://dnb.ddb.de abrufbar.

ISBN 978-3-934117-12-9
2009 Kirchturm-Verlag Martina Gerts e.K.
Ramlinger Straße 18, 31303 Burgdorf Ehlershausen
http://www.adoptionsbuch.de

© bei der Autorin
Layout, Umschlagentwurf, Bearbeitung: Wolfgang Gerts
Die Zeichnungen der Umschlagseiten hat Kevin angefertigt.
Sie zeigen seine Pflege- und seine Herkunftsfamilie und Geschwister miteinander.
Gesamtherstellung: BWH GmbH

Printed in Germany

Meinen beiden geliebten Pflegekindern Kevin und Antonia gewidmet.

Dies ist eine wahre Geschichte. Die Namen, Daten und Ortsangaben wurden verändert, um die Privatsphäre der beteiligten Personen zu wahren.

Inhalt

Verzeichnis der Sachtexte

Siehe auch:

Vorwort

Unser Pflegesohn Kevin, der heute sieben Jahre alt ist, lebte knapp ein halbes Jahr bei uns, da zogen wir in ein kleines Häuschen um. Wie es so oft beim Bau oder beim Umbau passiert, zogen wir ein, als es im Haus noch viel zu tun gab. Unterm Dach musste beispielsweise noch gedämmt werden, sodass diese beiden Zimmer noch nicht bewohnbar waren. Somit hatten mein Mann und ich noch kein Schlafzimmer und nächtigten auf Isomatten im Wohnzimmer. Die Idee zu diesem Buch bekam ich in einem Traum auf meiner Isomatte. Darin wurde ich quasi aufgefordert, solch ein Buch zu schreiben. Am nächsten Morgen war ich hoch motiviert, dies auch in die Tat umzusetzen, und entwarf ein Mindmap. Das ist eine Gedankenkarte, eine grafische Darstellung, die Beziehungen zwischen Begriffen aufzeigt. Das war sozusagen mein Inhaltsverzeichnis. Diese Grafik verschwand erst mal für längere Zeit in einem Papierstapel, bis unser Haus fertig war und ich einen neuen Laptop hatte. Dann begann ich abends mit dem Schreiben, denn Kevin war erst zwei Jahre. Ich betreute ihn ganztags, da er noch nicht in den Kindergarten ging.

Mein Ehemann Patrick und ich sind schon seit vielen Jahren Pflegeeltern von bisher fünf Kindern. Das hiesige Jugendamt schickte mehrmals potenzielle Bewerber für ein Pflegekind zu uns, damit diese sich vor Ort ansehen, wie das Zusammenleben mit einem Pflegekind sich im Alltag gestaltet. Durch dieses Buch können auch andere Menschen an den beschriebenen Erfahrungen teilhaben und sich überlegen, ob eine Pflegschaft für sie in Frage kommt oder nicht.

Die Entscheidung, ein Pflegekind bei sich in die Familie aufzunehmen, ist keine leichte und betrifft evtl. das ganze Leben. Das Leben wird sich dadurch sehr verändern, und man übernimmt viel Verantwortung. In diesem Buch wird die Erfahrung mit fünf Pflegekindern, die kurz bzw. auf Dauer bei uns lebten und leben, berichtet. Der Leser kann sich ein gutes Bild machen, was alles auf ihn zukommen könnte.

Ich möchte mit meinem Buch, für diejenigen, die sich solch ein Abenteuer zutrauen, ein Plädoyer zum Zusammenleben mit Pflegekindern halten. Es werden oftmals händeringend Pflegeeltern gesucht, hingegen ist die Liste der Adoptionswilligen sehr lang.

Innerhalb des Buches gibt es kurze einführende Einschübe zu bestimmten Pflegeeltern betreffenden Themen, wie z.B. der Anbahnungszeit oder der Besuchskontakte mit den leiblichen Eltern. Diese werden kurz allgemein erklärt und z.T. im Buch mit eigenen Erfahrungen ergänzt. Da ich weder Juristin noch Sozialarbeiterin bin, verweise ich für tiefer gehende Fragen auf die entsprechende Fachliteratur (siehe Literaturverzeichnis).

Mit unserem Beispiel, das mit vielen Abschieden und Tränen einherging, möchte ich niemanden von der Übernahme einer Pflegschaft abschrecken. Daher kommen drei andere Pflegefamilien zu Wort, bei denen es etwas einfacher verlief und die sich nicht wieder von ihren Pflegekindern trennen mussten bzw. bei denen die Pflegschaft sich sogar in eine Adoption umwandelte.

Mein Buch ist geschrieben für:

- Kinderlose Paare, die nach Möglichkeiten suchen, mit einem Kind zusammenzuleben,
- Familien, die ein fremdes Kind aufnehmen wollen,
- Institutionen, die mit dem Thema Fremdunterbringung beschäftigt sind,
- Pflege- und Adoptiveltern und andere Menschen, die an Schicksalen anderer interessiert sind.

Im ersten Kapitel erzähle ich ein wenig von unserer Vorgeschichte und von meiner Einstellung zum Leben.

Der Wunsch nach eigenen Kindern bleibt unerfüllt

Ende Zwanzig, mein Studium lag drei Jahre hinter mir und ich arbeitete in einem Umweltbüro, dachte ich zum ersten Mal ernsthaft daran, Mutter zu werden. Mein damaliger Freund und heutiger Ehemann Patrick war damals erst 24 Jahre alt, konnte sich dennoch mit dem Gedanken anfreunden. Wir planten das Ganze so genau, dass Patrick einen Teil des Erziehungsurlaubs während einer günstigen Studienphase übernehmen könnte. Bisher hatten wir wenige Freunde und Bekannte, die Kinder hatten. Wir machten wir uns an unser Projekt Wunschkind. Die ersten zwei Monate war die Enttäuschung zwar groß, wenn meine Menstruation kam, wir blieben aber guten Mutes. Aber so nach und nach begann es mich sehr zu frustrieren, und bei einer Routineuntersuchung bei meiner Frauenärztin erwähnte ich unseren Kinderwunsch und unser halbjähriges Probieren. Die Gynäkologin meinte gleich, dass wir mit einem halben Jahr schon recht lange gewartet hätten und wir das jetzt forcieren sollten. Denn das Nichtschwangerwerden wäre nicht mehr im normalen Zeitrahmen.

Ab sofort musste ich jeden Morgen meine Körpertemperatur messen und Hormonpräparate einnehmen. Zur Zyklusmitte ging ich zur Gynäkologin, um zu sehen, ob denn ein oder mehrere Follikel herangereift waren. Das sah meistens gut aus. Von meiner Ärztin bekam ich so nette Sprüche wie „Sagen Sie Ihrem Mann, er soll heute Abend nett zu Ihnen sein“ mit auf den Weg. Unsere Sexualität wurde immer mehr meinem Fruchtbarkeitskalender angepasst. Nach ein paar Monaten brauchte ich eine Auszeit, denn mittlerweile fühlte ich mich sehr angespannt. Ich nahm meinen gesamten Resturlaub und noch etwas unbezahlten Urlaub und flog für zehn Wochen alleine nach Neuseeland, während Patrick hier für seine Diplomprüfungen lernte. In dieser Zeit, auf der anderen Seite der Erdkugel und durch meinen zweiten Sommer in einem Jahr konnte ich mal wieder richtig entspannen und das Leben pur genießen. Es war eine traumhafte Zeit, an die ich immer wieder gerne zurückdenke.

Als ich zurückkam, wollte ich einen weiteren Arzt konsultieren. Ich bekam einen Tipp und fuhr in eine andere Stadt. Der Arzt diagnostizierte eine riesige Zyste in einem meiner Eierstöcke und er vermutete, es handele sich um eine Endometriosezyste. Der Arzt riet mir zu einer Bauchspiegelung, um das konkret zu erkennen. Zudem könnte man dabei gleichzeitig sehen, ob meine Eileiter durchlässig seien.

Ein paar Wochen später begab ich mich in eine Klinik und ließ eine Bauchspiegelung machen. Diese brachte den Befund, dass ich eine

Endometriose hätte und beide Eileiter nicht durchlässig seien. Schulmedizinisch gesehen sei damit eine normale Schwangerschaft nahezu unmöglich.

Die Ärzte stellten mir ihr Behandlungskonzept vor: Ich solle mehrere Monate per Hormontabletten in künstliche Wechseljahre geschickt werden und anschließend per IVF (In-Vitro-Fertilisation = Reagenzglasbefruchtung) schwanger gemacht werden. Diese Therapie sagte mir nicht zu. Ich erinnerte mich vage, dass es in der Klinik eine Abteilung mit alternativen Heilmethoden gab. Ich bekam ein Gespräch mit dem Homöopathen. Es gab zu der Zeit ein Forschungsprojekt, das die Behandlung von Endometriosepatienten auf herkömmlich schulmedizinische Art und die Behandlung mit homöopathischen[1] Globuli[2] vergleichen sollte. Ich entschied mich für die homöopathische Variante. Ich blieb zwei Jahre in diesem Forschungsprojekt. Die Homöopathie habe ich vor allem seitens der sogenannten Erstverschlimmerungen kennengelernt. Ich reagiere scheinbar sehr schnell und intensiv auf die Globuli. Schwanger wurde ich nicht. Dafür wurden meine Schmerzen während meiner Menstruation erträglicher, und die Blutung wurde schwächer.

In meiner Freizeit besuchte ich zu der Zeit liebend gerne spirituelle Seminare im Bereich Persönlichkeitsentwicklung, Selbsterfahrung und Meditation. Ich hatte so oft gehört und gelesen, dass Loslassen ein sehr wichtiges Thema ist und hilft, befreiter durchs Leben zu gehen. Ich hatte mich in meinen Kinderwunsch mittlerweile sehr verfangen, dass es ein echtes Problem für mich geworden war. Mehrmals bekam ich von Freunden den Rat, den Kinderwunsch loszulassen und mich auf anderes zu konzentrieren. Im Anschluss an diesen Ratschlag kam immer eines der Beispiele: Das haben Freunde von mir auch gemacht, und diese sind in einen Luxusurlaub gefahren, und plötzlich wurde die Frau doch schwanger. Aber erst, nachdem sie den Wunsch, Kinder zu bekommen, aufgegeben hätten. Ich konnte diese Geschichten nicht mehr hören. Im Prinzip waren sie okay, aber ich wusste genau, ich war innerlich dazu (noch) nicht bereit.

---

[1] Der Begriff Homöopathie stammt aus dem Griechischen und wird mit „ähnliches Leiden" übersetzt. In der Homöopathie, die der deutsche Arzt Samuel Hahnemann um 1800 begründet hat, wird eine Erkrankung mit einer kleinen Menge eines Naturstoffs behandelt, die am gesunden Menschen, in größerer Dosis verabreicht, zu ähnlichen Symptomen führt, wie sie für eine bestimmte Erkrankung charakteristisch sind.

[2] Als Globuli (lat. die Kügelchen) werden kleine Kügelchen bezeichnet, die z.B. in der Homöopathie oder der Bachblütentherapie angewendet werden.

Nachdem wir mit den alternativen Methoden durch waren, waren wir an dem Punkt angelangt, wo wir etwas taten, was noch zwei Jahre zuvor auf keinen Fall in Frage gekommen wäre. Wir hatten uns auf der Endloskinderwunschspirale immer mehr abwärts bewegt, statt auszusteigen. Insgesamt starteten wir drei IVF-Versuche. Ich empfand diesen Weg als sehr schwer und bewundere und bedauere die Frauen, die das häufiger auf sich nehmen, sehr. Ich musste mich täglich selbst in den Bauch spritzen. Ich musste ständig zur Ultraschallkontrolle in die Stadt fahren und bekam zweimal einen kleinen ambulanten Eingriff (zur Herausnahme der Eizellen). Als ich bei dem dritten Versuch schon vor der Eientnahme eine große Eierstockzyste bekam und der Befruchtungsversuch aufgegeben werden musste, gaben wir endlich das Hoffen auf unser Wunschkind auf. Wir hatten es nach Jahren des Wartens, Probierens, Hoffens und Sehnens geschafft, die schulmedizinische Spirale zu verlassen.

Mein Mann und ich hatten das starke innere Gefühl, dass es eines Rituals bedurfte, um unseren Wunsch nach einem eigenen Kind auch symbolisch loszulassen. So gingen wir mit drei von mir liebevoll gebastelten Papierbooten zu einem kleinen Fluss in der Nähe und ließen unsere Schiffchen, die unsere drei ersehnten Kinder symbolisierten, los. Es flossen hierbei meinerseits viele bisher ungeweinte, aber letztendlich befreiende Tränen. Lange schauten wir unseren Booten nach, bis sie unserem Blick entschwunden waren.

Wir begannen, nach Alternativen zum Zusammenleben mit einem eigenen Kind zu suchen: beruflich mit Kindern arbeiten oder beruflich durchzustarten und keine Zeit zu haben für Kinder. Und gleichzeitig nahmen wir uns vor, uns mit dem Thema Adoption und Pflegschaft auseinanderzusetzen und zu informieren.

Mitten in diesen neuen Überlegungen, wie es mit uns weitergehen könnte, bekam ich starke Unterleibsschmerzen, es wurde eine Entzündung im Unterleib mit einer grapefruitgroßen Zyste diagnostiziert. Ich rannte von Arzt zu Arzt, ich sollte, wollte aber nicht operiert werden.

Zu Hause überlegte ich fieberhaft, was ich nun tun solle. Ich legte mich auf den Boden, entspannte mich tief, wurde innerlich ganz ruhig und fragte meinen Körper, was los sei, und als leise, innere Antwort erhielt ich: „Angst vor der Kinderlosigkeit“. Ich hatte zwar meinen Kinderwunsch losgelassen, aber die Angst vor der Kinderlosigkeit und dem Alleinsein im Alter waren geblieben. Das passte auch gut mit den Schmerzen zusammen, die sich ja im Unterleib bemerkbar machten. Die behandelnden schulmedizinischen Ärzte wollten die schmerzende und störende Zyste wegmachen, die mir doch gerade so gut zeigte, was ich noch aufzuarbeiten hatte.

Ich gelangte über mehrere Umwege und zu einer Heilpraktikerin, die sowohl homöopathisch arbeitete als auch energetisch. Ich erklärte ihr am Telefon das Nötigste und bat sie um Hilfe. Die Heilpraktikerin sagte, sie würde mich anschauen. Sie sagte, sie würde mich anschauen, aber wenn sie das Gefühl hätte, die Entzündung sei schon zu weit fortgeschritten, würde sie mich nicht behandeln. Das hörte sich in meinen Ohren gut an: keine leeren Versprechen und nur eine Weiterbehandlung, wenn sie ein gutes Gefühl dabei hatte. Abends fuhr mich mein Mann zur Praxis, und ich bekam meine erste Sitzung. Es tat sehr gut, und ich fühlte mich hinterher tatsächlich etwas besser, die Schmerzen waren weniger. Mehrere Wochen dauerte diese Behandlung, und die Zyste war verschwunden.

Gerade unser unerfüllter Kinderwunsch war ein Thema, bei dem ich lange Jahre mit Gott gehadert hatte und mich fragte, wie gerecht die Welt „eigentlich" ist. Auf der einen Seite gibt es Paare, die sich sehnlichst ein Kind wünschen und diesem all ihre Liebe schenken würden, die aber kinderlos bleiben. Auf der anderen Seite gibt es Embryonen, die abgetrieben werden, und Kinder, die unerwünscht sind und zur Adoption freigegeben werden, als Pflegekinder aufwachsen. Das erschien mir zutiefst ungerecht und unsinnig. Aber bis ich diese Gedanken von der Ungerechtigkeit zum „Alles ist perfekt" für mich akzeptieren konnte, war es ein längerer Weg, und der plötzliche Tod meines Vaters spielte hierbei eine wesentliche Rolle.

Seit gut elf Jahren glaube ich fest daran, dass es Gott gibt. Ich sehe das Leben auf der Erde aus einem größeren spirituellen Blickwinkel, und glaube, dass immer alles perfekt ist (es fühlt sich auf der menschlichen Ebene keineswegs so an) und dass die einzelnen Menschen sich ihre Erfahrungen, die sie machen, auf einer bestimmten (göttlichen) Ebene selbst aussuchen. Die kinderlosen Paare machen diese für sie schmerzliche Erfahrung und haben die Chance, daran zu wachsen, ihrem Leben einen anderen Sinn als die Kindererziehung zu geben, oder sie können sich darauf besinnen, wie viele Kinder es in ihrem Umfeld gibt (wie Nichten und Neffen, Patenkinder usw.) und sich verstärkt um diese kümmern. Diejenigen, die kein Kind wollen, aber ungewollt schwanger werden und es bekommen, wachsen in die Rolle hinein und erfahren, was Fürsorge, Verantwortung und Liebe bedeutet. Auch die abtreibenden Eltern, die solch eine sicherlich schwere Entscheidung treffen, machen bestimmte Erfahrungen, wie z.B. Erleichterung, Schuldgefühle, gesellschaftlichen Ächtung der Abtreibung.

Zurück zu mir selbst: Als mein Vater mit gerade 61 Jahren vor zwölf Jahren drei Tage vor Weihnachten ganz plötzlich verstarb, war das ein ganz starker Verlust für mich. Er legte sich mittags wegen einer Erkältung schlafen und wachte vermutlich aufgrund Herzversagens nicht mehr auf. Das war für uns Hinterbliebene ein schrecklicher Schock. Ich selbst hatte ihn ca. vier Monate zuvor zum letzten Mal gesehen. Telefoniert haben wir fast nie miteinander, seit ich nicht mehr zu Hause wohnte. Für mich war sein Tod im wahrsten Sinne des Wortes unfassbar. Ich hatte das Gefühl, jemanden verloren zu haben, den ich nie richtig kennengelernt hatte. Der Prediger, der wegen der Besprechung der Trauerfeier am Weihnachtstag zu uns kam, tröstete uns, indem er sagte, wir könnten mit unserem Vater weiterhin „reden". Das half mir sehr. Doch es war für mich eine unerwartet intensive und schmerzhafte Trauerzeit. Ich habe sehr viel mit meinem Vater „geredet", habe ihm alles Ungesagte zwischen uns mitgeteilt und ihm viele Fragen gestellt. Ich konnte ihn schließlich in Frieden gehen lassen und hatte das Gefühl, ihn schließlich noch tiefer kennengelernt zu haben und fühlte ich mit diesem Schicksalsschlag ausgesöhnt.

Die Auseinandersetzung mit dem Tod meines Vaters hat mein Leben stark verändert. Von der Agnostikerin, die ich seit der Schulzeit war, fand ich meinen Glauben wieder. Ich fing an, viele Bücher aus verschiedenen Glaubensrichtungen zu lesen. Ich konnte aus fast allen Büchern etwas für mich Stimmiges herausfiltern und fühlte mich in meinem Glauben bestärkt. Ich habe durch den plötzlichen Tod meines Vaters für mich verstanden, dass alles im Leben einen höheren Sinn hat, so z.B. auch unser unerfüllter Kinderwunsch. Ich habe seitdem für mich noch stärker gespürt, dass jeder die Verantwortung für sein eigenes Leben selbst tragen muss. Und dazu gehört für mich, dass ich andere Menschen nicht für meine Probleme etc. verantwortlich machen kann. Ich habe gelernt, das Leben so zu akzeptieren, wie es ist und nicht mehr für alles zu kämpfen, sondern (Gott-)Vertrauen in das Leben und seinen höheren Sinn zu haben. Ich habe meinen inneren Frieden gefunden. Eine Weisheit finde ich dabei sehr hilfreich: „Man versteht das Leben nur rückwärts, aber leben muss man es vorwärts". Und wenn ich in diesem Leben keine eigenen Kinder gebären darf, dann macht das einen mir bis heute z.T. verschlossenen Sinn. Und es ist gut so, ich muss nicht alles verstehen, ich will Gott und damit meinem Leben vertrauen. Was ist, ist und ich bin da, wo ich gerade bin, in meiner Entwicklung richtig, auch wenn ich es nicht verstehe und mir manchmal schwer tue, es zu akzeptieren.

Noch immer lese ich gerne spirituelle Bücher, noch immer fühle ich mich auch als Suchende. Letztens hat mich ein Bild von Hape Kerkeling aus seinem Buch „Ich bin dann mal weg. Meine Reise auf dem Jakobsweg“ sehr inspiriert: „Jedes Leben könnte wie eine Art Hindernisparcours funktionieren. Der Reiter ist die Seele, das Pferd der Körper und der Parcours das Leben. Zehn Hindernisse oder besser Prüfungen sind vorgegeben, die man zu bewältigen hat, und das ist unabänderlich. Aber die Reihenfolge und die Zeit, in der wir sie angehen, sind uns vollkommen freigestellt. Wir hätten danach immer die freie Wahl, aber die Prüfungen wären schicksalhaft vorgegeben...“ Ich bin sicher, einige dieser Hindernisse mit meinen Wunsch- und Pflegekindern schon überwunden zu haben, weitere warten gewiss noch auf mich.

Diesen kleinen Exkurs in mein „Seelenleben“ habe ich geschrieben, damit meine Leser mich besser einschätzen können und vielleicht mit diesem Hintergrundwissen besser verstehen können, warum ich manche Dinge, die mir in meinem Leben passiert sind, vielleicht leichter verkraftet habe als andere Menschen. Obwohl ich auch sehr gelitten habe, wenn wieder eines unserer Pflegekinder zur leiblichen Mutter zurückdurfte, bzw. als Julia gar verstorben ist. Ich litt, konnte verstehen oder auch nicht verstehen, habe aber meinen Glauben dadurch nicht wieder verloren. Ich fühle mich heute sehr verbunden mit allem.

Zusammenleben mit Pflegekindern?

Adoption oder Vollzeitpflege?

Fast immer, wenn ich jemandem erzähle, dass meine Kinder nicht leibliche Kinder, sondern Pflegekinder sind, kommt eine der folgenden Fragen: "Habt ihr sie adoptiert?" - „Wollt ihr sie nicht adoptieren?“ - oder „Warum adoptiert ihr sie nicht?“

Fast jeder im nahen oder fernen Bekanntenkreis hat sich mit dem Thema Adoption auseinandergesetzt oder kennt eine Familie mit einem adoptiertem Kind, aber das Thema Pflegschaft scheint sehr nebulös zu sein.

Durch eine Adoption wird rechtlich ein Eltern-Kind-Verhältnis begründet, das nicht auf leiblicher Abstammung beruht. Mit Ausspruch der Adoption erhält das Kind die rechtliche Stellung eines leiblichen Kindes der annehmenden Eltern und damit z.B. den Namen und die Staatsangehörigkeit der Adoptiveltern. Außerdem entstehen Erb- und Unterhaltsansprüche, auch gegenüber den leiblichen Verwandten der Adoptiveltern (§ 1754 BGB). Die Verwandtschaftsverhältnisse des Kindes zu seiner Herkunftsfamilie und die damit verbundenen Rechte und Pflichten erlöschen (§ 1755 BGB).

Im Gegensatz zur Adoption bedeutet die Vollzeitpflege, dass die Herkunftsfamilie des Pflegekindes weiterhin eingebunden bleibt und im Erziehungsablauf hierbei unterschiedlich intensiv präsent ist. Viele Herkunftseltern behalten für ihre Kinder die vollen Elternrechte. Vormund der Kinder sind entweder die leiblichen Eltern oder eine Person des Amtes. Bei grundsätzlichen Entscheidungen werden von den leiblichen Eltern die Rechte wahrgenommen (wie Entscheidung über den Kindergarten oder Schule, Auslandsaufenthalt, medizinische Eingriffe). Die Pflegeeltern haben die Kompetenzen, die die Gestaltung des Alltags mit den Kindern betreffen. Es besteht kein Erbrecht. Das Pflegekind bleibt Mitglied und verwandt mit der alten Familie und hat dort ein Erbrecht. Pflegeeltern sein heißt, mit der Tatsache zu leben, dass das Kind zwei Familien hat, selbst dann, wenn es keine Besuchskontakte gibt.

Adoption/Adoptivkind

Adoption ist die Annahme eines Kindes. Durch die Annahme entsteht zwischen dem oder den Annehmenden und dem Angenommenen rechtlich ein Eltern-Kind-Verhältnis ohne Rücksicht auf die biologische Abstammung. Das Adoptivkind ist rechtlich wie ein leibliches Kind.

Pflegekind

Im allgemeinen Sprachgebrauch versteht man unter einem Pflegekind ein minderjähriges Kind, das – kurzfristig oder auch auf Dauer – bei einer anderen als seiner leiblichen Familie aufwächst und versorgt wird, ohne von ihr adoptiert zu sein. Pflegeeltern nehmen das Kind für eine bestimmte Zeit auf. Der Status der leiblichen Eltern bleibt unangetastet. Sie können das Kind zurückfordern.

Es gibt verschiedene Möglichkeiten, wie Pflegekinder zu den Pflegeeltern gelangen: Zum einen kann ein Pflegekind direkt von den Erziehungsberechtigten in eine Pflegestelle gegeben werden (z.B. Tagespflege oder Bereitschaftspflege bei Krankheit). Zum anderen kann eine Vermittlung durch das Jugendamt im Rahmen der Hilfe zur Erziehung (Dauerpflege, Bereitschaftspflege bei akuter Herausnahme) stattfinden.

Für ein Pflegekind enthält das bürgerliche Recht im Gegensatz zum Adoptivkind weder eine Definition noch eine Umschreibung (Oberloskamp, Helga: Wir werden Adoptiv- oder Pflegeeltern).

Auszug einer Internet-Seite der Stadt Nürnberg:

Pflegekinder
• sind Kinder, die für eine bestimmte oder unbestimmte Zeit oder auf Dauer nicht in ihrem Elternhaus leben können;
• bringen ihre eigene Geschichte, ihre eigenen Erfahrungen mit;
• haben besondere, auch manchmal schwierige Verhaltensweisen, aber ebenso ihre eigenen, besonderen Stärken;
• können Babys, Klein-, Schulkinder oder Jugendliche sein;
sind Mädchen oder Jungen und haben manchmal Geschwister;
• kommen aus Familien, die häufig durch Krisen oder Probleme belastet sind;
• haben oft unsicheres Bindungsverhalten, da sie in der Vergangenheit die Erfahrung gemacht haben, dass man sich auf die Beziehungen zu anderen Menschen nicht verlassen kann;
• brauchen Menschen, die sich zuverlässig und liebevoll um sie kümmern und sie in ihrer Entwicklung unterstützen;
• suchen ein Zuhause, in dem sie und ihre Herkunft angenommen werden;
• benötigen (Pflege-)Eltern, die mit beiden Beinen auf dem Boden stehen;

• bringen mehr Farbe in Ihre Familie!

Quelle: http://www.jugendamt.nuernberg.de

Dr. Bettina Bonus schreibt auf ihrer Homepage:

Frühtraumatisierung durch die Trennung von den leiblichen Eltern

„...Ein Adoptiv- oder Pflegekind aber, das nicht bei einem leiblichen Elternteil aufwächst, wurde zu einem bestimmten Zeitpunkt aus allem herausgerissen, was ihm aus Sicht des Kindes Vertrautes, Sicherheit und die Lebensgrundlage bot. Die Trennung von der leiblichen Mutter vor dem siebten oder – schlimmer noch – vor dem dritten Lebensjahr – kann man sich, aus Sicht des Kindes betrachtet, gar nicht dramatisch genug vorstellen. Für das Kind ist es zunächst wie ein Todesurteil, dass es "ohne Macht" – ohnmächtig – entgegen nehmen muss...

Die Traumatisierung durch die Trennung kann man bei einer Herausnahme nicht verhindern – das viel zu lange Leiden von gefährdeten Kindern in den Ursprungsfamilien aber wäre vermeidbar. Leider ist die Trennung von der leiblichen Mutter oft nicht die einzige Frühtraumatisierung im Leben der Adoptiv- und Pflegekinder. Etliche Kinder werden schon im Mutterbauch abgelehnt oder erleben schon hier die Missstände, in denen die leibliche Mutter lebt. Viele von ihnen erleben vor der Herausnahme unerträgliche Lebenszustände in der leiblichen Familie. ...Wiederum andere haben noch mindestens eine, wenn nicht sogar mehrere Zwischenstationen vor sich, bevor sie dann in ihre "endgültige" Familie kommen."

http://www.pflegekinder-web.de

In Deutschland werden nur wenige Säuglinge und Kinder zur Adoption freigegeben. Wir wurden diesbezüglich einmal gefragt und waren dazu bereit, allerdings in der Hoffnung, auch noch Kontakt zu den leiblichen Eltern halten zu können. Das hat sich allerdings leider zerschlagen (siehe Kapitel: „Anfrage wegen einer möglichen Adoption"). Zum Thema Auslandsadoption hat mein Ehemann seine ganz eigene Meinung, Sie kommt für ihn nicht in Frage. Er hätte Angst, dass wir letztendlich ein Kind „kaufen", dass in einem armen Land durch unseren Kinderwunsch ein Markt geschaffen wird für Kinderhandel, um es einmal drastisch zu formulieren. Und da er so rigoros dagegen ist, habe ich mich dem gefügt und mich allerdings nicht weiter mit diesem Thema beschäftigt. Zudem haben wir uns von Anfang an mit dem Thema Pflege angefreundet, weil wir uns hierfür stark genug gefühlt haben. In unserem Jugendamt werden immer wieder händeringend Pflegeeltern, vor allem auch für ältere Kinder, gesucht. Im Gegensatz hierzu stehen die langen Wartelisten bei den Adoptionen.

Warum werden Pflegeeltern benötigt?

Die Allgemeinen Sozialen Dienste der Gemeinden versuchen, Familien, in denen massive Probleme vorliegen wie z.B. Sucht, zu unterstützen und zu beraten, so dass die Kinder vorrangig in ihrem gewohnten Umfeld bleiben können. Dennoch, in manchen Fällen können Eltern ihren Kindern nicht das geben, was Grundlage einer stabilen Entwicklung ist: Liebe, Fürsorge, Respekt und Grenzen. Diese Eltern zu verurteilen, wäre voreilig, denn die Hintergründe, die dazu führen, dass Eltern ihre Kinder nicht mehr versorgen können, sind mannigfaltig. Wenn Eltern selbst eine desolate Kindheit erlebten und zu den ersten negativen Erfahrungen später noch weitere Belastungen hinzukommen, sind sie mit der Erziehung ihrer Kinder oftmals überfordert. Die Kinder spüren das und reagieren darauf, indem sie besonders anhänglich oder aggressiv sind, sich abschotten oder laut und auffällig sind. Die elementaren Bedürfnisse dieser Kinder wie Schutz und Geborgenheit, Essen und Trinken, Wärme und Anerkennung, sind häufig auf der Strecke geblieben. Für Kinder aller Altersstufen und aller Nationalitäten, behinderte Kinder, Einzelkinder oder auch Geschwister werden Pflegefamilien gesucht.

Inobhutnahmen 2006 und 2007

Eine Inobhutnahme ist eine kurzfristige Maßnahme eines Jugendamtes zum Schutz von Minderjährigen, wenn sie sich in einer akuten sie gefährdenden Situation befinden. Jugendämter nehmen diese Kinder und Jugendlichen auf deren eigenen Wunsch oder auf Initiative anderer (etwa der Polizei oder Erzieher) in Obhut und bringen sie - für Stunden oder einige Tage – in einer geeigneten Einrichtung unter, etwa in einem Heim oder bei Bereitschaftspflegestellen.

7.100 Kinder und Jugendliche (28%) wurden 2006 auf eigenen Wunsch in Obhut genommen, bei den übrigen veranlassten andere Personen oder Stellen die Inobhutnahme. 15.400 (59%) der in Obhut genommenen Kinder und Jugendlichen waren älter als 14 Jahre. 55% aller in Obhut Genommenen waren Mädchen.

Anlass für die Inobhutnahme war in 23% der Fälle Vernachlässigung beziehungsweise Anzeichen für Misshandlung oder für sexuellen Missbrauch. Überforderung der Eltern war in 42% der Fälle der Grund. Weitere Anlässe bildeten Beziehungsprobleme (26%), Integrationsprobleme im Heim oder in der Pflegefamilie (7%), Kriminalität (7%), Probleme in der Schule (6%) und Suchtprobleme (3%).

Von 2006 auf 2007 stieg die Zahl der Sorgerechtsentzüge um 12,5 Prozent, im Vergleich zu 2005 betrug der Anstieg sogar knapp 23 Prozent. Allein im Jahr 2007 haben die Gerichte in Deutschland in rund 10.800 Fällen "den vollständigen oder teilweisen Entzug der elterlichen Sorge" angeordnet. Die Jugendämter hatten die Gerichte 12.800 Mal um diesen Schritt gebeten. Auch die Zahl der sogenannten Inobhutnahmen nimmt zu. Durchschnittlich nahmen die Jugendämter 2007 jeden Tag 77 Kinder und Jugendliche in ihre Obhut. Insgesamt leisteten die Ämter für 28.200 Kinder und Jugendliche "erste Hilfe" in bedrohlichen Situationen. Das waren 8,4 Prozent mehr als 2006.

Quelle: Statistisches Bundesamt

Wenn für ein Kind trotz familienunterstützender und -ergänzender Hilfen eine seinem Wohl entsprechende Erziehung in der Herkunftsfamilie nicht mehr gewährleistet ist oder eine Gefährdung seines körperlichen, seelischen oder geistigen Wohls nicht auf andere Weise abgewendet werden kann, muss ein Kind vorübergehend oder auf Dauer außerhalb seiner Herkunftsfamilie leben. Es kann sein, dass es in einem Heim untergebracht oder in einer Pflegefamilie aufgenommen wird. Dabei werden vom Jugendamt immer Eltern für ein bestimmtes Kind gesucht – nicht Kinder für Eltern!

Kinder können aus verschiedenen Gründen, z.B. wegen Überforderung, Alkohol- und Drogenmissbrauch, Scheidung, Krankheit, Behinderung, aber auch Tod, Trennung der Eltern, Misshandlung oder Missbrauch fremd untergebracht werden. Im Gegensatz zur Adoption ist die Unterbringung eines Pflegekindes eine Hilfe zur Erziehung und daher widerrufbar. Die leiblichen Eltern des Kindes haben im Normalfall ein Besuchsrecht und können die Rückgabe der Kinder beantragen, was dann auf Jugendamtsebene oder auch gerichtlich geklärt werden muss.

Pflegeeltern

Pflegeeltern sind volljährige Personen, die vorübergehend oder dauerhaft Kinder anderer Eltern, also Pflegekinder, aufnehmen. Die Inpflegegabe der Pflegekinder kann privat und auch durch das örtliche Jugendamt erfolgen. Pflegeeltern können Kinder bei sich aufnehmen im Rahmen einer privatrechtlichen Absprache mit den Eltern des Kindes. Sind die Pflegeeltern nicht mit dem Kind verwandt, muss das Jugendamt eine Pflegeerlaubnis (s.u. § 44 SGB VIII Erlaubnis zur Vollzeitpflege) erteilen, falls das Kind länger als acht Wochen bei der Pflegefamilie leben soll.

Die Vermittlung von Pflegekindern geschieht durch das Jugendamt oder eine anerkannte Vermittlungsstelle. Diese geschieht mit der Einwilligung des Personensorgeberechtigten des Kindes im Rahmen einer Hilfe zur Erziehung gemäß Paragraph 37 SGB VIII (Kinder- und Jugendhilfe).

Pflegeperson

Als Pflegeperson wird die Person bezeichnet, die im Rahmen einer Vollzeitpflege für die Erziehung und Betreuung eines oder mehrerer Pflegekinder zuständig ist. Bei einer Familienpflege sind dies zwei Personen (Pflegevater und –mutter).

Pflegeeltern übernehmen die Verantwortung für ein Kind, das seine bisherige – kurze oder lange – Geschichte mitbringt. Es braucht Pflegeeltern, die bereit sind, es mit seinen belastenden Vorerfahrungen und aktuellen Problemen anzunehmen und es mit Liebe und Lebensfreude in der Familie kurzfristig oder auf Dauer zu begleiten, zu fördern und zu erziehen. Und ganz wichtig hierbei ist, dass die Herkunftsfamilie immer eine bedeutsame Rolle im Leben des Kindes spielen wird – selbst wenn keine Besuchskontakte stattfinden (siehe Kapitel: „Herkunftsfamilien").

Voraussetzungen, um Pflegeeltern zu sein:

- Personenstand: Grundsätzlich können sowohl Alleinstehende als auch unverheiratete Paare, auch schwule und lesbische Paare, ein Kind in Pflege nehmen, je nach Dauer der Beziehung. Bisweilen wird verheirateten Paaren allerdings der Vorzug gegeben.
- Altersgrenze: Nach Möglichkeit sollte ein natürlicher Eltern-Kind-Altersabstand eingehalten werden. In der Praxis gilt bzgl. des Höchstalters meistens, dass die Pflegepersonen bei Eintritt der Volljährigkeit des Kindes das 63. Lebensjahr noch nicht überschritten haben sollten.

- Mit der Aufnahme in einer Pflegefamilie sollte das Kind kontinuierliche Bezugspersonen erhalten. Es ist daher von Vorteil, wenn ein Pflegeelternteil nicht berufstätig ist oder sich die Eltern die Arbeitszeit so einrichten können, dass immer ein Elternteil beim Kind ist. Wenn das Kind ganz in der neuen Familie angekommen ist, ist die Frage einer gewünschten Berufstätigkeit anhand weiterer sicherer Versorgungsmöglichkeiten des Kindes neu zu bedenken (z.B. bei Besuch des Kindergartens oder der Schule).
- Von den Bewerbern für ein Pflegekind wird erwartet, dass sie ein ärztliches Gesundheitszeugnis vorlegen. Ihr Gesundheitszustand darf ihre Erziehungsaufgabe nicht behindern oder infrage stellen.
- Bewerber müssen ein polizeiliches Führungszeugnis vorlegen.
- Die Wohnsituation muss ausreichend sein. Das Pflegekind kann sich mit einem weiteren Kind ein Zimmer teilen, ein eigenes Zimmer wäre jedoch erstrebenswert.
- Die finanzielle Situation der potenziellen Pflegeeltern muss gesichert sein.
- Die Religionszugehörigkeit kann eine Rolle spielen. Die religiöse Haltung der Pflegeeltern darf der von den Eltern benannten religiösen Grundhaltung der Erziehung nicht im Wege stehen.

Was sollten Pflegeeltern an Stärken mitbringen?

Anhand von vier Aufrufen im Internet kann man erkennen, was für menschliche Stärken gesucht sind.

Wer kann ein Pflegekind aufnehmen?

Menschen und Familien, die Humor haben, verantwortungsbewusst und belastbar sind, Kinder in ihrer Eigenart und mit ihrer Vergangenheit akzeptieren können, sich in die problematische Situation eines Pflegekindes einfühlen können, Zeit und Geduld für das Kind aufbringen, zur Zusammenarbeit mit der Herkunftsfamilie bereit sind, sich abgrenzen können, über ausreichenden Wohnraum verfügen und zur Zusammenarbeit mit dem Fachbereich Kinder, Jugend und Familie bereit sind.

Quelle: http://www.luenen.de

Voraussetzungen (für Pflegeeltern):

Wir wünschen uns für die Kinder offene, tolerante Menschen, die geduldig sind und Belastungen aushalten können. Gut ist es auch, wenn Sie sich einem fremden Kind liebevoll zuwenden, gleichzeitig aber Grenzen setzen und Grenzen akzeptieren können. Noch besser, wenn Sie flexibel sind und sich zutrauen, auch mit unvorhergesehenen Situationen umgehen zu können.

Die Lebensform, die Sie gewählt haben, spielt für uns keine Rolle. Alle Familienmitglieder müssen mit der Aufnahme eines Pflegekindes einverstanden sein. Ihr Familienstand, Ihr Alter und Ihr Beruf sind für uns nicht ausschlaggebend. Unabdingbar ist aber, dass Sie genügend Zeit und Platz für eine/n weitere/n kleine/n oder auch größere/n MitbewohnerIn haben und dass Ihr jüngstes Kind älter als zwei Jahre ist. Sie haben keine lebensbedrohliche Krankheit und können ein einwandfreies polizeiliches Führungszeugnis vorweisen. Und für die Bereitschaftspflege und die zeitlich befristete Vollzeitpflege gilt: Sie sind bereit, Ihre Berufstätigkeit eine Zeit lang zurückzustellen. Für den Unterhalt und die Erziehung eines Pflegekindes erhalten Sie Geld. Sie dürfen aber nicht finanziell vom Pflegegeld abhängig sein.

Quelle: http://www.pfiff-hamburg.de

Gesucht werden Menschen,

die sich vorstellen können, Kinder für eine bestimmte Zeit oder auf Dauer bei sich aufzunehmen; die über Geduld, Einfühlungsvermögen, Zeit und Belastbarkeit verfügen und die Freude am Zusammenleben mit Kindern haben.

Quelle: http://www.jugendamt.nuernberg.de

Pflegeeltern gesucht

Der Adoptions- und Pflegekinderdienst sucht Pflegeeltern, die sich für Kinder begeistern und individuell auf sie eingehen, vor allem dann, wenn sie Überraschungen bieten, sich auf die leiblichen Eltern einlassen und mit ihnen zusammenarbeiten, offen sind für eine enge Kooperation mit dem Adoptions- und Pflegekinderdienst über qualifizierte Vorerfahrungen oder eine fachspezifische Ausbildung verfügen (bei sozialpädagogischer Vollzeitpflege und Bereitschaftspflege)

Quelle: http://www.osnabrueck.de

Die leiblichen Kinder der Pflegeeltern spielen bei der Aufnahme eines Pflegekindes eine nicht unerhebliche Rolle. Daher müssen für das Gelingen eines Pflegeverhältnisses die Auswirkungen der Aufnahme eines Pflegekindes auf die eigenen Kinder von Anfang an mitbedacht werden.

Bewerbung in S.

Mein Mann wuchs in seiner Kindheit zeitweise zusammen mit seinen beiden Cousinen mütterlicherseits auf. Das war damals anlässlich einer Familienpflege, die seine Eltern leisteten. Dies wurde ihm wieder sehr bewusst, als er seinen sogenannten Lebensbericht für das Jugendamt verfasste. Sein Bruder und dessen Frau, die keine eigenen Kinder bekommen konnten, hatten damals, als wir uns mit der Thematik befassten, einen aufgeweckten zweijährigen Pflegesohn.

Patrick und ich nahmen also telefonisch Kontakt zum Jugendamt in der Stadt, in der wir wohnten, auf. Wir bekamen einen Brief, in dem wir aufgefordert wurden, einen Lebensbericht zu schreiben. Dazu stand u.a.: „Lebensberichte sind für uns von großer Bedeutung... Damit Sie uns, wenn wir ein Kind zu vermitteln haben, in Ihren Stärken und Grenzen einfallen... ein Stück Kenntnis von Ihnen, wie Sie sich selbst als Kind gefühlt haben... Was würden Sie anders machen, als Ihre Eltern es getan haben? ...wichtig, dass Ihr Lebensbericht Krisen oder schwierige Lebensphasen nicht auslässt..." Dieser Anspruch an den Lebensbericht hatte es in sich. Diesen Lebensbericht zu schreiben, fiel mir dennoch leicht, ich hatte schon viele Selbsterfahrungsseminare und Kurse besucht, wo es um die Auseinandersetzung von mir mit meinem Leben ging. Und ich schrieb schon immer gerne und viel, früher Tagebuch für mich, jetzt eher für meine Kinder und neuerdings Bücher. Anders bei Patrick, für ihn wurde dieser Lebensbericht eine richtige Herausforderung.

Die Anforderungen an diesen Lebensbericht sind von Jugendamt zu Jugendamt unterschiedlich. Das hiesige war in dieser Hinsicht sicherlich sehr herausfordernd. Zusätzlich galt es, einen vorgefertigten Fragebogen auszufüllen.

Nach einiger Zeit hatten wir zwei Gespräche im Jugendamt. Dabei ging es zum einen nochmals viel um uns, unser bisheriges Leben und unsere Vorstellungen. Fragen, die sich aus dem Lebensbericht ergaben, wurden gestellt. An eine Frage können wir uns noch besonders gut erinnern, diese verwirrte meinen Mann: „Wie ist Ihr Bruder in seiner Kindheit mit Wut umgegangen?" Mein Mann stutzte und statt zu sagen „Das weiß ich nun wirklich nicht mehr so genau", fing er an zu reden und zu reden. Nun, er beantwortete diese Frage nicht, sondern schweifte höchstens ab. Er hätte nachdenken müssen, wie er in seiner Kindheit mit Wut umging, aber sich noch in seinen Bruder hineinzuversetzen, war ihm schier unmöglich, zumal er und sein Bruder in ihrer Kindheit wenig miteinander anfangen konnten, sie waren eher wie Katz und Maus.

Mein Mann sagt gerne, diese Bewerbungsgespräche im Amt waren ein bisschen wie “Nackt auf dem Tisch vortanzen!“ So nach dem Motto: Jeder kann einfach so Kinder in die Welt setzen, aber wir als potenzielle Pflegeeltern werden richtig heftig getestet. Man gibt sehr viel von sich preis und im Gegensatz zu einem Selbsterfahrungsseminar kommt nichts Privates von den Gegenübersitzenden zurück. Das ist schon etwas sehr Spezielles gewesen.

Aber auch das ist von Jugendamt zu Jugendamt und von Bewerberpaar zu Bewerberpaar sehr unterschiedlich. Ich kenne mittlerweile z.B. ein Pflegeelternpaar recht gut, das in seinem ersten Gespräch schon wegen eines konkreten Kindes gefragt wurde, ob es sich vorstellen könne, hier die Pflegschaft zu übernehmen. Beide kamen sich im ersten Moment fast überrumpelt vor. Es ging ihnen doch etwas zu schnell. Und ich kenne andererseits ein Paar, welches mittlerweile geschieden ist, da konnten sich die Mitarbeiterinnen des Jugendamtes mit dem Mann keine Zusammenarbeit vorstellen. Er war ihnen zu wortkarg, und sie hatten das Gefühl, ihn nicht richtig zu kennen, und trauten ihm daher das Zusammenleben mit einem Pflegekind zu dem Zeitpunkt nicht zu. Er wurde gebeten, sich ggf. wieder zu melden, wenn er bereit wäre, sich mehr zu öffnen.

Bei den Gesprächen im Amt wurde uns zudem viel erzählt von konkreten Beispielen, z.B. mit Rückführungen von Kindern oder Verhaltensauffälligkeiten. Wir wurden immer wieder gefragt, wie unsere persönliche Einstellung dazu ist, und ob wir zu „solch einem Kind“ „ja“ gesagt hätten.

Wir wurden nicht nur ausgefragt, sondern zusätzlich wurden wir noch über vieles zum Thema Pflegschaft unterrichtet, z.B.:

- Unterschiede Dauer- und Bereitschaftspflege;
- Was erwartet das Jugendamt von den Bewerbern;
- Bedeutung der Herkunftsfamilie;
- Nähe – Distanz zu den leiblichen Eltern;
- Besuchskontakte mit den leiblichen Eltern;
- Welche Bedeutung hat der Hilfeplan?

Pflegeverhältnis

Ein Pflegeverhältnis beschreibt die formale Beziehung zwischen einem fremd untergebrachten Pflegekind und den betreuenden Pflegeeltern. Wenn ein Pflegeverhältnis vom Jugendamt veranlasst wird, muss ein gesetzlich geforderter Hilfeplan zwischen den Beteiligten (Herkunftseltern, Pflegeeltern, Jugendamt) ausgearbeitet und in regelmäßigen Abständen überprüft und fortgeschrieben werden.

Es gibt verschiedene Formen von Pflegeverhältnissen, die auch ineinander übergehen können:

Tagespflege: Bei Berufstätigkeit der Eltern bzw. des erziehenden Elternteils wird das Kind stundenweise, halbtags oder ganztags von einer Tagespflegeperson betreut, das Kind bleibt ansonsten normal in der Herkunftsfamilie eingebunden.

Kurzzeitpflege: Zeitlich begrenzter Aufenthalt des Kindes in einer Pflegefamilie mit der Perspektive der Rückkehr des Kindes zu seiner Herkunftsfamilie. Wenn z.B. die Herkunftsfamilie für eine bestimmte Zeit nicht in der Lage ist, das Kind weiter zu versorgen, wegen eines Klinikaufenthaltes (z.B. Entzug), dies aber in Zukunft wieder tun möchte. Zudem ist die Beziehung des Kindes zu seiner Familie so, dass eine Zukunftsperspektive besteht und die Eltern somit Hauptbezugspersonen des Kindes bleiben wollen und sollen. In dieser Pflegeform müssen die Pflegeeltern eng mit den Herkunftseltern zusammenarbeiten.

Bereitschaftspflege: Der Aufenthalt des Kindes ist hier auch zeitlich begrenzt, die Perspektive ist jedoch unklar. Das Kind geht nach einer gewissen Zeit entweder zur Herkunftsfamilie zurück, oder es wird in eine Dauerpflegefamilie oder manchmal in ein Heim vermittelt. Die Kinder wurden vom Jugendamt hierbei oft "in Obhut" genommen, weil es eine Kindeswohlgefährdung in der Herkunftsfamilie gab und die ganze Situation abgeklärt werden muss.

Wochenpflege: Bei dieser Pflegeform werden die Pflegekinder im Haushalt der Pflegefamilie während der Woche Tag und Nacht oder nur an bestimmten Tagen betreut. Die Gründe für die Wahl dieser Betreuungsform liegen meist in ungünstigen und unregelmäßigen Arbeits- und Ausbildungszeiten oder entfernten Arbeitsorten der Eltern des Kindes.

Dauerpflege/Vollzeitpflege: Bei länger andauernder Erziehungsunfähigkeit der Herkunftseltern, z.B. wegen einer psychischen Erkrankung, muss eine längere Aufnahme des Pflegekindes in die Pflegefamilie stattfinden. Diese Pflegeform ist meist eine dauerhafte (langjährige) Unterbringung des Kindes in einer Pflegefamilie. Das Kind lebt dort bis

zu seiner Verselbständigung. Hierbei kommt es nach einer gewissen Zeit, die abhängig vom Alter des Kindes ist, zu primären Bindungen des Kindes an die Pflegeeltern. Diese werden die Hauptbezugspersonen für das Kind. Dadurch wird eine Rückführung des Kindes zu den leiblichen Eltern erschwert oder verhindert. Es wird ggf. ein Verbleiben des Kindes in der Pflegestelle angeordnet werden (BGB, § 1632, Abs.4).
Sonderpflege: Sonderpflegestellen sind Pflegefamilien, bei welchen Kinder mit besonderen Bedürfnissen leben. Die Pflegeeltern besitzen eine entsprechende pädagogische Ausbildung und/oder verfügen über langjährige Erziehungserfahrung. Hier werden z.B. behinderte, stark entwicklungsbeeinträchtigte oder ältere Kinder dauerhaft untergebracht. Diese Kinder bringen einen besonderen erhöhten Erziehungsanspruch an die Pflegeeltern mit. Sonderpflegestellen bzw. Erziehungsstellen werden in ihrer Arbeit intensiver unterstützt, zudem erhalten sie bessere finanzielle Leistungen.

Verwandtenpflege: Eine Vielzahl von Kindern lebt als Pflegekinder bei ihren leiblichen Verwandten, wie den Großeltern, Tanten und Onkeln. Das Kind wird in dieser ihm verwandten Familie groß. Die Verwandtenpflege kann einerseits eine "Hilfe zur Erziehung" gemäß § 27 SGB sein, d.h. hier werden Großeltern, Tante oder Onkel so wie eine fremde Familie finanziell sowie beratend unterstützt. Andererseits kann Verwandtenpflege auch eine Hilfe der Familie für die Eltern des Kindes sein, ohne dass sich das Jugendamt darum kümmern muss. Dennoch können solche Pflegefamilien eine Beratung durch das Jugendamt und entsprechende Hilfe einfordern.

Adoptionspflege: Hierunter wird der Zeitraum der Pflege vor der Adoption eines Kindes verstanden. Hier gelten eigene rechtliche Rahmenbedingungen.

Eines der Gespräche fand bei uns zu Hause statt, damit sich die Jugendamtsmitarbeiterinnen ein Bild von unserer Wohnsituation machen konnten. Wie wahrscheinlich die meisten der potenziellen Pflegeeltern habe ich vorher gründlich geputzt, sogar die Fenster. Dabei wollten die Mitarbeiterinnen unsere Wohnung, so mein damaliges Gefühl, gar nicht so genau inspizieren. Doch das ist in der heutigen Zeit mit vielen Negativschlagzeilen über missglückte Pflegeverhältnisse aus der Zeitung bestimmt wieder anders geworden. Und das ist wiederum von Amt zu Amt unterschiedlich. Meine Schwägerin hatte vor dem Jugendamtsbesuch auch gründlich geputzt und aufgeräumt. Und die Person vom Jugendamt, die sich ihr Zuhause damals anschaute, fand, es sei alles sehr steril und bezweifelte, dass sich ein Kind dort wohlfühlen könnte. Daher Vorsicht: Man kann es auch übertreiben.

Wir zeigten den beiden Jugendamtsmitarbeiterinnen unsere bisherigen „Pflegekinder". Zu der Zeit lebten wir mit vier Wellensittichen zusammen. Und da uns einer zugeflogen war, war er unbekannter Herkunft, also wie ein Findelkind. Von den anderen, die wir alle gekauft hatten, kannten wir immerhin die Herkunft und hätten nach den Eltern forschen können.

Ich nahm in diesen Monaten unserer Bewerbung zusätzlich noch an einem sogenannten Bewerberseminar teil, Patrick war zu dem Zeitpunkt leider verreist. Dort sprachen drei gestandene Pflegemütter von ihren bisherigen Erfahrungen im Zusammenleben mit ihren Pflegekindern. Das war sehr spannend und interessant für mich und gab mir einen kleinen Einblick auf das, was alles auf uns zukommen könnte.

Patrick und ich mussten uns bei unserem Hausarzt auf unseren Gesundheitszustand überprüfen lassen. Denn der Gesundheitszustand der Pflegeeltern darf ihre Erziehungsaufgabe nicht behindern oder in Frage stellen. Von den Bewerbern für eine Pflegschaft wird also erwartet, dass sie ein ärztliches Gesundheitszeugnis vorlegen. Des Weiteren müssen die Bewerber ein polizeiliches Führungszeugnis vorlegen.

Als unsererseits alles im Amt vorlag, hatten wir unsere Pflegeerlaubnis (Unbedenklichkeitsbescheinigung), die uns bescheinigte, dass wir fähig sind, ein Pflegekind aufzunehmen. Damit konnten wir uns auch bei anderen Jugendämtern bewerben. Dazu musste das hiesige Jugendamt einen Sozialbericht erstellen. Solch ein Sozialbericht, der nur zwischen Vermittlungsstellen weitergegeben wird, enthält Angaben über die rechtliche Befähigung und Eignung der Bewerber zur Aufnahme eines Pflegekindes. Darüber hinaus äußert er sich z.B. über die Eigenschaften der Kinder, für die die Bewerber geeignet wären. Er enthält die zur Beurteilung erforderlichen Angaben über die Bewerber, ihre persönlichen und familiären Umstände, ihren Gesundheitsstatus, ihr soziales Umfeld und ihre Beweggründe für die Aufnahme eines Pflegekindes und ggf. über ihre bisherigen Pflegschaften und die Art der Zusammenarbeit. Je nach Amt bekommt man diesen Sozialbericht als Kopie.

Pflegeerlaubnis

Pflegeeltern können ein Kind im Rahmen einer privatrechtlichen Vereinbarung mit den Eltern des Kindes aufnehmen. Wenn die Pflegeeltern mit dem Kind nicht verwandt oder verschwägert sind, vermittelt das Jugendamt die Pflege. Eine offizielle „Pflegeerlaubnis“ ist offenbar nicht in jedem Land erforderlich.

§ 44 SGB VIII Erlaubnis zur Vollzeitpflege

(1) Wer ein Kind oder einen Jugendlichen über Tag und Nacht in seinem Haushalt aufnehmen will (Pflegeperson), bedarf einer Erlaubnis. Einer Erlaubnis bedarf nicht, wer ein Kind oder einen Jugendlichen
1. im Rahmen von Hilfe zur Erziehung oder von Eingliederungshilfe für seelisch behinderte Kinder und Jugendliche aufgrund einer Vermittlung durch das Jugendamt,
2. als Vormund oder Pfleger im Rahmen seines Wirkungskreises,
3. als Verwandter oder Verschwägerter bis zum dritten Grad,
4. bis zur Dauer von acht Wochen,
5. im Rahmen eines Schüler- oder Jugendaustausches,
6. in Adoptionspflege (§ 1744 des Bürgerlichen Gesetzbuchs) über Tag und Nacht aufnimmt.
(2) Die Erlaubnis ist zu versagen, wenn das Wohl des Kindes oder des Jugendlichen in der Pflegestelle nicht gewährleistet ist.
(3) Das Jugendamt soll den Erfordernissen des Einzelfalls entsprechend an Ort und Stelle überprüfen, ob die Voraussetzungen zur Erteilung der Erlaubnis weiter bestehen. Ist das Wohl des Kindes oder des Jugendlichen in der Pflegestelle gefährdet und ist die Pflegeperson nicht bereit oder in der Lage, die Gefährdung abzuwenden, so ist die Erlaubnis zurückzunehmen oder zu widerrufen.
(4) Wer ein Kind oder einen Jugendlichen in erlaubnispflichtige Familienpflege aufgenommen hat, hat das Jugendamt über wichtige Ereignisse zu unterrichten, die das Wohl des Kindes oder des Jugendlichen betreffen.

Nach vielen Monaten des Überlegens, der Gespräche und des Bewerbens standen wir endlich auf der Bewerberliste für ein Pflegekind. Wir waren damals bereit, ein Kind aufzunehmen bis zum Alter von zwei Jahren (das war die Altersgrenze, die uns die Mitarbeiterinnen des Jugendamtes zutrauten), das nicht behindert sein sollte, mit einer Dauerperspektive. Sonst gab es unsererseits bzgl. des Geschlechts, der Vorgeschichte usw. keine Einschränkungen. Nun begann die Zeit des Abwartens.

Fortan wurden wir zu den sogenannten Pflegeelternabenden eingeladen. Dort ging es entweder um einen Erfahrungsaustausch oder es kam ein Referent, eine Referentin zu einem bestimmten Thema. An unserem ersten Abend fand gleich eine hitzige Diskussion statt. Eine Pflegemutter berichtete über ihre Pflegetochter, über die schmerzhafte Zeit der Rückführung zu den leiblichen Eltern und wie es ihr jetzt nach dem Abschied geht. Zwei Pflegemütter pochten im Anschluss darauf, dass man ein Baby mit unklarer Perspektive auf keinen Fall einem Paar ohne eigene Kinder vermitteln dürfte. Man hätte bei einem Baby keine Chance, es nicht sofort lieb zu gewinnen, da man sich rund um die Uhr um es kümmern müsse, und die Rückführung wäre daher einem Paar ohne Kinder nicht zumutbar. Wenn hingegen schon Kinder in der Familie lebten, würde die Familie, auch nach der Trennung von ihrem Pflegebaby, noch als solche weiterbestehen und der Schmerz wäre eher zu ertragen. Patrick und ich waren anderer Meinung und sahen uns durchaus in der Lage, auch ein Baby als „nur Ehepaar" aufzunehmen und notfalls die Trennung, wenn dieses zu den leiblichen Eltern zurückdürfte, verkraften zu können. Wir wurden indes nicht ernst genommen, weil wir ja nur in der Theorie sprachen. Die anderen hatten alle schon ihre Pflegekinder und konnten sich eine Trennung nicht vorstellen. Nun, Jahre später, sind wir diejenigen mit der entsprechenden Erfahrung: Von uns sind zwei Kinder zur leiblichen Mutter zurück, eines davon als Baby, und Julia ist gestorben. Und wir haben es, wenn auch schwer, verkraftet. Wir sind dankbar für die Zeit und sehr stark an unseren Aufgaben, unseren Hindernissen im Lebenslauf, wie Hape Kerkeling sagen würde, gewachsen. Die Pflegeeltern, die damals so gegen die Aufnahme eines Babys bei einem Paar waren, leben nach wie vor mit ihren Pflegekindern zusammen und mussten sich außer in ihrer Fantasie nie von ihnen trennen. Das freut mich natürlich für sie. Vielleicht hatten wir damals alle recht, jeder für sich. Jeder muss sich und seine Grenzen und seine Belastbarkeit individuell einschätzen. Dazu diente uns auch die lange und intensive Bewerbungszeit mit den vielen Gesprächen.

Ein gutes halbes Jahr standen wir auf der Bewerberliste. Es tat sich nichts, kein ersehnter Anruf. Es war ausgemacht, dass wir uns nach dieser Zeitspanne wieder melden sollten, was ich auch tat. Ich fragte nach, ob es in dieser Zeit Vermittlungen von Pflegekindern gegeben hätte und warum wir nicht berücksichtigt worden wären. Ich erfuhr, dass zwei Säuglinge vermittelt worden waren, bei beiden handelte es sich um Bereitschaftspflege, mit recht unklarer Perspektive. Und der eine würde wohl nach einem entsprechenden Gutachten zur leiblichen Mutter zurückgeführt werden. Zwei Geschwisterkinder einer sehr jungen Mutter seien vermittelt worden, das jüngere geht wohl zur Mutter zurück. Ich erfuhr, dass bei 80-90 % der zu vermittelnden Kindern diese anfänglich in eine Bereitschaftspflege kommen. Es kommt nur sehr selten vor, dass ein Kind bis zwei Jahre von Anfang an als Dauerpflegekind vermittelt wird. Wir warteten also seit sechs Monaten auf einen Fall, der fast nie auftreten würde. Im Warten waren wir mittlerweile rekordverdächtig.

Wir vereinbarten einen weiteren Termin im Jugendamt, um einerseits das Thema Bereitschaftspflege nochmals konkreter zu beleuchten und um andererseits die neue Leiterin des Amtes kennenzulernen. Das Gespräch fand einen Monat später statt und wir trafen eine neue Vereinbarung: Wir sind offen für alle potenziellen Pflegekinder bis zu zwei Jahren, außer für ein Kind mit eindeutiger „Nichtperspektive", d.h. ein Kind, dessen Mutter z.B. für ein paar Wochen auf Entzug in eine Klinik muss. Wir wurden gebeten, uns wenn möglich ein Handy zuzulegen, damit wir besser erreichbar wären. Das taten wir auch, gaben die Nummer damals allerdings nur dem Jugendamt weiter. Diesmal dauerte es nur wenige Wochen, bis das Telefon klingelte (siehe Kapitel: „Sam").

Bewerbung in B.

Unsere Bewerbung beim benachbarten Jugendamt einige Jahre und Pflegekinder später verlief insgesamt etwas einfacher. Wir mussten vom hiesigen Jugendamt den sogenannten Sozialbericht anfordern. Zweifellos sorgte das erste Gespräch mit dem damaligen Leiter des Amtes etwas für Verwirrung. Dieser konnte sich z.B. schwer vorstellen, dass wir mehrere Eisen im Feuer hätten, sprich, wir uns bei zwei Jugendämtern bewerben würden. Das Jugendamt würde viel in seine Bewerber investieren. Es gäbe ein Pflichtprogramm, das die Bewerber absolvieren müssten. Das bestünde u.a. aus fünf Abenden zu verschiedenen Themen rund um die Pflegschaft.

Was wir schicken sollten, war: eine umfassende schriftliche Bewerbung mit

- unseren Biografien,
- unseren bisher gemachten Erfahrungen und Fortbildungen sowie
- einem Strukturbericht (Wohnverhältnis, Nachbarschaftskontakte, soziale Einrichtungen in der Nähe wie Kindergarten, Schule, verwandtschaftliche Unterstützungen, Lebensphilosophie, Interessen, Urlaube) und
- Fotos von uns und unserer Wohnsituation.

Ich schluckte erstmal ziemlich über diesen vermeintlichen zeitlichen Stolperstein. Ich hatte dem Leiter des Jugendamtes erklärt, dass wir in den letzten Jahren bereits für drei Kinder eine Pflegschaft übernommen hatten. Daher fand ich es persönlich überflüssig, dass wir an diesem mehrere Monate dauernden Pflichtprogramm teilnehmen sollten. Wir waren ja keine Neulinge mehr. Wir warteten ja mittlerweile schon ein paar Jahre auf ein Dauerpflegekind.

Dennoch stellten wir unsere Unterlagen zusammen und schickten diese an unsere zukünftige Betreuerin (diese wurde uns alphabetisch aufgrund unseres Nachnamens zugeordnet). Sie schrieb uns zurück und forderte uns auf, einen Bewerberbogen auszufüllen. Sie wiederum werde unser Jugendamt vor Ort über unsere Bewerbung bei ihnen informieren und nachfragen, ob die dortige Stelle mit der Vermittlung eines Pflegekindes einverstanden sei. Wenn wir nämlich ein Pflegekind von hier bekämen, würde nach zwei Jahren gemäß der gesetzlichen Regelung die Betreuung an unser Jugendamt vor Ort fallen. Denn nach zwei Jahren Pflegschaft wechselt man zu dem Jugendamt, wo die Pflegeeltern wohnen. Immerhin, später wären wir wieder beim Jugendamt vor Ort, keine schlechte Perspektive, dachte ich insgeheim. Bisher waren wir mit den dortigen Betreuerinnen gut zurechtgekommen.

Die Mitarbeiterin forderte zusätzlich den Sozialbericht an, den eine Kollegin des hiesigen Amtes erstellen musste. Über dem standardisierten Bewerbungsbogen saßen wir einige Zeit. Er beinhaltete u.a. Folgendes:

- Freizeitinteressen;
- Wertvorstellung/Lebensphilosophie (z.B.: Was möchten Sie weitergeben?);
- „Wir möchten ein Kind aufnehmen, weil..."
- Welche Behinderungen wären okay (z.B. körperliche, verhaltensauffällige, geistige Behinderungen)?
- Bereitschaft, mit den bisherigen Bezugspersonen des Kindes zusammenzuarbeiten und Begründung;
- Was wird sich in Ihrem Leben bei der Aufnahme eines Kindes verändern?
- Weiterbildungsaktivitäten und mehr.

Wir schickten die Unterlagen ausgefüllt zurück, und nach einigen Monaten kam die Betreuerin, Frau Sturm, zu einem Hausbesuch. Wir führten ein ca. anderthalbstündiges Gespräch. Am Schluss waren wir sehr erleichtert, zu erfahren, dass wir zum einen nicht die zum Pflichtprogramm gehörenden Schulungsabende zu besuchen hätten und zum anderen wir uns auch parallel beim hiesigen Jugendamt bewerben könnten. Manchmal sind die grundsätzlichen Ideen eines Leiters (sich nur bei einem Jugendamt bewerben und immer das Pflichtprogramm absolvieren zu müssen) und die praktischen und tatsächlichen Handlungen der Mitarbeiterinnen sehr unterschiedlich. Uns war dies in diesem Fall sehr dienlich. Ab sofort standen wir bei der entsprechenden Betreuerin auf der Warteliste.

Knapp vier Monate später rief ich an, um nachzufragen, wie unsere Aussichten für ein Dauerpflegekind seien. Mir wurde gesagt, sie hätte im Team Bescheid gesagt, dass wir bereitstünden, und würde dies nochmals tun. In den letzten Monaten seien nur schwertraumatisierte Kinder vermittelt worden. Diese hätten eine spezielle Erziehungsstelle mit pädagogisch ausgebildeten Menschen benötigt.

Meine Erfahrung ist: nachfragen, nachhaken ist wichtig, damit man nicht in Vergessenheit gerät und damit man sein Interesse bekundet. Ich glaube, die Angst, Jugendamtsmitarbeiterinnen zu nerven, wenn man ab und zu mal nachtelefoniert, ist unbegründet. Einen Monat später wurden wir im übrigen wegen eines Pflegekindes angefragt (siehe Kapitel: „Kevin").

Sam

Spielende Kinder sind lebendig gewordene Freuden.

Christian Friedrich Hebbel

Zwei Anrufe innerhalb einer Woche

Keine drei Wochen, nachdem wir uns zu einer Bereitschaftspflege entschlossen hatten, klingelte mein Handy. Der Anruf erwischte mich unterwegs beim Fahrradfahren zu meinem Untersuchungsgebiet. Ich arbeitete damals freiberuflich im Umweltschutzbereich und bearbeitete gerade ein größeres Projekt. Ich hatte mich, als wir uns für ein Pflegekind bewarben selbstständig gemacht. Dies sah ich als recht gute Möglichkeit, sofort für ein Kind bereit zu sein. Wenn man im Angestelltenverhältnis arbeitet, ist das nicht so ohne Weiteres möglich, seine Arbeit zu kündigen oder die Arbeitszeiten zu ändern. Und wenn man bereit dafür ist, ein Pflegekind aufzunehmen, muss man sehr flexibel sein und notfalls von einem auf den anderen Tag Zeit haben, ein kleines Kind zu betreuen. Dass ich allerdings, wenn mich ein Anruf erreicht gerade ein großes Projekt haben würde, hatte ich dennoch nicht gehofft.

Ich bekam von Frau Kunz vom Jugendamt damals ungefähr die folgenden Infos: Es wird eine Bereitschaftspflegefamilie für einen kleinen Jungen, elf Monate, gesucht. Die Mutter sei derzeit unauffindbar. Sie habe mit ihrem Sohn in einem Mutter-Kind-Heim gelebt. Sie sei aus den Staaten, sodass auch dem kleinen Jungen potenziell eine Ausweisung drohe. Sie sei derzeit mit einem Deutschen verheiratet, der auch in dem Mutter-Kind-Heim lebe, wobei nicht klar sei, ob es sich um eine Scheinehe handle. Der leibliche Vater des Jungen sei aus Osteuropa. Er wolle seinen Sohn nur ab und zu sehen. Es könne sich eine Dauerperspektive bei uns ergeben. Aber alles sei noch unklar und offen. Auch wenn die Mutter demnächst wieder auftauchen würde, solle nachmittags das Kind abgeholt werden. Die leibliche Mutter sei sehr umgänglich, leicht ausnutzbar, und bekäme keine Ordnung in ihr Leben. Ich solle doch so schnell wie möglich Bescheid sagen, ob wir zur Bereitschaftspflege zur Verfügung stünden.

Mein Herzschlag beschleunigte sich. Ich rief Patrick an und beriet mich kurz mit ihm, wobei ich mich innerlich bereits entschieden hatte. Auch Patrick war bereit, dieses Abenteuer einzugehen. Ich radelte schnell nach Hause zurück und tätigte ein paar Anrufe. Die Resonanz auf das potenzielle Pflegekind war eher zurückhaltend. Ich hatte diesen aufwändigen und kurzfristigen Auftrag und es war nicht klar, ob und wie ich diesen mit einem Kleinkind abarbeiten könnte. Darüber hinaus war das Zusatzrisiko eines ausländischen Pflegekindes mit dessen eventuell drohender Ausweisung groß. Für Verstandesargumente war ich nicht mehr zugänglich. Ich wusste zwar nicht, wie ich alles schaffen konnte, ich wusste aber, ich bin vom Herzen her bereit, diesen Jungen in Pflege zu nehmen.

Ich fuhr schnell in einen Drogeriemarkt in der Nähe, um das Nötigste zu besorgen: Windeln, Schnuller, Fläschchen, Brei, Milch usw. Am schwierigsten war die Auswahl der Windeln: Ich wusste zwar, dass das Kind neun Monate war, aber auf den Windelpaketen stand nur das Gewicht. "Wie viel wiegt ein neun Monate altes Kind?" fragte ich mich. Ich getraute mich nicht nachzufragen, dennoch habe ich es geschafft, die richtige Größe zu kaufen. Zu Hause wartete ich auf den Rückruf vom Jugendamt. Ich war sehr aufgedreht, schaffte es aber nach einer Weile sogar, den Computer zu starten und an meinem Projekt zu arbeiten. Gegen 16 Uhr klingelte endlich das Telefon. Die Frau vom Jugendamt sagte, dass sich alles etwas verzögere, sie melde sich bald nochmals. Nach einer halben Stunde rief sie wieder an und sagte, es hätte sich alles erledigt. Die Mutter des Kindes sei wieder aufgetaucht und das Kind bleibe jetzt doch bei ihr. Sie dankte mir für unsere Bereitschaft.

Von himmelhoch jauchzend bis zu Tode betrübt war meine Gefühlsskala an diesem Tag. Wir hatten uns so lange ein Kind gewünscht, waren schließlich in die Idee einer potenziellen Bereitschaftspflege hineingewachsen, hatten vier Stunden zumindest virtuell auch einen dreivierteljährigen Jungen, und nun war alles wieder vorbei. Abends bin ich mit Patrick in einen Biergarten gefahren, und wir haben unsere vierstündige Bereitschaftspflege mit einem namenlosen Jungen bei einem kühlen Weizenbier beprostet.

Wir brauchten ein paar Tage, bis wir wieder so richtig frohen Mutes waren. Ich stürzte mich in mein neues Projekt. Als ich sechs Tage später von einer Besprechung vom Abfallamt nach Hause kam, rief mich Patrick an. Er sagte mir, eine andere Mitarbeiterin des Jugendamtes hätte ihn angerufen. Ich dachte sogleich daran, dass es sich um weitere Infos zu dem kleinen Jungen handeln könnte. Aber nein, es ging um die Vermittlung eines zwölf Monate alten Jungen, dessen Mutter am nächsten Tag für einige Zeit ins Gefängnis müsse. Der Junge hieße Theo, sei in seiner Entwicklung körperlich etwas zurück. Es könne vielleicht von einer Dauerperspektive ausgegangen werden.

Meine spontane Reaktion war im Vergleich zum ersten angefragten Pflegekind auffallend zurückhaltend. Sofort fing mein Verstand an, das Für und Wider abzuwägen. Patrick sagte, wir hätten bis zum nächsten

Morgen Bedenkzeit und könnten daher abends in aller Ruhe darüber reden. Ich ging in unsere Küche und schaute aus dem Fenster. Mein plötzlicher Gedanke war: „Und wenn das erste Pflegekind doch noch unsere Hilfe braucht? Dann haben wir ja das falsche Kind!"

Mit sehr gemischten Gefühlen ging ich an diesem Nachmittag zu meiner damaligen Meditationsgruppe. Das traf sich gut, denn da erwartete ich Hilfe für meine Entscheidung. Ich leitete eine Meditation an, und als es darum ging, alles Alltägliche loszulassen, musste ich losweinen. Es brach aus mir heraus. Ich sah innerlich diesen Jungen Theo vor mir, sah, wie hilfsbedürftig er war, und dass ich dennoch „nein" sagen wollte. Ich erzählte meinen Freundinnen die bisherige Geschichte von den beiden Pflegekindern. Alleine aus meinem Erzählen war schon klar, wofür mein Herz schlug. Das Gespräch beruhigte meinen Verstand für's Erste etwas. Insgesamt fühlte ich mich jedoch noch verwirrt. Ich verbrachte einen Teil des Abends mit Weinen. Patrick saß liebevoll bei mir und hielt mich fest. Unser Traum, mit einem Kind zusammenzuleben, war so nah, so greifbar und ich war drauf und dran, „nein" zu sagen. Zusätzlich spielten noch solche Ängste eine Rolle wie: „Die Frau des Jugendamtes wird das nicht verstehen und uns für verrückt halten. Die rufen uns so schnell nicht wieder wegen eines Kindes an..."

Am nächsten Morgen, kurz nachdem ich aufgewacht war, meldete sich, als ich an eine Inpflegenahme von Theo dachte, mein Körper zu Wort: Mein Herz verkrampfte sich, sein Rhythmus wurde unruhig und mein ganzer Körper versteifte sich. Bei dem folgenden Gedanken, ohne Theo zu sein, entspannte ich mich sofort und fühlte mich wieder besser. Ich war erstaunt über dieses eindeutige Reaktion meines Körpers.

Gegen 9 Uhr rief ich beim Jugendamt an und versuchte mich zu erklären. Aber ich war wohl nicht so deutlich, wie es sein sollte, denn die Frau vom Jugendamt schaffte es, mich in ein Gespräch über Theo zu verwickeln. Sie gab mir neue Fakten zu Theo und fragte, wie das Jugendamt uns helfen könne, vielleicht doch „ja" zu dem Jungen zu sagen. Ich sagte, ich wolle nochmals kurz mit meinem Mann sprechen und sie mit ihren Kolleginnen. Ich rief Patrick an, aber „eigentlich" war doch alles klar. Ich bat schließlich Patrick nochmals im Jugendamt anzurufen, ich hatte die Kraft nicht mehr.

Ich weinte den Rest des Vormittags. Nach einer Weile fühlte ich mich ruhiger und entspannte mich zusehends. Als mich nachmittags eine Freundin besuchen kam, erzählte ich nebenbei: "Ich habe, glaube ich, mit dem Neinsagen zu Theo auch einen Aspekt meines Kinderwunsches losgelassen." Und das war auch die Erklärung für meine heftigen Gefühlsreaktionen und die Kraft, der es bedurfte, „nein" zu sagen mit allem Risiko, dass es das letzte Kind sei, das uns das Jugendamt anbot. Ich hatte mich entschieden, kein Kind um jeden Preis bei uns aufzunehmen, sondern nur eines, wo mein Herz eindeutig „ja“ sagt. Die vielen Facetten meines Kinderwunsches, die sich so nach und nach zeigten, waren faszinierend.

Im Rückblick bin ich froh, dass ich zu Entscheidung meines Herzens stand und „nein“ sagte. Ich lernte Theo ein paar Wochen später mit seiner Pflegemutter kennen und es sprang kein Funke über. Ich bedauerte meine Entscheidung auch nie, als Sam schon längst wieder bei seiner leiblichen Mutter war und Theo nach wie vor in Pflege lebt. Auch die Mitarbeiterinnen des Jugendamtes respektierten unsere Entscheidung und sie dankten uns für unsere Offenheit. Es gab schon Fälle, erzählten sie uns, wo die Pflegeeltern zuerst „ja“ zu einem Kind sagten und im Laufe des Zusammenlebens mit diesem Kind merkten, es passt nicht. Und das Pflegeverhältnis musste wieder beendet werden. Das war für alle Beteiligten – vor allem für das Pflegekind – sehr bitter. Daher war den Mitarbeiterinnen des Amtes ein „nein“ im Vorfeld lieber als ein „nein“ nach einigen Monaten oder gar Jahren. Ich habe gelernt, es ist wichtig, sich aus dem Herzen heraus zu entscheiden und wenn es Zweifel gibt, diese offen anzusprechen und sich mehr Bedenkzeit zu erbitten. Das ist besser als einen halbherzigen Versuch mit einem Pflegekind zu starten.

Sam kommt zu uns

Wir schafften es, nach einigen Tagen wieder in den gewohnten, kinderlosen Alltag zurückzukehren. Ich hatte mit meinem Projekt genug zu tun und rechnete vorerst nicht mit einem Anruf aus dem Jugendamt. Aber keine drei Wochen später klingelte erneut das Telefon. Es ging dieses Mal wieder um den ersten Jungen. Mein Herz begann wieder vor Aufregung zu rasen. Die Perspektive war eine deutlich andere: „Die Mutter ist bereit, für einige Wochen den Jungen abzugeben, um ihr Leben ordnen zu können. Aber die Perspektive lautete dieses Mal: Entweder bekommen die Mutter und ihr Ehemann die Beziehung wieder in den Griff, dann kann das Kind zurück zu den beiden. Oder die Ehe kann nicht gerettet werden, dann droht die Abschiebung der arbeitslosen Mutter und ihres Jungen. Also so oder so keine Langzeitperspektive.“ Im Nachhinein muss ich darüber immer wieder lächeln. Wir, die wir keine Auslandsadoption durchführen wollten, sagten aus tiefstem Herzen ja zu diesem „ausländischen“ Pflegekind. Es sollte nicht unsere einzige Erfahrung diesbezüglich sein.

Eigentlich ein Kind, das für Patrick und mich nicht in Frage kam. Aber mittlerweile fühlten wir uns darin so verfangen und waren absolut neugierig auf den Kleinen, dass wir ohne Wenn und Aber „ja“ sagten. Am nächsten Tag sollte ein weiterer Anruf vom Jugendamt kommen, wie es denn mit Sam nun weitergehen sollte. Dieser kam nachmittags, ich saß gerade am Computer über den Daten meines Projektes. Mir wurde plötzlich die Frage gestellt: „Sind Sie derzeit abkömmlich?“, was ich bejahte, schließlich kann man sich als Selbstständige seine Arbeitszeiten frei einteilen. Als Nächstes hörte ich die Betreuerin vom Amt sagen: “Können Sie in einer halben Stunde hier sein, das Kind und seine Mutter sind gerade hier. Und am besten ist es, Sie holen den Jungen gleich ab.“ Jetzt wusste ich, was „abkömmlich“ in der Jugendamtssprache bedeutet. Ich schaffte es, aufgeregt wie ich war, noch meine gerade geöffneten Dateien sicher abzuspeichern. Da wir aus Umweltschutzgründen kein eigenes Auto besitzen, rief ich eine Freundin an und bat sie, mich in diesem Ausnahmefall schnell in die Stadt zu fahren, was sie gerne tat. Sie wartete draußen auf mich.

Als ich in den Raum kam und den kleinen Sam bei seiner Mama auf dem Schoß sitzen sah, war mein erster Gedanke: „Wow, und diesen süßen Kerl darf ich jetzt vorerst mal mit nach Hause nehmen“. Ich war sofort entzückt von Sam. Er kam mir vertraut vor.

Die Situation im Amt war sehr angespannt. Die Hochspannung, die in der Luft lag, war greifbar. Die leibliche Mutter, erst 17 Jahre alt, saß mit ihrem Sohn, der am Tag zuvor ein Jahr geworden war, auf dem Schoß da und war entsprechend traurig und verwirrt. Der kleine Sam aß die letzten Pommes aus einer Tüte und sah mich, die hinzugekommene Person, neugierig an. Um es der jungen Mutter nicht noch schwerer zu machen, wurde nicht mehr viel geredet. Sie wurde nach kurzer Zeit gebeten, sich von ihrem Sohn vorerst zu verabschieden und ihn mir zu überreichen, was sie schweren Herzens auch tat. Sam wiederum wusste gar nicht, wie ihm geschah. Ich hatte ihn auf meinem Arm, er schaute mich verdutzt an und fing, als seine leibliche Mutter den Raum verließ, ganz herzzerreißend an zu schreien. Es dauerte recht lange, bis er sich etwas beruhigte. Ich war froh, dass Sams Mutter, wenn auch unter Tränen, ihn mir persönlich überreicht hatte. Denn so war für ihn eine Botschaft klar: „Meine Mama hat mich der fremden Frau auf den Arm gegeben. Es wird wohl in Ordnung sein, auch wenn es wehtut.“

In dem Dokumentarfilm „Ein Kind aus der Ferne“ von Caroline Goldie (Deutschland 2002) werden verschiedene Auslandsadoptionen gezeigt, u.a. eine aus Südamerika. Ein kolumbianisches Kind, das vermittelt worden war, lebte schon über ein Jahr in einer Bereitschaftspflegefamilie. Und nachdem deutsche Adoptiveltern für den kleinen Jungen namens José gefunden worden waren, fuhr die Bereitschaftspflegemutter mit ihm zum Amt und übergab ihn einer ihm fremden Jugendamtsmitarbeiterin. Die bisherige Pflegemutter durfte nämlich die Adoptiveltern nicht kennenlernen. Die Frau vom Amt übergab in einem weiteren Zimmer den Jungen den für ihn noch fremden Menschen (er kannte sie bisher von ein paar Fotos und hatte von seiner Pflegemutter erklärt bekommen, dass das seine neuen Eltern sind). Diese in Kolumbien bei Adoptionen gängige Art der Übergabe eines Adoptivkindes fand ich im Vergleich zu der von Sam schrecklich für den kleinen Jungen. Dieser Junge war damit sicherlich überfordert.

Herkunftseltern

Als Herkunftseltern werden die leiblichen Eltern von Pflege- und Adoptivkindern bezeichnet.

Es kommt vor, dass Eltern (bzw. eine alleinerziehende Mutter/ein alleinerziehender Vater) ihrer Erziehungsaufgabe aus unterschiedlichen Gründen nicht nachkommen können. Die Gründe dafür sind mannigfaltig und können zum Beispiel in Überforderung, Drogenabhängigkeit, Berufstätigkeit oder Mittellosigkeit sowie körperlicher, seelischer oder geistiger Erkrankung liegen.

Für solche Fälle gibt es verschiedene Formen von Hilfen zur Erziehung gem. SGB VIII (Kinder- und Jugendhilfe), die privat oder über das Jugendamt in Anspruch genommen werden können. Eine Form der Hilfe zur Erziehung ist die Vollzeitpflege gem. § 33 SGB VIII. Die Kinder werden für eine gewisse Zeit in einer Pflegefamilie untergebracht. Diese Zeit können die Eltern nutzen, ihr Leben wieder zu ordnen und somit einen angemessenen Rahmen für die Erziehung der Kinder zu schaffen (z. B. Therapie und Entzug bei Suchtproblemen), um so eine Rückkehr der Kinder in ihre Familie zu erreichen.

Natürlicherweise fällt es vielen betroffenen Eltern schwer, dieses Angebot anzunehmen, da

- sie sich vor einer Einmischung von Fremden (Jugendamt, Pflegeeltern) in ihre persönlichen Verhältnisse fürchten,
- z.T. strafrechtlich relevante Probleme vorliegen,
- sie um ihre Familie fürchten und
- unsere Gesellschaft dazu neigt, abgebende Eltern zu verurteilen.

Die Folge hiervon ist, wie auch immer wieder in der regionalen und überregionalen Presse zu lesen, dass Probleme in einer Herkunftsfamilie manchmal erst bei nicht mehr zu verbergenden massiven Defiziten, Auffälligkeiten beziehungsweise Schäden bekannt werden. Oftmals sind bis dahin die Personen und Strukturen bereits so geschädigt, dass bei den Hilfen zur Erziehung eine Hilfe vor Ort in den jeweiligen Familien nicht mehr ausreicht und eine Fremdunterbringung notwendig wird. Meistens sind die Familien beim Jugendamt lange bekannt, bevor eine Fremdunterbringung eingeleitet wird, nachdem andere Maßnahmen, wie der Einsatz einer Familienpflegerin, nicht geholfen haben.

Ich nahm die paar Sachen, die ich von Sams Mutter für ihn mitbekommen hatte, einen Buggy, ein Trinkfläschchen, eine Tüte mit wenigen Windeln und ein wenig Ersatzkleidung, und verließ ein paar Minuten nach ihr mit dem noch weinenden Jungen auf dem Arm ebenfalls das Zimmer. Meine Freundin schob den Buggy, ich trug Sam zum Auto. Im Auto saß ich hinten bei dem Kleinen. Ich trug ihn auch hoch in unsere Wohnung und setzte ihn im Flur erstmal auf den Boden. Weil alles so schnell gegangen war, wusste ich nicht einmal, ob er schon laufen konnte. Er saß eine Weile beobachtend da und krabbelte schließlich neugierig durch die Wohnung. Er war, so denke ich, noch in dem Schock, von seiner Mama getrennt zu sein. Ganz fremd war für ihn diese Situation sicherlich nicht. Im Mutter-Kind-Heim war er wohl öfter anderen Personen zum Aufpassen überlassen worden. Ich war, muss ich gestehen, froh, als meine Freundin endlich fuhr, da mittlerweile Patrick gekommen war und wir unter uns sein wollten, um den Jungen kennenzulernen, und damit er erfuhr, wer nun für ihn sorgt.

Dann begann für uns alle drei eine sehr aufregende Zeit. Für Sam war alles fremd und neu und auch wir hatten vorher noch nie mit einem so kleinen Kind zusammengelebt.

Abends mieteten wir uns ein Carsharing-Auto und fuhren zu Freunden. Diese hatten zweieinhalbjährige Zwillinge und jede Menge Kinderbekleidung zu verkaufen. Ich suchte mir Passendes für unseren kleinen Pflegesohn aus, und wir bekamen ein paar Spielsachen dazu. Zudem nahmen wir ein Laufställchen und ein Babyreisebett mit. Genug für die ersten Tage.

Wir verabschiedeten uns und fuhren nach Hause. Patrick rief eine Freundin an, die gerade einen fast gleichaltrigen Jungen wie Sam hatte, und fragte, was diese ihm so zum Essen geben würde. Abends bekam Sam Grießbrei und aß Brot und Obst usw. mit. Wir machten ihm ein Gute-Nacht-Milchfläschchen und erschöpft schlief der kleine Mann in unserem Ehebett ein.

Alltag mit Sam

Am nächsten Morgen bekamen wir einen Anruf von unserer Betreuerin im Jugendamt. Sie erkundigte sich, wie es uns dreien ergangen sei, wie die erste Nacht für Sam gewesen wäre.

Der Alltag mit Pflegekindern hat oftmals seine besonderen Aspekte. Das Umfeld reagiert unterschiedlich auf einen plötzlichen Familienzuwachs. Wir lebten damals in einer Großwohnanlage in einem Siebenparteienhaus und hatten ein recht distanziertes, höfliches Verhältnis zu unseren Nachbarn. Das änderte sich bei einigen Parteien durch Sam sehr. Ein älteres Ehepaar, das wir bislang lediglich freundlich grüßten, erkundigte sich neugierig über unseren Familienzuwachs. Es war ganz begeistert von Sam und wurde uns gegenüber sehr offen. Die beiden boten uns sogar an, gerne mal auf Sam aufzupassen und schenkten ihm Kleinigkeiten. Sie nahmen sehr Anteil an unserer Situation. Das ist bei Familienzuwächsen sicherlich öfter der Fall, dass Kinder sozusagen vermittelnd sind. Im Falle einer Pflegschaft denke ich, kann dies noch intensiver sein, weil viele dann zusätzlich noch Anteil an dem Schicksal des Kindes nehmen und um sein Wohlergehen besorgt sind.

An unserem ersten gemeinsamen Vormittag ging ich mit Sam in einen Supermarkt zum Einkaufen. An der Wursttheke wurde ich gefragt, ob er ein Stück Wurst wolle. Ich sagte übermütig, das wisse ich auch nicht, ich kenne ihn ja erst seit gestern. Das Fragezeichen, das sich auf dem Gesicht der Verkäuferin bildete, war deutlich zu erkennen.

Die ersten paar Tage verbrachten Sam und somit auch ich vor allem damit, durch die Wohnung zu „laufen“. Das heißt, ich habe Sam an den Händen gefasst und wir sind zusammen marschiert. Darin war Sam unermüdlich. Da ich noch mein Projekt abarbeiten musste, hat sich Patrick Urlaub genommen und die Betreuung des kleinen Mannes in der zweiten Woche übernommen. Zu den Mahlzeiten war ich immer dabei. Die ersten Tage ist Sam, wenn Patrick abends nach Hause kam, stets weggelaufen oder hat sich in meinen Armen verkrochen. Später allerdings ist Sam jeweils, wenn der Schlüssel in der Haustür umgedreht wurde, über das ganze Gesicht strahlend zu ihm gelaufen – egal, was wir gerade spielten oder taten.

Ein weiterer besonderer Aspekt meines Bereitschaftspflegemutterdaseins lag in einem Dilemma: Wir wussten nicht genau, wie lange Sam bei uns bleiben würde. Und daher wollte ich mich nicht nach einer bestehenden Krabbelgruppe oder Ähnlichem umschauen. Bis ich etwas Passendes gefunden hätte, wäre Sam vielleicht schon bald wieder bei seiner leiblichen Mutter. Ich wollte auch Sam zuliebe nicht in bestehende Gruppen, die er dann nach einigen Wochen wieder abrupt hätte verlassen müssen. Andererseits hatte ich wenig soziale Kontakte und Austausch zu anderen Müttern mit Kindern in ähnlichem Alter. Und ich finde, dass es sowohl für das Kind als auch für die Mutter wichtig ist, reichlich Kontakte zu passenden Familien zu haben. Als ich Jahre später mit unserem Pflegesohn Kevin das erste Mal in einer Mutter-Kind-Spielgruppe war, tat mir das sehr gut und so lernte ich auch Freunde kennen und konnte mich über den Alltag mit einem Kleinkind austauschen. Kevin machte diese organisierte Gruppe mit immer neuen und spannenden Spielangeboten viel Freude.

Ich hatte bei Sam insoweit Glück, dass wir die Freundin mit den Zwillingsjungen hatten, die wir regelmäßig trafen. Die drei Jungs verstanden sich prächtig. Bei unserer großen Wohnanlage gab es mehrere Spielplätze, eine Wiese, einen Teich, einen Sand- und Kiesplatz. Als Sam einige Wochen bei uns lebte, lernten wir auf dem Spielplatz eine sympathische Mutter mit ihrem Mädchen Amelie kennen. Amelie war einen Monat älter als Sam. Wir haben uns fortan fast jeden Vormittag – egal bei welchem Wetter – mit Alexandra (Amelies Mama) und Amelie auf dem Spielplatz getroffen. Der Spielplatz war ansonsten vormittags ziemlich ausgestorben. Die Kinder freuten sich, wenn sie sich sahen. Einmal die Woche sind wir zu viert in den Zoo geradelt. An dem Tag, als Alexandra hörte, dass Sam nun zurück zu seiner leiblichen Mutter dürfe, stiegen ihr die Tränen in die Augen. Sie sagte zum Abschied zu Sam: “Danke du Sonnenschein, dass ich dich kennenlernen durfte“.
Durch diese beiden Freundschaften war es nicht so relevant, unbedingt noch eine feste Gruppe zu haben. Sam hatte seinen Austausch und ich ebenso.

Pflegegeld

Wenn Pflegeeltern ein Kind bei sich aufgenommen haben, erhalten sie vom Jugendamt sogenanntes Pflegegeld. Für die persönliche Sorge eines Pflegekindes sowie die im Zusammenhang mit der Pflege entstehenden Aufwendungen wird den Pflegeeltern dieses monatliche Pflegegeld bezahlt. Dabei handelt es sich um laufende Leistungen zum Unterhalt nach § 39 SGB VIII (Sozialgesetzbuch).

Dieses Pflegegeld setzt sich folgendermaßen zusammen:

- Unterhaltszahlungen/Grundsatzbedarf und
- "Kosten der Erziehung".

Es deckt die wiederkehrenden Leistungen der Pflegeeltern ab. Die Höhe des Pflegegeldes bestimmt die jeweilige Landesbehörde. Sie ist innerhalb eines Bundeslandes gleich. Die verschiedenen Bundesländer variieren in der Höhe des Pflegegeldes. Laut Urteil des Bundesfinanzhofes wird Pflegegeld nicht als Einkommen im steuerrechtlichen Sinn angesehen und muss daher bei Steuererklärungen nicht angegeben werden.

Die leiblichen Eltern eines Kindes bleiben für das Kind unterhaltsverpflichtet, selbst wenn das Kind nicht mehr bei ihnen lebt, und/oder sie kein Sorgerecht mehr haben. Das heißt, dass die Herkunftseltern für das Kind aufkommen müssen, wenn und soweit sie dazu in der Lage sind. Um das Pflegekind in seinem Unterhalt zu sichern, übernimmt das Jugendamt die Unterhaltszahlungen und holt sich von den Eltern zurück, was diese leisten können und müssen.

Für besonders beeinträchtigte Kinder in Sonderpflege erhalten die Pflegeeltern ein erhöhtes Pflegegeld.

Zudem gibt es noch Zuschüsse zum Pflegegeld, die von Amt zu Amt unterschiedlich gehandhabt werden, wie z. B. Weihnachtsbeihilfe oder Ferienpauschale.

Es gibt mögliche weitere Beihilfen:

- sogenannte Erstausstattung wie notwendige Einrichtungsgegenstände und Kleidung
- zur Kommunion oder Konfirmation
- zur Einschulung
- für das Schullandheim und Studienfahrten
- für Bildungsmaßnahmen (allgemeinbildende Kurse, musische Bildungsmaßnahmen)
- Förderung von Begabung und Interesse (Musikinstrument, Sportausrüstung, Fahrrad, Vereinsbeiträge)
- besondere Arbeitskleidung

Beispiel Pflegegeld für ein einjähriges Pflegekind:

- Grundsatzbedarf		408,-- €
- Kosten der Erziehung		230,-- €
+ nachgewiesene, hälftige Beiträge zu einer angemessenen Alterssicherung	max.	39,00 €
./. anteiliges Kindergeld		-38,50 €

Pflegekinder haben Anspruch auf Gewährung von Kindergeld oder kindergeldähnlichen Leistungen. Das anteilige Kindergeld wird normalerweise auf das Pflegegeld angerechnet (siehe obiges Beispiel), sodass die Pflegeeltern bei der Behörde einen Antrag auf Kindergeld stellen sollten.

Kindergeld

Pflegepersonen, die ein Pflegekind auf Dauer aufgenommen haben, besitzen ein Anrecht auf Kindergeld für dieses Kind. Das Kind zählt wie ein leibliches Kind der Pflegeeltern in der Geschwisterreihe der in der Familie lebenden Kinder.

Höhe des Kindergeldes:
* 154 Euro für das erste bis dritte Kind
* 179 Euro für jedes weitere Kind

Das Kindergeld wird monatlich ausgezahlt. Es muss bei der zuständigen Familienkasse beantragt werden. Das Kindergeld wird vom Jugendamt anteilig vom Pflegegeld abgezogen.

Sam lebte ein paar Wochen bei uns, als die Nächte sehr anstrengend wurden. Das ergab sich so: Sam bekam vor dem Zubettgehen in unserem Wohnzimmer bei einem von uns beiden auf dem Arm ein Milchfläschchen. Dann brachte ihn Patrick oder ich zu Bett. Wenn er im Bettchen lag, sangen wir ihm noch etwas vor. Er schlief anfangs in dem von unseren Freunden geliehenen Reisebett, nach einiger Zeit bekamen wir vom Heim, wo er vorher gelebt hatte, sein gewohntes Kinderbett. Während des abendlichen Vorsingens bekam er noch ein kleines Fläschchen mit Wasser. Das nuckelte er leer und fand so leicht in den Schlaf. Und wenn er nachts wach wurde und weinte, gaben wir ihm ein Fläschchen Wasser. Aus anfänglich einem wurden zwei und dann drei Wasserfläschchen pro Nacht. Bis wir ihn nachts wickeln mussten, weil er so viel getrunken hatte.

Ich fragte, mittlerweile völlig übermüdet, im Jugendamt nach, was wir als Abhilfe machen könnten und bekam leider nur das Buch „Jedes Kind kann schlafen lernen“[3] ausgeliehen. Was mir nicht viel nutzte, denn Zeit zum Lesen hatte ich keine mehr: mit einem Kleinkind und meinem Projekt. Aber alle zwei Stunden aufgeweckt zu werden und nachts ein- oder zweimal wickeln zu müssen, so konnte es auf keinen Fall weitergehen. Ich hatte eine Idee und schickte Patrick eines Abends zum Schlafen in das Wohnzimmer. Sam legte ich neben mich in unser Ehebett. Als er aufwachte und weinte, bekam er ein Wasserfläschchen. Allerdings keines mit Schnuller, sondern eines mit einer festen Plastiktrinkhilfe. Das mochte er nicht so gerne, das war ja nicht zum genüsslichen Nuckeln bestimmt, sondern nur zum Trinken. Aber Sam bekam Wasser angeboten und musste nicht dursten. Mein neues Spiel gefiel

[3] Jedes Kind kann schlafen lernen: Annette Kast-Zahn, Hartmut Morgenroth, Oberstebrink/Eltern-Bibliothek 2002

ihm natürlich nicht und er brüllte los. Nach einer Weile schlief er erschöpft wieder ein. Das wiederholte sich in dieser Nacht mehrmals. Morgens waren Sam und ich etwas gerädert, immerhin Patrick konnte einmal ausgeschlafen zur Arbeit fahren. Ich war darauf gefasst, dass ich nun mehrere Nächte das „Wasserspielchen“ mit Sam durchführen musste. Aber als wir Sam am nächsten Abend wie gewohnt in sein Bett legten – allerdings ohne Fläschchen – schlief er ein und durch. Da waren wir sehr erleichtert. Tagsüber blieb Sams Wasserkonsum dennoch gigantisch. Wir haben ihn liebevoll „Aquaholiker“ genannt.

Am Anfang, als Sam zu uns kam, hat er morgens, wenn er aufwachte, eher geweint und war nörgelig. Nach ein paar Wochen hat er uns stets mit einem „Hey“ oder „Wauwau“ geweckt, er stand dabei in seinem Bettchen und schaute munter und erwartungsvoll zu uns rüber. Manchmal war das Erste, was wir von ihm hörten, auch einfach ein Lachen. Beim Einschlafen hat er oft noch gebabbelt und seinen Stofftieren, u.a. einem Hund und einem Schaf, wohl von seinem aufregenden Tag erzählt.

Als Sam gut einen Monat bei uns lebte, mit ca. dreizehn Monaten, lernte er, alleine zu laufen. Ich nannte ihn fortan „Zwackelchen“, wegen seines wackeligen Laufstils. Wenige Tage später war kein Ball mehr vor ihm sicher. Egal, wie weit weg er war, ist er über alle Entfernungen zu ihm hin gelaufen. Die Ballführung war von Anfang an beachtlich. Manchmal war es sehr schwer, ihn davon zu überzeugen, dass die großen Jungs auf der Wiese nicht mit ihm spielen wollten. Stur und mutig ist er immer wieder in Richtung Ball marschiert.

Die Stadt, in der wir leben, ist mittelgroß. Und das Heim, in dem Sam und seine leibliche Mutter Joan vorher lebten, liegt in unserem Stadtteil. Ich rechnete mir also aus, dass wir irgendwann einmal Joan oder Marek (dem Ehemann von Joan) in der Stadt begegnen könnten. Und ich hatte etwas Bedenken, wie sich solch ein zufälliges Treffen einerseits auf Sam auswirken würde und wie Joan mir andererseits begegnen würde. Kaum war Sam acht Wochen bei uns, wir warteten gerade auf eine Straßenbahn zur Heimfahrt, begegneten wir Joan und Marek. Sam freute sich offensichtlich, die beiden zu sehen, und die leiblichen Eltern freuten sich ebenfalls über dieses unverhoffte Wiedersehen. Ich ließ die Straßenbahn vorbeifahren und gab uns zehn Minuten, bevor ich in die nächste einsteigen wollte. Ich war auf Sams Reaktion gespannt, als wir einstiegen und weiterfuhren. Aber es geschah nichts Besonderes, er winkte den beiden nach und freute sich dann, dass er Straßenbahn fahren durfte. Wir trafen uns in den folgenden Wochen noch zweimal in der Stadt und für Sam war es jeweils in Ordnung, seine Bauchmama kurz zu sehen und anschließend wieder mit mir weiterzufahren bzw. zu gehen. Meine diesbezüglichen Sorgen im Vorfeld haben sich als grundlos erwiesen.

Wir waren eine Pflegefamilie, aber unser Alltag lief im Großen und Ganzen genauso ab wie bei anderen Familien. Allerdings gab es Besuchskontakte mit Sams leiblicher Mutter. Diese fanden im Jugendamt - in neutralen Räumen - statt. Unser Wohnort war für Joan und ihren Mann bislang unbekannt. Sie wussten lediglich unsere Vornamen. Und dieses Geschützt-Sein sollte für uns so bleiben, damit uns Joan z.B. nicht, wenn es ihr schlecht ginge, unangemeldet besuchen käme. In unserem Wohnort wird dies meistens so gehandhabt, dass die Pflegeeltern eine Zeit lang eine gewisse Anonymität behalten. Dies kann bei Dauerpflegschaften aufgeweicht werden, es können, wenn es gut läuft, auch Besuche in der Wohnung der Pflegefamilie stattfinden.

Eine kleine Geschichte hierzu ist mir lebhaft in Erinnerung geblieben: Ich hatte Freunde besucht und war mit Sam an der Haltestelle vor dem Mutter-Kind-Heim, wo Sam früher lebte. Da stand plötzlich Marek an der Haltestelle und unterhielt sich mit einer jungen Frau. Wir sprachen kurz miteinander, er nahm für einen Moment Sam auf den Arm. Als die Bahn kam, stiegen wir ein. Die junge Frau, mit der sich Marek unterhalten hatte, stieg auch ein. „So etwas Dummes“, schoss es mir durch den Kopf. Denn wir mussten drei Stationen später schon wieder aussteigen. Und ich dachte, wenn diese Frau Marek erzählen würde, wo wir ausgestiegen sind, könnten Joan und Marek unsere Wohnung suchen und finden. Sicherheitshalber fuhr ich mit Sam zwei Stationen weiter und lief den Weg zügig zu Fuß, Sam im Buggy schiebend, zurück.

Dieser jungen Frau begegnete ein paar Jahre später wieder. Marina, so hieß sie, sah mich, als ich mit Aileen, unserem dritten Pflegekind, zu einem Krankenbesuch bei ihrem damaligen Freund (dies war der Sohn einer Freundin meinerseits) kam. Und plötzlich fragte sie mich ganz unvermittelt: „Sag mal, du warst doch auch die Pflegemutter vom Sam?“ Bei mir machte es just in diesem Moment “klick“ und ich antwortete: „Ja. Und dich haben wir damals an der Straßenbahnhaltestelle gesehen?“ Ich erzählte ihr, dass ich damals extra zwei Stationen weitergefahren bin, und zusammen mussten wir lachen. Sie selbst ist eine Freundin von Joan, und von ihr erfahre ich ab und zu etwas von Sam. Marina wohnt mittlerweile in unserem Stadtteil und hat zwei Söhne, im passenden Alter zu unseren jetzigen Pflegekindern, Kevin und Antonia, sodass wir uns gelegentlich treffen.

Als Sam ca. vier Monate bei uns war, fing er nachts plötzlich an zu „bellen“ – es war ein Pseudokrupp-Anfall. Wir sind mit ihm per Taxi in die

Kinderklinik gefahren. Es wurde eine ziemliche Tortur für Sam, denn er musste Adrenalin inhalieren. Das Gerät machte einen schauderhaften Lärm und das mitten in der Nacht. Wir bekamen Notfallzäpfchen mit, die wir fortan immer mitnehmen mussten, wenn wir länger weggingen. Ich deutete diesen Pseudokrupp-Anfall als mögliches psychosomatisches Anzeichen, dass ihm das ganze Hin und Her mit seinen zwei Mamas zu viel wurde. Zwei Tage später bei seinem bekannten Hausarzt hat Sam nur laut geweint. Und als ihm ein Weihnachtsmann auf der Straße einen Keks schenken wollte, weinte er wieder. Von verkleideten Menschen (so sah er scheinbar die Ärzte und Schwestern in der Klinik) hatte er die Nase voll.

Sam war von sehr sonnigem Gemüt, zeigte allerdings Anzeichen von Distanzlosigkeit.[4] Von Anfang an hat er den Leuten auf der Straße zugewunken. Als er dann „Hallo" sagen konnte, hat er das zum Winken dazu gesagt. Das erfreute die Herzen vieler, denen er so offen begegnete.

Distanzlosigkeit kommt bei Pflegekindern häufiger vor. Diese Kinder sind oftmals gezwungen, für sie überlebensnotwendige Verhaltensweisen zu entwickeln. Um Zuwendung zu bekommen, erlernen sie mehrere Strategien. Die einen holen sich Zuwendung durch negative Verhaltensweisen, beispielsweise durch auffälliges aggressives Verhalten. Auf der anderen Seite gibt es Pflegekinder, die zum Liebling aller werden (wollen). Sie kennen keine Distanz gegenüber fremden Menschen und sie suchen zu vielen Personen gleiche Nähe, um sich Zuwendung zu sichern.

Besuchskontakte mit Sams leiblicher Mutter

Die Besuchskontakte mit der leiblichen Mutter oder den leiblichen Eltern, auch Umgangskontakte genannt, stellen im Leben der Pflegefamilien, im Vergleich zur herkömmlichen Familie, eine Besonderheit dar. Ich widme ihnen daher zu vier unserer Pflegekinder jeweils ein extra Kapitel. Diese Kontakte gestalten sich unterschiedlich. Es kommt hierbei sehr auf die Konstellation zwischen den Pflegeeltern und den leiblichen Eltern an und den Gründen, warum das Kind in Pflege lebt.

---

[4] Distanzlosigkeit: Nicht angemessenes Verhalten, in der eine nicht passende Nähe und Vertraulichkeit aufgebaut wird und konventionelle Normen nicht eingehalten werden. Aus http://www.lexikon-psychologie.de

Besuchskontakte/Umgangskontakte

Pflegekinder sind Kinder, die zwei Familien haben, die Herkunftsfamilie und die Pflegefamilie. Den leiblichen Eltern steht generell, unabhängig davon, ob sie Inhaber der elterlichen Sorge sind oder nicht, das Recht und die Pflicht auf Umgang mit ihrem Kind zu. Umgangsrecht ist ein Begriff des Familienrechts. Er beschreibt den Anspruch auf Umgang eines minderjährigen Kindes mit seinen Eltern und jedes Elternteils mit dem Kind, in besonders gelagerten Fällen auch das Recht Dritter auf Umgang mit dem Kind beziehungsweise des Kindes mit Dritten. Und somit haben Pflegekinder in der Regel, auch dann, wenn sie in einer Pflegefamilie leben, Umgangskontakte mit ihren leiblichen Eltern, die manchmal von einer Fachkraft begleitet werden. Der zeitliche Rahmen dieser Besuchskontakte ist einzelfallabhängig, oftmals eine Stunde monatlich.

In seltenen Fällen (z.B. bei einer schlimmen Traumatisierung des Kindes) besteht die Notwendigkeit, einen Antrag bei Gericht auf Aussetzung der Umgangskontakte zu stellen. Dies muss jeweils individuell gesehen werden. Solch eine Entscheidung, die das Umgangsrecht für längere Zeit oder auf Dauer ausschließt, wird gerichtlich nur festgelegt, wenn das Wohl des Kindes gefährdet ist.

In manchen Jugendämtern wird es so gehandhabt, dass nach der Vermittlung eines Pflegekindes die Kontakte zur Herkunftsfamilie zunächst einmal eingestellt werden, damit sich das Kind in Ruhe auf sein neues Zuhause einlassen kann. Nach einigen Wochen oder Monaten werden die Besuchskontakte wieder aufgenommen. In der Regel ist neben den Herkunftseltern eine Fachkraft des Jugendhilfedienstes sowie die Pflegemutter oder der Pflegevater anwesend.

Der Kontakt wird an einem neutralen Ort, z.B. in Räumen des Jugendamtes oder auf einem Spielplatz zeitlich begrenzt durchgeführt. Es gibt auch die Möglichkeit, dass der Besuchskontakt zu Hause stattfindet. Ein unbegleiteter Kontakt zwischen den leiblichen Eltern und ihrem Kind sollte normalerweise nicht stattfinden. In der Realität sieht dies oftmals anders aus.

Besuchskontakte dienen dem Pflegekind dazu, seine beiden Lebenswelten zusammenzuführen und seinem Alter entsprechend, wenn möglich, diesbezüglich Fragen an die leiblichen Eltern zu richten. Den leiblichen Eltern werden diese Kontakte ermöglicht, damit sie an der Entwicklung des Kindes persönlich Anteil nehmen können und sich zudem erklären und ggf. rechtfertigen können. Pflegekinder benötigen Hilfe, die beiden Welten miteinander zu verbinden und müssen erläutert bekommen, wozu die Kontakte dienen. Dies müssen zum Großteil die Pflegeeltern in Vor- und Nachgesprächen leisten.

Die leibliche Mutter von Sam hatte, wie vorab beschrieben, (mehr oder weniger) freiwillig in die Bereitschaftspflege eingewilligt. Diese war zu Beginn für drei Monate angesetzt. Damit Sam eine Bindung zu seinen Herkunftseltern behalten konnte, bin ich wöchentlich einmal mit ihm zum Jugendamt gefahren. Dort hat Sam seine leibliche Mama und seinen Ziehpapa Marek gesehen und konnte mit ihnen eine Stunde im Besucherzimmer spielen. Meistens fingen die beiden uns vor dem Jugendamtsgebäude ab, liefen freudestrahlend auf den Kleinen zu, nahmen ihn aus dem Buggy und auf den Arm. Sam freute sich jedes Mal sehr und hat vor Vergnügen laut gequietscht. Anschließend sind wir vier zusammen in das Besucherzimmer gegangen und wurden von unserer Jugendamts-Betreuerin Frau Kunz begrüßt. Wir setzten uns kurz an den Tisch, wenn es etwas zu besprechen gab. Anschließend spielten die drei miteinander. Nach ein paar Wochen ist die Betreuerin nach der Begrüßung rausgegangen und gegen Ende wieder erschienen, um den Besuchskontakt offiziell zu beenden.

Meine Rolle als Pflegemutter war hierbei, Sam diesen geschützten Rahmen zu ermöglichen und mich ansonsten zurückzuhalten. Es war seine Zeit mit seiner leiblichen Mutter, in der ich keine große Rolle spielte. Und da eine Rückführung geplant war, war es wichtig für Sam, eine gute Bindung zu seiner leiblichen Mutter und Marek zu behalten. Die drei saßen meistens auf dem Boden und spielten etwas zusammen. Oder Joan hatte etwas zu essen für ihren Sohn dabei und gab es ihm.

Wir übten zum Schluss des Besuchstermins folgendes Ritual aus: Joan, die Sam auf dem Arm hielt, verabschiedete sich per Küsschen von ihrem Sohn und gab ihn mir auf den Arm, wie beim allerersten Kontakt. Damit war es für Sam mehr oder weniger klar, die Spielzeit mit Mama und Papa ist vorbei, die beiden verabschiedeten sich und wir bleiben zurück. Die ersten zwei Mal weinte der Kleine, wenn die beiden wieder gingen. Später wurde es für ihn scheinbar normal, dass er bei uns wohnte und seine leibliche Mutter samt Ehemann lediglich einmal die Woche für eine Stunde sah und mit ihnen eine intensive Spielzeit hatte. Er winkte seiner Mama freundlich zum Abschied von meinem Arm aus zu. Und auch Joan zeigte sich nach einigen Wochen recht souverän und konnte gut Abschied nehmen.

Wenn Sams Eltern gegangen waren, hatte ich Zeit ihn in Ruhe anzuziehen und ein paar Worte mit unserer Betreuerin Frau Kunz zu wechseln. Sie berichtete mir von Joan und ob es Fortschritte in ihrem Leben gab, ob sie z.B. eine Wohnung gefunden hatte. Joan war zu der Zeit quasi obdachlos, da sie aus dem Mutter-Kind-Heim rausgeworfen worden war. Eine Auflage, damit Sam zu ihr zurückdürfe, lag darin, eine geeignete Wohnung vorzuweisen. Meistens telefonierten wir am nächsten oder übernächsten Tag nochmals miteinander. Frau Kunz wollte wissen, wie Sam den Besuch im Nachhinein verkraftet hätte. Sam machte nach dem Treffen mit seinen Eltern oft einen verwirrten Eindruck, er war quengeliger und weinerlicher als normal. Sicherlich hat er sich gefragt, wieso er nicht mit seiner Mama heim dürfe. Nach ein paar Wochen fragte er sich wohl, wo er nun eigentlich hingehört. Und wieso er momentan nicht bei seiner Mama wohnen kann. Ich erklärte ihm das immer wieder, vor allem vor den wöchentlichen Treffen im Jugendamt, und ich denke, er konnte das ein Stück weit seinem Alter entsprechend verstehen und akzeptieren.

Ich erinnere mich noch sehr genau an einen für alle Beteiligten unangenehm endenden Besuchskontakt. Es dauerte viele Wochen, bis sich Sam wirklich an Patrick und mich gebunden hatte. Ich selbst konnte das nicht so gut abschätzen, aber unsere Betreuerin bestätigte mir mehrmals, dass es bei anderen Pflegeverhältnissen, die sie betreute, schneller gegangen wäre, dass sich das Pflegekind an die Pflegeeltern bindet. Sam hingegen, der wöchentlich seine leibliche Mutter sah, brauchte hierzu recht lange. Aber nach ca. drei Monaten war ich Sams Hauptperson, seine primäre Bindung hatte er damals zu mir. Patrick kam an zweiter Stelle und dann Joan. Als er sich bei jenem Besuchskontakt ein bisschen verletzte und deswegen weinte, nahm ihn Joan, die dieses Mal ohne ihren Mann gekommen war, auf den Schoß und wollte ihren Sohn trösten. Ich saß auf einem Stuhl daneben. An der Art, wie Sam weinte, ahnte ich bereits, dass nur ich ihn beruhigen konnte. Es war für mich sehr unangenehm und schwer, diese Situation auszuhalten, der leiblichen Mutter nicht ihr Kind wegzureißen und Sam zu trösten. Ich wandte behutsam ein, dass Joan mir Sam doch bitte kurz geben solle, was sie allerdings zuerst ignorierte. Aus ihrer Sicht war sie die Mutter, die ihn bisher immer selbst trösten konnte. Für mich erschienen die Sekunden oder gar Minuten sehr lange, bis sie es aufgab und mir ihren Sohn überreichte. Ganz schnell beruhigte sich Sam auf meinem Schoß und ich reichte ihn sanft wieder in Joans Richtung. Nach ein paar Minuten musste Sam wiederum heftigst weinen und Joan konnte ihn ein weiteres Mal nicht beruhigen. Dieses Mal rannte sie völlig aufgelöst und frustriert einfach aus dem Zimmer und verschwand ohne Abschiedsworte aus dem Jugendamt. Sam beruhigte sich schnell bei mir und war nur sichtlich überrascht wegen des abrupten Abgangs seiner Mama. Mich nahm das sehr mit. Dies wiederum konnte die Betreuerin nicht verstehen, ausgerechnet an diesem Nachmittag war es eine Vertretung, die das Türenschlagen gehört hatte und angelaufen kam. Mir taten Sam und Joan sehr leid.

Ich denke im Nachhinein aber, dass diese Reaktion von Sam – dass er sich in meiner Anwesenheit nicht mehr von seiner leiblichen Mutter trösten ließ – den Ausschlag gab, dass sie ihr Leben wieder in den Griff bekam. Sie hatte deutlich zu spüren bekommen, wer mittlerweile Sams Hauptbezugsperson war, wie sehr sich Sam schon von ihr distanziert hatte und dass sie jetzt ihr Leben endlich wieder in den Griff bekommen musste, bevor Sam sich noch fester an mich binden würde.

Sam kehrt zur leiblichen Mutter zurück

Geplant war ursprünglich, dass Sam drei Monate bei uns in Pflege bleibt und seine leibliche Mutter bis dahin ihr Leben geordnet haben würde. Als Sam ein paar Wochen bei uns war, sah es zuerst so aus, als ob er recht schnell, also innerhalb der geplanten drei Monate zurück zur leiblichen Mutter dürfe. Das war für uns zu dem Zeitpunkt in Ordnung, denn so war es ja vereinbart. Im Laufe der Wochen und Monate schaffte es die leibliche Mutter aber nicht, sich an Absprachen zu halten, z.B. kam die Familienhelferin zu vereinbarten Terminen mehrmals umsonst. Die Beziehung zwischen Joan und Marek verschlechterte sich, Marek glitt immer mehr ab in ein kriminelles Milieu. Es sah zwischenzeitlich so aus, als ob Sam eventuell auf Dauer bei uns leben sollte. Dagegen hätten wir nichts gehabt, mittlerweile hatten wir den kleinen Kerl schon sehr lieb gewonnen. Und in unserer Fantasie nahm diese Dauerperspektive immer mehr Raum ein. Die Zeichen dafür standen – aus unserer Sicht – bald recht gut.

Der Anruf mit der Hiobsbotschaft, dass Sam zur leiblichen Mutter zurückdürfe, überraschte mich daher sehr. Joan hätte zwar noch nicht alle Auflagen erfüllt, zeige aber gute Ansätze. Und das Jugendamt sei sicher, dass sie vor Gericht ziehen werde, wenn Sam nicht bald wieder bei ihr leben dürfe. Und bei einem Gerichtsprozess waren sich die Jugendamtsmitarbeiter sicher, dass die leibliche Mutter eine zweite Chance bekommen würde. Aber bis das soweit wäre, hätte sich Sam noch intensiver an uns gebunden und das solle vermieden werden, indem er baldmöglichst zurück zu seiner Mutter übersiedeln dürfe. Wir waren geschockt, verwirrt und sehr traurig, dass unsere Zeit mit dem süßen Kerl nun bald vorbei wäre. Wir hatten schon geplant, an Weihnachten zu Patricks Bruder zu fahren und zusammen zu feiern, nun sah es so aus, als ob wir in dieser Zeit die Rückführung zur leiblichen Mutter organisieren müssten.

Beim nächsten Besuchskontakt wollte ihn Joan am liebsten sofort mitnehmen und zeigte sich recht uneinsichtig, dass Sam, der sich mittlerweile an uns gebunden hatte, eine gewisse Zeit gestattet werden müsse, bis er wieder ganz bei ihr leben dürfe. Sie musste es aber akzeptieren, das war eine Bedingung seitens des Amtes. Wir arbeiteten für die Rückführung einen groben zeitlichen Plan aus, der natürlich den Bedürfnissen von Sam angepasst werden musste. Joan zuliebe willigten wir ein, mit der Anbahnung für die Rückführung bereits am kommenden Morgen zu beginnen. Die nächsten Tage waren für alle Beteiligten sehr schwer und aufreibend.

Für den ersten Tag war geplant, dass wir mit Sam zu Joans neuer Wohnung fahren und eine Stunde mit Sam dort bleiben sollten. Damit er stressfrei mit seinem bald neuen Zuhause vertraut werden konnte. Es handelte sich um eine kleine dunkle Zweizimmerwohnung ohne richtige Küche. Sam schaute sich die Wohnung neugierig an. Besonders interessiert war er am im Hintergrund laufenden Fernseher und einem Aquarium mit vielen kleinen Fischen.

An Heiligabend waren wir ca. eineinhalb Stunden bei Sams leiblicher Mutter. An diesem Tag durfte Marek kommen und bis zum Schluss bleiben. Für eine viertel Stunde sind wir Pflegeeltern vor die Tür gegangen. Für Sam war die kurze Zeit ohne uns offensichtlich in Ordnung gewesen. Er hatte in den vergangenen Monaten ja wöchentlichen Kontakt zu seiner Mutter gehabt und somit war die Bindung noch recht gut und leicht wieder zu intensivieren.

Am zweiten Weihnachtsfeiertag besuchten wir Joan für zwei Stunden und gingen für ca. eine Stunde weg. Joan bestand auf diesen Termin, weil das der Tauftag ihres Sohnes war und sie den mit ihm feiern wollte. Wir waren gespannt, was das bedeutete, den Tauftag zu feiern. Die ganze Feier bestand darin, dass die Taufkerze angezündet wurde. Irgendwie war das für uns eine andere, etwas fremde Welt.

Die Stunde am zweiten Weihnachtsfeiertag nachmittags draußen zu verbringen, gestaltete sich als nicht ganz einfach. Es war draußen bitter kalt und zudem war weit und breit kein Café auszumachen, das schon geöffnet hatte. So blieb uns nur die Möglichkeit, in das nahegelegene Krankenhaus zu gehen, uns dort aufzuwärmen und aus dem Automaten einen mäßig warmen und künstlich schmeckenden Kakao zu nehmen. Einige Patienten spazierten im Morgenrock oder Bademantel auf und ab.

Als wir zurückkamen, empfing uns Sam erfreut, aber beachtete uns gleich darauf nicht besonders. Ihm schien die Zeit mit Joan gefallen zu haben. Zu dritt fuhren wir wieder nach Hause und verabredeten uns für den kommenden Tag zu dem nächsten Besuch.

Am nächsten Tag, es war der 27. Dezember, konnten wir endlich mit jemandem im Jugendamt sprechen und Rücksprache halten wegen der Rückführung von Sam. Unsere eigentliche Betreuerin, Frau Kunz, hatte Urlaub. So fühlten wir uns während der Feiertage sehr allein gelassen. Wir hatten keine Erfahrung mit der Rückführung eines Pflegekindes. Wobei uns Frau Kunz vorab gesagt hatte, dass Pflegeeltern sehr wohl einschätzen können, wann sie das Pflegekind loslassen können. Dies sei kein blindes Vertrauen in uns, sondern basierte auf Erfahrungen der Mitarbeiterinnen des Amtes. Darin hatte sie z.T. bestimmt recht, denn mittlerweile kannten wir Sam und seine Befindlichkeiten am besten. Andererseits stand uns persönlich unser heimlicher Wunsch, auf Dauer mit Sam zusammenzuleben, etwas im Weg. Die Tage der Rückführung gestalteten sich für uns sehr belastend. Sam nahm das Ganze genauso mit wie uns. Er war sehr unausgeglichen. Die Abende zu Hause gestalteten sich mit einer gewissen Traurigkeit, aber auch großen Herzlichkeit.

Am darauf folgenden Tag brachten wir Sam wiederum zu Joan und ließen ihn ein paar Stunden dort. Dieses Mal fuhren wir zwischenzeitlich nach Hause. Abends holten wir ihn wieder ab. Und als wir uns von Joan verabschieden wollten, hatten wir Sam alle drei reihum auf dem Arm. Patrick und ich hatten ganz deutlich das Gefühl, dass es für Sam egal bzw. gleichwertig war, auf wessen Arm er sich befand. Er fühlte sich überall gleich geborgen oder gleich wohl. Patrick und ich schauten uns an, durch jahrelanges Zusammenleben und unsere Verbundenheit genügte das, bevor ich sagte: „Okay, morgen früh bringen wir ihn vorbei und dann darf er bleiben." Joan war begeistert. Wir waren etwas überrascht, dass es nun doch so schnell gegangen war, aber Sam sollte ja unser Maßstab sein. Und wir hatten das Gefühl, dass die morgige Rückführung für ihn in Ordnung wäre.

An seinem letzten Abend bei uns hat der kleine Kerl viel Neues gemacht: Z.B. hat er es geschafft, sich auf das Bobbycar zu stellen, bzw. ist ständig auf einen kleinen Tisch geklettert und wieder runtergesprungen. Das war einerseits rührend anzusehen, andererseits wurde ich ganz wehmütig, wohl durch das Wissen, dass wir fortan an seinen Fortschritten, den kleinen wie den großen, nicht mehr teilhaben durften.

Am nächsten Morgen packten wir nach dem Frühstück Sams Sachen zusammen. Joan wollte keine Kleidung von uns, das respektierte ich, fand es aber schade, da es für Sam sicherlich gut gewesen wäre, auch weiterhin Bekanntes zu tragen. Ich zog ihm etwas an, das Joan ihm während seines Aufenthaltes bei uns gekauft hatte. Nur die neuen teuren Winterschuhe zog ich ihm an, in der Hoffnung, dass er wenigstens diese künftig tragen dürfe. Denn die, die Joan ihm besorgt hatte, waren sehr klobig und hart. Patrick baute das Gitterbett auseinander und wir verstauten alles in einem Carsharing-Auto. Bei Joan baute Patrick das Bett wieder auf. Marek half dabei. Ich kam mir ziemlich verloren vor in der Zeit, Sam rannte aufgeregt durch die Wohnung. Danach gab es für uns nicht mehr viel zu tun oder zu sagen. Wir verabschiedeten uns von Sam, wünschten ihm alles Gute und verließen schweren Herzens die Wohnung.

Es schmerzte uns, den kleinen Kerl zurückzulassen. Zudem wir und auch die Jugendamtsmitarbeiterinnen nicht sicher waren, ob es gut gehen würde. Ob es Joan mit ihrem Sohn dieses Mal wirklich packen würde? Vorher war sie im Mutter-Kind-Heim und hatte es nicht geschafft, und jetzt war sie viel mehr auf sich alleine gestellt. Das war das Schlimmste an der Situation: Nicht das Gefühl zu haben, dass es Sam bei Joan gut ging, sondern eher, dass es sich um einen unumgänglichen Versuch handelt, der so oder so ausgehen könnte. Am nächsten Tag rief ich Frau Kunz an und erzählte von der Rückführung.

Rückführung von Pflegekindern

Das Thema Rückführung von Pflegekindern zu deren leiblichen Eltern ist heftig umstritten. Klare gesetzliche Regelungen hierzu gibt es nicht. Letztendlich ist hier immer der Einzelfall zu betrachten.

Dennoch gibt es so etwas wie Zeiten, die bei einer Rückführung in Hinsicht auf die Bindung des Kindes an die Pflegeeltern berücksichtigt werden sollten. Viele Fachleute gehen von dem Fall aus, dass ein Kind im Alter bis zu drei Jahren nach einem Jahr in der Pflegefamilie und ein Kind über drei Jahren nach zwei Jahren in der Pflegefamilie diese engen Bindungen eingegangen sein könnte.

Das Bürgerliche Gesetzbuch (BGB § 1632 Absatz 4) hat den Pflegeeltern die Möglichkeit gegeben, einen Antrag auf Verbleib des Kindes in der Pflegefamilie zu stellen. Dies sollten Pflegeeltern tun, wenn der Sorgeberechtigte vorhat, das Kind aus der Familie zu nehmen, und wenn die Pflegeeltern der Überzeugung sind, dass das Kind engste Beziehungen zu ihnen eingegangen ist und eine Rückführung zu den Eltern das Kind gefährden würde.

§ 1632 IV BGB: „Lebt das Kind seit längerer Zeit in Familienpflege und wollen die Eltern das Kind von der Pflegeperson wegnehmen, so kann das Familiengericht von Amts wegen oder auf Antrag der Pflegeperson anordnen, dass das Kind bei der Pflegeperson verbleibt, wenn und solange das Kindeswohl durch die Wegnahme gefährdet würde.“

Das Gesetz trägt mit dieser Vorschrift der inzwischen wissenschaftlich gefestigten Tatsache Rechnung, dass sich Pflegekinder im Laufe der Pflegschaft immer enger an ihre Pflegeeltern binden und diese schließlich die „psychologischen Eltern“ für diese Kinder werden. Und ist ein Kind eine feste Bindung an seine neue Familie eingegangen, so kann das Kindeswohl bei einem Abbruch dieser Bindungen erheblichen Schaden nehmen.

Säuglinge und Kleinkinder binden sich so fest an ihre Pflegefamilie, dass eine Rückführung ein schwerer Beziehungsabbruch wäre und nur dann infrage kommt, wenn Mutter oder Vater von Anfang an für das Kind verfügbar bleiben, sodass die Rückführung kein völliger Neuanfang ist.

Zu Hause hatte ich das starke innere Bedürfnis, die Wohnung wieder erwachsenengerecht zu gestalten. Ich packte alles, was Sam gehört hatte, zusammen und brachte es in den Keller. Seinen Schlafsack behielt ich ungewaschen oben und schnupperte ab und zu daran, wenn es gerade sehr weh tat. Sams Geruch blieb noch einige Zeit am Schlafsack haften. Das Aufräumen war wie eine Art Befreiungsschlag. Patrick und ich waren sozusagen wieder auf uns als Ehepaar zurückgeworfen, und das wollte ich in der Wohnung so demonstrieren. Wobei wir trotz des Schmerzes schon von Anfang an das Gefühl hatten, unsere Feuertaufe im Zusammenleben mit einem Kind bestanden zu haben. Und wir waren uns einig, dass wir auf alle Fälle mit Kindern zusammenleben wollten. Dass wir uns wieder bereitstellen würden für die Aufnahme eines Pflegekindes. Falls Sam nicht bei seiner Mutter bleiben könne, wären wir natürlich bereit, ihn jederzeit wieder bei uns aufzunehmen. Um dieses auch äußerlich zu demonstrieren, blieb fortan in unserer Wohnung im Wohnzimmer eine Krabbeldecke liegen mit einigem Spielzeug darauf. Dies sollte demonstrieren, Kinder sind hier sehr willkommen, wenn auch der Rest der Wohnung wieder von Kinderdingen, wie Babybadewanne, Wickelkommode usw. befreit ist.

Joan hatte eingewilligt, dass wir uns nach einer Woche treffen könnten, damit Sam wisse, es gibt seine Pflegeeltern noch, und er uns wieder sehen könnte. Das war wichtig für Sams Entwicklung und Erfahrung, dass für ihn wichtige Menschen, die wir monatelang für ihn gewesen waren, nicht einfach so aus seinem Leben verschwinden. Ich war schon ganz aufgeregt, den kleinen Kerl wiederzusehen. Wir fuhren mit der

Straßenbahn hin, aber nur der verdutzte Marek war vor Ort und sagte uns, dass Joan doch zu uns kommen wollte. Scheinbar hatten wir aneinander vorbei geredet. Ich rief Joan per Handy an und wir bestellten uns ein Taxi und fuhren zu der verabredeten Stelle.

Als ich Sam im Buggy sitzend wiedersah, erkannte ich ihn fast nicht wieder. Wie er sich in der einen Woche verändert hatte! Es waren nicht nur die anderen Kleidungsstücke, es war auch der andere Gesichtsausdruck. Das war erschreckend für mich zu sehen, wie wenig Spuren wir in den knapp fünf Monaten scheinbar bei ihm hinterlassen hatten.

Sam freute sich offensichtlich sehr, uns wiederzusehen. Gemeinsam liefen wir zu uns nach Hause. Sam erkannte trotz meiner Umräumaktion noch alles, und ich hatte das Gefühl, er freute sich, alles wieder zu sehen. Er setzte sich hin und spielte. Dieses erste Gespräch mit Joan nach Sams Rückführung habe ich als sehr offen in Erinnerung. Sie erzählte uns beispielsweise, dass Sam kurz nach seiner Übersiedlung einen schlimmen Pseudokruppanfall gehabt hätte. Der arme Kerl tat mir sehr leid. Nach einer Stunde sind die beiden wieder gegangen. Joan hatte mittlerweile eine neue Wohnung in einem anderen Stadtteil gefunden, würde demnächst umziehen und wir verabredeten uns, sie zwei Wochen später zu besuchen.

Als wir dort ankamen, waren sie und Sam noch nicht da, wir mussten eine Weile warten. Zusammen mit einer Freundin kam sie, entschuldigte sich jedoch nicht für ihr Zuspätkommen. Wir gingen mit hoch in die Wohnung und durften Sams neues Zimmer sehen. Joan hatte es nett für ihn eingerichtet, mit einem Himmelbett. Sam war offensichtlich erfreut, dass wir ihn besuchen kamen, und zeigte uns ganz stolz sein Reich. Es kamen noch Verwandte und Freunde zu Besuch und Patrick und mich beschlich immer mehr das Gefühl, dass wir gerade mal geduldet, aber keinesfalls willkommen waren. Sicherlich konnten Joan und ihre Verwandten nicht ermessen, welchen Stellenwert, wir für Sam als seine Pflegeeltern (noch) hatten. Es schien aber mehr zu sein. So recht konnten wir uns nach dem offenen ersten Treffen keinen Reim darauf machen. Schweren Herzens gingen wir nach einer knappen unerfreulichen Stunde wieder. Wir konnten Joan noch zu einem gemeinsamen Besuch im Zoo vierzehn Tage später überreden.

Im Nachhinein habe ich mir ihr Verhalten erklären können. Die Jugendamtsmitarbeiterin hatte sie damit konfrontiert, dass ich ihr gesagt hätte, dass Marek oft in der alten Wohnung gewesen sei. Eine Bedingung, dass Sam zurück zu Joan durfte, war die Trennung von Marek, da dieser keinen guten Einfluss auf sie hatte. Das hat Joan wohl als Vertrauensbruch angesehen und wollte daher auf Abstand zu uns gehen.

Ich wiederum war sauer, dass die Jugendamtsmitarbeiterin so ungeschickt war. Sie selbst war auch interessiert daran, dass wir Sam weiterhin sehen konnten – alleine schon dem Kind zuliebe – und hätte uns nicht als Anschwärzer erwähnen sollen. Ich denke, ohne diesen Zwischenfall hätten wir Sam noch öfters sehen können.

Bei dem Termin im Zoo erschienen Joan und Sam nicht. Ich erreichte sie auf ihrem Handy, sie hatte den Termin angeblich vergessen. Wir verabredeten uns erneut, sie kamen wiederum nicht. Wir warteten beide Male vergeblich. Wir gaben danach unser Bemühen auf, Sam wiederzusehen. Ich schrieb einen langen Brief an Sam, in dem ich ihm ein paar Fotos einscannte und beschrieb, wie die Monate mit ihm waren, was er gerne tat, was er gerne gegessen hatte, was besonders toll war etc. Diesen Brief schickte ich an Joan und eine Kopie an das Jugendamt für Sams Akte.

Als ich ein paar Monate später im Jugendamt anrief und mich nach Sam erkundigte, wusste Frau Kunz nichts Aktuelles von dem Kleinen. Ich bekam ein paar Tage später einen Rückruf, aber wiederum nur mit der Aussage, dass sie nichts Neues über Sam und Joan berichten könnte. Per Zufall haben wir Monate später in einer regionalen Zeitung ein Foto von ihr gesehen, in dem Artikel dazu stand, dass sie über ein Förderungsprojekt der Stadt einen Ausbildungsplatz bekommen hätte. Sogar ihr kleiner Sohn war erwähnt. Das freute uns sehr zu lesen, denn wir hatten das Gefühl, dass sie es geschafft hatte und dass es Sam hoffentlich dadurch auch gut ginge.

Als drei Jahre später unser Pflegesohn Kevin ein paar Wochen bei uns lebte, traf ich Joan in der Stadt. Sie kam auf mich zu, ich hatte sie noch gar nicht entdeckt. Wir sprachen ein paar Minuten miteinander. Sie hatte von Marina bereits gehört, dass nun ein kleiner Junge bei uns lebte, und freute sich für uns. Sie arbeitete noch an ihrer Ausbildungsstätte und ihr ginge es gut. Sam auch, er gehe in einen Ganztageskindergarten. Und sie hätte noch ein Foto von Patrick und mir aufgehängt und Sam wisse, wer wir seien, dass wir seine Pflegeeltern gewesen wären. Ich hatte das Gefühl, aus der perspektivlosen Jugendlichen war eine junge Erwachsene geworden. Das war sehr schön, sie nochmals persönlich zu sehen und zu sprechen.

Vor ca. einem Jahr fragte ich bei Marina mal wieder nach, sie hat den Kontakt zu Joan etwas verloren. Sie wusste nur, dass Joan und Sam in einer nahegelegenen Stadt wohnten und sie jetzt einen Babysitter hätte und gerne abends weggehen würde, was ich ihr natürlich von Herzen gönne. Ich habe weiterhin das Gefühl, dass es Sam mit seiner leiblichen Mutter gut geht.

Anfrage wegen einer möglichen Adoption

Im April des nächsten Jahres, also vier Monate, nachdem Sam zur leiblichen Mutter zurückgegangen war, bekamen wir einen Anruf vom örtlichen Jugendamt. Dieses Mal ging es um die mögliche Adoption eines Babys, das im kommenden Monat geboren werden sollte. Die leibliche Mutter und der leibliche Vater, die kein Paar mehr waren, überlegten sich, das Kind zur Adoption freizugeben. Dazu wollten die beiden vom Jugendamt mindestens zwei Paare vorgestellt bekommen. Die werdende Mutter litte an einem Borderline-Syndrom[5], sie sei deswegen schon in der Psychiatrie gewesen. Sie selbst hätte wohl keinen Rückhalt in der eigenen Familie, es herrschten dort ziemlich vertrackte Verhältnisse. Die werdende Mutter wolle z.B. keinen Kontakt zu ihrer eigenen Mutter, die beiden seien wohl sehr verkracht. Der leibliche Vater wolle keine feste Bindung zur leiblichen Mutter, er redet ohne Punkt und Komma und sei etwas distanzlos. Er sei sehr distanzlos und damit schwer einzuschätzen. Ob wir bereit wären, uns den potenziellen abgebenden Eltern vorzustellen. Wir überlegten kurz und hatten beide das Gefühl, dieses Angebot annehmen zu wollen.

In der kommenden Woche hatten wir einen von einer Jugendamtsmitarbeiterin begleiteten Termin mit den möglicherweise abgebenden Eltern. Das andere Paar hatte den Termin schon hinter sich. Im Vorfeld sagte uns die Mitarbeiterin des Jugendamtes, das sei ein nett verlaufendes Gespräch gewesen und die Eltern seien ganz angetan gewesen. Ich fand die beiden recht sympathisch und es ergab sich ein offenes Gespräch, in dessen Verlauf der Kindesvater u.a. sagte: „Na, das hier ist doch aber schon ganz anders“, so als ob wir das geeignetere Paar zu sein schienen. Sie fragten uns nach unserer Vorstellung von Erziehung, nach unseren Berufen u.v.m. Wir erzählten ihnen kurz von unseren bisherigen Erfahrungen mit Pflegekindern. Die Frau sagte, sie wollten von den Vornamen einen Teil beisteuern und die Adoptiveltern den zweiten. Sie dachten an „Lara“, wir sollten mal überlegen, was wir dazu wünschten. Als die Frau schwanger geworden war, so berichtete sie, waren für sie die Alternativen, das Baby zu behalten oder einer Adoption in Frage gekommen, Abtreibung wäre für sie undenkbar. Nach dem Gespräch hatten wir ein gutes Gefühl. Wir waren kaum zu Hause,

---

[5] Borderline-Persönlichkeitsstörung wird auch emotional instabile Persönlichkeitsstörung genannt. Zum Erscheinungsbild gehören sehr wechselhafte Stimmungen und Affekte, ein zerrüttetes Selbstbild, zudem ausgeprägte Arten von traumabedingten Dissoziationen und damit verbundene Autoaggression und eine extreme zwischenmenschliche Sensibilität. (http://wissenswiki.erziehungspflicht.de)

als die Frau vom Jugendamt anrief und uns mitteilte, dass wir das spontan und klar auserwählte Paar wären.

Jetzt war erst einmal Abwarten angesagt, denn die werdenden Eltern hatten sich eine Woche Bedenkzeit erbeten, ob sie das Baby wirklich zur Adoption freigeben wollten, und danach ein weiteres Gespräch mit uns. Nach einer guten Woche fragten wir beim Jugendamt nach, was der Stand der Dinge sei. Aber dort gab es noch nichts Neues. Die Jugendamtsmitarbeiterin wollte nicht drängend wirken. Sie rief nach ein paar weiteren Tagen zurück und sagte, dass sich die Mutter wohl schon längst gegen eine Adoption entschieden hätte und dies so ihrer Familienhelferin mitgeteilt hätte. Die Familienhelferin hatte aber nicht vorgreifen wollen, sondern der werdenden Mutter die Chance gegeben, dies selbst dem Jugendamt mitzuteilen. Aus unserer Sicht hätte man uns schnellstmöglich informieren müssen, unabhängig davon, dass man der werdenden Mutter die Chance gelassen hatte, selbst ihre Entscheidung mitzuteilen. So hatten wir uns nur umsonst tagelang Hoffnungen gemacht. Im Nachhinein dachten wir, hatte das Verliererpärchen es gar nicht so schlecht getroffen, es hatte seine Absage wenigstens gleich und war nicht noch zwei Wochen in einer „Warteschleife Hoffnung" herumgeflogen.

Julia

„Wenn die Liebe dir ein Zeichen gibt, dann folge ihr,
auch wenn ihre Wege beschwerlich und steil sind.
Und wenn ihre Schwingen dich umhüllen, dann gib dich ihr hin,
obwohl das unter ihren Fittichen verborgene Schwert dich
möglicherweise verwundet.
Und wenn sie mit dir spricht, dann habe Vertrauen zu ihr,
obwohl ihre Stimme möglicherweise deine Träume zerschlägt,
wie der Nordwind den Garten verwüstet."

Khalil Gibran – Der Prophet

Ein Neugeborenes darf zu uns kommen

Julia war unser zweites Pflegekind. Sie wurde mit einem komplexen Herzfehler geboren, was ca. eine Woche nach ihrer Geburt bei einer Routineuntersuchung erkannt worden war, und starb im Alter von knapp fünf Wochen. Über unsere kurze und intensive Zeit mit ihr habe ich mein Buch „Julia – Engel im Licht" veröffentlicht. In diesem sehr emotional geschriebenen Trostbuch geht es um das Tabuthema „Tod eines Kindes". Ich will in diesem Kapitel das zu kurze gemeinsame Leben mit Julia zusammenfassen. Es kommt selten vor, dass Pflegekinder sterben bzw. genauso selten wie bei leiblichen Kindern.

Wir kamen aus einem Kurzurlaub zurück, als sich ein Anruf vom Jugendamt auf unserem Anrufbeantworter befand mit dem „Wunsch, sich in einer Angelegenheit mal zu besprechen". Patrick rief am nächsten Tag im Jugendamt an und wir wurden gefragt, ob wir das Baby einer Frau S. nach der Geburt in Pflege nehmen wollten. Die Geburt sei so in ca. fünf Wochen zu erwarten. Aus dieser Familie wurden schon früher drei Kinder in Pflegschaften vermittelt, u.a. der kleine Theo, den wir damals nicht nehmen wollten (siehe Kapitel „Zwei Anrufe innerhalb einer Woche"). Die Kinder wären stark vernachlässigt, z.T. offensichtlich misshandelt, wenn nicht sogar bei dem Mädchen Missbrauch vorläge. Und das Baby solle gleich nach der Geburt in eine Pflegefamilie kommen, um ihm das Schicksal seiner Geschwister zu ersparen.

Über solch ein göttliches Geschenk, ein Pflegebaby kurz nach der Geburt begleiten zu dürfen, mussten wir nicht lange nachdenken. Wir waren sofort Feuer und Flamme. Und für ein Pflegekind eher untypisch hatten wir diesmal richtig Zeit, uns darauf vorzubereiten und uns schon mal vorzufreuen. In den kommenden zwei Wochen kauften wir viele Babyutensilien. Als wir das Nötige gekauft hatten, begann die Zeit des Abwartens.

Ca. drei Wochen vor dem errechneten Geburtstermin kam wieder ein Anruf des Jugendamtes. Frau S. wolle angeblich zu ihrer Schwiegermutter ziehen, dort stünde schon ein Kinderbett und Frau S. dächte, dass sie folglich das Baby behalten könne. Das Jugendamt geriet in Zugzwang und wollte sich die bisher unbekannte Schwiegermutter und deren Wohnung anschauen, damit es entscheiden könnte, ob das auch eine kindgerechte Lösung wäre. Wir versuchten, uns nicht so mitreißen zu lassen von den Aufs und Abs, die nun folgten, ob denn das Baby zu uns käme oder nicht. Leichter gesagt als getan, wir waren ja schon voller Vorfreude. Es sah nach einem weiteren Telefonat so aus, als ob das Baby auf alle Fälle zuerst mal zu uns kommen sollte, und später die gerichtlichen Instanzen das Sagen haben würden. Vom Gericht lag zu dem Zeitpunkt eine einstweilige Verfügung vor, die das Jugendamt berechtigte, das Kind sofort nach der Geburt in Obhut zu nehmen und uns als Pflegeeltern einzusetzen.

Zwei Wochen vor dem errechneten Geburtstermin bekamen wir einen Anruf vom Jugendamt, dass Frau S. für einige Untersuchungen im Krankenhaus sei. Wenn so weit alles in Ordnung sei, werde die Geburt eingeleitet. Am übernächsten Tag gegen 17 Uhr kam der nächste Anruf von Frau Klein, unserer Betreuerin im Amt. Sie habe vom Krankenhaus erfahren, dass in spätestens einer Stunde die kleine Julia auf der Welt sein müsste. Sie sollte die Nacht über im Krankenhaus bleiben und am nächsten Morgen wollte sie eine Mitarbeiterin des Jugendamtes abholen und sie zu uns bringen. Soweit die Planung. Wir waren ganz aufgeregt und verbrachten einen vermeintlich letzten Abend alleine in unserer Wohnung.

Am nächsten Morgen klingelte schon eine Stunde vor dem verabredeten Termin das Telefon. Das Baby Julia läge auf der Intensivstation der Kinderklinik – ob wir in einer halben Stunde dort sein könnten, damit die Mitarbeiterinnen des Jugendamtes uns den Ärzten und Pflegern als Pflegeeltern des Babys Julia vorstellen könnten. Wir beeilten uns, in die Klinik zu kommen. Dort lag die kleine Julia an Infusionsschläuchen, Elektrodendrähten etc. angeschlossen in einem kleinen Krankenhausbettchen. Ich traute mich zuerst gar nicht, sie anzufassen. Die Ärzte bekamen von Frau Klein erklärt, dass die leiblichen Eltern noch einmal kommen dürften, um vorerst Abschied von der kleinen Julia zu nehmen und danach wären nur noch wir befugt, als Pflegeeltern uns um das Baby zu kümmern. Ich durfte Julia kurz auf den Arm nehmen und ein netter Pfleger machte zwei Polaroidaufnahmen von uns. Nach gut einer Stunde mussten wir wieder gehen, damit wir den leiblichen Eltern nicht begegneten.

Wir radelten wieder nach Hause und frühstückten erst mal. Nach gut einer Stunde rief ich im Krankenhaus an und erfuhr, dass die Eltern gerade gekommen seien. Also mussten wir eine weitere Stunde warten, was uns zunehmend schwer fiel. Dann fuhren wir schnell wieder zur Klinik. Und es ergab sich etwas Fantastisches: Wir bekamen auf der Neugeborenenabteilung ein Zimmer zugewiesen, wo ich wie eine „normale“ Mutter mit Julia übernachten durfte. Dies war auch eine Vorsichtsmaßnahme seitens des Krankenhauses, damit die leiblichen Eltern nicht unbefugt wieder auftauchen konnten und Probleme machen würden. Ich fuhr erneut nach Hause und packte schnell das Nötigste für ein paar Tage Krankenhausaufenthalt zusammen. Ab 18 Uhr waren wir endlich eine kleine Familie. Patrick hatte Julia zum ersten Mal auf dem Arm, und ich traute mich, nach einigen Anfangsschwierigkeiten wegen der ganzen Kabel das Baby mal richtig zu halten. Bald darauf wurde die kleine Julia von einer ganz lieben Schwester gewickelt und ich schaute ganz ehrfurchtsvoll zu. Lächelnd sagte sie, das Wickeln würde ich ab sofort übernehmen dürfen. Und das klappte trotz der Schläuche etc. von Anfang an recht gut.

Knapp eine Woche verbrachten wir auf dieser Station in der Klinik. Ich war ständig bei Julia. Patrick kam uns nach der Arbeit besuchen, sodass ich z.B. mal duschen gehen konnte. Ab und zu nahm ich Julia in mein Tragetuch und wanderte im Flur der Neugeborenenstation auf und ab. Ansonsten waren wir im Zimmer, Julia schlief viel. Wenn sie wach war, spielten wir ein bisschen, ich nahm sie auf den Arm, ich sang ihr etwas vor und streichelte sie. Und daneben gab es das normale Babyprogramm: wickeln, füttern, Fieber messen, umziehen, waschen etc. Julia war zwar an einen Monitor angeschlossen zur Überwachung ihrer Sauerstoffsättigung und ihrer Atem- und Herzfrequenz. Ich durfte sie aber von den Geräten für eine gewisse Zeit abnehmen, um sie z.B. zu mir aufs Bett zu legen oder auf dem Flur spazieren zu gehen. Außer, dass wir uns im Krankenhaus befanden, war es eine wunderschöne und fast normale erste Woche mit einem Neugeborenen. Julia trank schlecht und ich musste ihr per Nahrungssonde die restliche Milch eingeben, aber ansonsten war alles im normalen Bereich. Die U2 (Neugeborenenuntersuchung) war soweit in Ordnung, bis auf ein Herzgeräusch, das aber nicht allzu beunruhigend zu sein schien.

Hiobsbotschaft: Julia hat einen komplexen Herzfehler

Am Entlassungstag von Julia sollte noch eine Routineuntersuchung gemacht werden: ein Herzultraschall. Dies, weil ihre leibliche Mutter Diabetikerin war. Ich hatte schon alles gepackt und freute mich auf das Zuhausesein mit Julia, auf mehr Ruhe und Intimität. Es dauerte ewig, bis wir endlich zu der Untersuchung gerufen wurden. Ich hatte nichts zu trinken für Julia mitgenommen, und da sie etwas unruhig war, spielte sie mit meinen Fingern bzw. benutzte diese als Schnullerersatz. Ich war sehr mit meinem Baby beschäftigt und bemerkte gar nicht, dass die Untersuchung sehr lange andauerte. Und als der Arzt mir eröffnete, dass Julia einen schwerwiegenden Herzfehler hätte, fiel ich innerhalb einer Sekunde aus allen Wolken. Ich konnte es zuerst gar nicht glauben. Der Arzt malte mir etwas auf, um mir die Schwere des Herzfehlers nahezubringen. Noch im Schockzustand rief ich Patrick an und bat ihn, sofort zu kommen. Der Arzt sagte, dass Julia unter diesen Bedingungen natürlich nicht entlassen werden könne und am nächsten Tag auf die Herzstation verlegt werden würde. Auch Patrick war fassungslos über diese Hiobsbotschaft. Ich blieb noch eine weitere Nacht bei Julia im Krankenhaus. Am nächsten Morgen wurde die Kleine auf die Herzstation verlegt. Ich konnte nicht mehr bei ihr schlafen, das war für mich besonders schlimm. Die ersten paar Abende bin ich vor Patrick nach Hause gegangen, ich hätte es einfach nicht fertig gebracht, die schlafende Julia alleine in der Klinik zu lassen. Patrick hingegen war es ja gewohnt, sich irgendwann von uns zu verabschieden und zu Hause zu schlafen.
Die nächsten Wochen waren sehr anstrengend. Ich war nach wie vor die ganzen Tage bei Julia im Krankenzimmer. Abends bzw. nachts fuhr ich erst heim, wenn sie fest eingeschlafen war, um morgens nach dem Frühstück gleich wieder aufzubrechen. Die Bedingungen auf der Herzstation waren andere, ich durfte Julia z.B. nicht mehr einfach von den Geräten abmachen und mit ihr spazieren gehen. Ich durfte sie nur zum Wickeln oder Waschen in einen Vorraum mitnehmen. Ansonsten waren sie und somit auch ich an ihr Bett gefesselt. Und fast täglich gab es neue Untersuchungen mit neuen Hiobsbotschaften ob der Schwere des Herzfehlers von Julia. Zusätzlich erreichten vor allem Patrick noch die Anrufe von der Betreuerin im Jugendamt. Die leiblichen Eltern wollten ihr Kind zurückhaben und hatten sich einen Anwalt genommen. Und die Anwältin des Kindes sah keine Gefahr für Julia, diese bei ihrer leiblichen Mutter zu lassen, und dies, obwohl die drei größeren Geschwisterkinder von Julia bereits alle seit längerer Zeit in Pflegefamilien untergebracht waren. Diese beunruhigenden Informationen vom Amt bekam ich nur so halb mit, schließlich ging es bei Julia ums Überleben. Sie in

der Klinik zu unterstützen war mein Hauptfokus, alles andere erschien mir als nachrangig.

Anwältin des Kindes

Seit 1998 gibt es den "Anwalt" bzw. die "Anwältin des Kindes". Dabei handelt es sich um Verfahrenspfleger als Interessenvertreter für minderjährige Kinder. Dieser wird ggf. in Verfahren vor den Familien- oder Vormundschaftsgerichten gestellt. Es muss nicht in jedem gerichtlichen Verfahren ein solcher Verfahrenspfleger bestellt werden. Das Gesetz regelt, wann der Richter dies tun sollte:

- Wenn die Interessen des Kindes in erheblichem Gegensatz zu denen seiner Eltern (gesetzlichen Vertreter) stehen,
- wenn es in einem Verfahren wegen einer Gefährdung des Kindeswohls um die Trennung des Kindes von der Familie oder die Entziehung des Sorgerechts geht,
- wenn es in einem Verfahren um die Wegnahme des Kindes von der Pflegeperson, vom Ehegatten, dem Lebenspartner oder Umgangsberechtigten geht.

Wir wurden von einer Mitarbeiterin des Jugendamtes gefragt, ob wir unter den gegebenen Umständen weiterhin für Julia die Pflegschaft übernehmen wollten. Fast war ich empört über diese Frage. Hatte ich doch Julia schon ganz und gar in mein gesundes Herz geschlossen und sie sehr lieb gewonnen. Und sie nun verlassen, nur weil sie ein krankes Kind war und wohl ein Pflegekind im doppelten Sinn bleiben würde – undenkbar für Patrick und mich. Selbst wenn sie durch die bevorstehenden Operationen Schädigungen im Gehirn bekäme, wir würden zu ihr stehen.

Herausnahmeforderung

Sorgeberechtigte leibliche Eltern können nach § 1632 (1) BGB die Herausgabe des Kindes aus der Pflegefamilie verlangen (Handbuch für Pflege- und Adoptiveltern). Voraussetzungen hierfür sind:

- das Innehaben des Aufenthaltsbestimmungsrechts und
- die Widerrechtlichkeit des Vorenthaltens des Kindes.

Dies stellt für Pflegeeltern eine latente psychische Belastung dar.

Das zeigt das Dilemma bei Dauerpflegschaften. Denn einerseits haben Pflegeeltern einen Erziehungsauftrag und sollen dem Kind ein richtiges Zuhause geben und eine intensive familiäre Bindung zu ihren Kindern eingehen. Und andererseits leben sie mit der zumindest virtuellen Vorstellung einer möglichen „Elternschaft auf Zeit“.

Probleme ergeben sich in dem Moment, wo die Herausgabeforderung der leiblichen Eltern den sozialen und psychologischen Bindungen zwischen dem Kind und seinen Pflegeeltern widerspricht und diese daher die Herausgabe verweigern. Die Pflegeeltern haben hierbei die Möglichkeit einen Antrag auf Verbleib des Kindes zu stellen (§ 1632 (4) BGB). In Streitfällen muss das Vormundschaftsgericht in Zusammenarbeit mit dem Jugendamt und allen sonstigen Beteiligten überprüfen und entscheiden, ob die Herausnahme des Kindes dem Kindeswohl entspricht oder widerspricht.

An Julias zehntem Lebenstag wurde eine Herzkatheteruntersuchung durchgeführt. Hierzu wurde eine kleine Sonde über eine Arterie in der Leiste bis ins Herz geschoben. Damit konnten die Ärzte das Herz genauer untersuchen. Dafür war eine Vollnarkose erforderlich. Es war zwar eine Routineuntersuchung, aber mit allen Operationsrisiken. Es fiel mir schwer, das Baby in die Obhut der Ärzte zu geben. Patrick und ich gingen in der Zeit etwas essen und anschließend spazieren. Wir beteten viel für Julia.

Wir kamen viel zu früh wieder in der Klinik an und mussten noch im Elternzimmer warten. Der Herzfehler von Julia war wirklich sehr komplex und die Untersuchung brachte neue Komplikationen zum Vorschein. Es galt jetzt, Julia so spät wie möglich bzw. so früh wie nötig zu operieren. Normalerweise wird die Neugeborenenzeit, also die ersten vier Lebenswochen, hierbei möglichst abgewartet. In dieser Zeit bilden sich viele Organe um. Es begann ein Kampf gegen die Zeit. Denn Julias Gesamtverfassung wurde täglich etwas schlechter. Ab dem zwanzigsten Lebenstag durften wir sie beispielsweise nur noch per Nahrungssonde ernähren. Ihre Atemfrequenz beim Füttern mit dem Milchfläschchen war immer höher geworden, sodass es für sie schlicht zu anstrengend wurde, zu saugen. Das empfanden Patrick und ich als besonders schlimm, weil sie sozusagen künstlich ernährt wurde.

Julia wird operiert

Wir durften mit zur Vorbesprechung der Operation in die Chirurgie. Dabei lernten wir auch Julias Vormund kennen. Unsere neue Betreuerin vom Jugendamt, Frau Zweig, kam auch. Diese hatte mittlerweile gewechselt, weil eine Zusammenarbeit ihrer Vorgängerin, Frau Klein, mit dem leiblichen Vater nicht mehr möglich war. Der operierende Arzt, wohl eine Koryphäe auf dem Gebiet, erklärte uns genau, was bei der Operation vorgesehen war bzw. so genau wussten die Ärzte das erst, wenn sie das Herz sozusagen in vivo sehen würden, also geöffnet hätten. Nach seiner Prognose waren die Überlebenschancen für Julia 40-60 %. Das war eine bittere Pille, allerdings ging es Julia ohne Operation von Tag zu Tag schlechter. Das konnte ich am Monitor selbst verfolgen, mittlerweile kannte ich alle Werte und war Expertin. Ich wusste schon, bevor der Monitor piepste, „gleich geht's los". An diesem Tag war ich fast froh, nur Pflegemutter von Julia zu sein, denn die Entscheidung für oder gegen eine OP musste der Vormund treffen. Natürlich hatte sie keine andere Alternative als „ja" zu sagen. Nach der Vorbesprechung waren wir sehr geknickt, zumal die Operation vorverlegt worden und schon für den kommenden Tag angesetzt war.

Wir gingen zu Julia zurück und versuchten, tapfer zu sein. Ich erzählte Julia von der anstehenden Operation, was sie zu beunruhigen schien. Ich erzählte daher, bevor ich nachts ging, eine blumige aufmunternde Geschichte von Sam, unserem Garten, unseren Wellensittichen und dass sie, so Gott will, bald bei uns zu Hause leben dürfte. Sie entspannte sich zusehends und schlief tief und fest, als ich selbst am Rande der Erschöpfung nach Hause fuhr.

Am nächsten Tag waren Patrick und ich recht früh wieder in der Klinik und hatten Julia so lange auf dem Arm, bis die Ärzte mit dem Transportwagen kamen, der aussah wie ein Brutkasten. Per Krankenwagen wurde sie zur Chirurgie gefahren. Wir durften mitfahren. In der Chirurgie selbst wurden wir in einen kühlen Raum gebracht und Julia auf ein für sie fremdes Bett gelegt. Ich empfand das lange Warten in diesem Raum als Zumutung. Andererseits war ich um jede Minute froh, die wir mit Julia hatten. Schließlich kam ein uns bekannter Arzt der Kinderklinik und fuhr Julia zum OP-Raum. Davor mussten wir uns verabschieden. Das war kaum zu ertragen, Julia nochmals zu küssen und sie dann loszulassen – in die fremden Hände des OP-Teams. Da die OP mehrere Stunden dauern würde, fuhren wir nach Hause. Dort meditierten wir und beteten für unsere kleine Maus. Dann gab es im Fernsehen eine dieser langen Bergetappen der Vuelta und das war gut so für uns, denn das lenkte uns ab. Stunden später, als wir doch wieder sehr unruhig wurden, rief der Vormund an und sagte uns, die OP sei gut verlaufen und wir könnten Julia in der Chirurgie kurz besuchen.

Sehr erleichtert, dass die Operation scheinbar gelungen war, radelten wir los. Es dauerte ziemlich lange, bis wir endlich zu Julia durften. Und der Anblick von ihr war schrecklich. Ein am Herzen frisch operiertes Baby sieht immer sehr entstellt aus. Ich hatte mir in den vergangenen Wochen einige Babys angeschaut, die auf der Herzstation lagen. Ich wollte auf diesen An- und Augenblick vorbereitet sein. Durch die lange OP hatte Julia ganz viel Wasser eingelagert und sah ganz aufgequollen aus. Sie war am ganzen Oberkörper bandagiert. Die Augen waren mit einem weißen Gel zugeklebt. Und es hingen mindestens zwanzig Kanülen und zudem Elektroden an dem Baby. Zudem war sie noch intubiert, d.h. sie wurde noch künstlich beatmet und hing an einem Herzschrittmacher. Auch wenn ich sie hätte streicheln dürfen, ich hätte nicht gewusst, wo. Es war ein Krankenpfleger bei ihr, der noch mit ihrer postoperativen Versorgung beschäftigt war. Wir durften nur kurz zu ihr in das Krankenzimmer hinein, ich hatte das Gefühl, damit wir uns selbst überzeugen konnten, dass sie noch lebt. Traurig verabschiedeten wir uns nach Kurzem von ihr.

Am nächsten Tag war sie schon wieder in der Kinderklinik. Wir mussten allerdings, als wir sie besuchen wollten, längere Zeit warten, bis wir zu ihr ins Zimmer durften. Die Pflege eines frisch operierten Babys ist sehr aufwändig. Julia sah noch nicht viel besser aus als am Abend zuvor. Ich musste mich an diesen Anblick erst gewöhnen.

Behinderte Pflegekinder

Eine Vermittlung von Pflegekindern ist nicht auf gesunde und kleine Kinder beschränkt. Es gibt auch körperlich, geistig und/oder seelisch behinderte Kinder, für die eine geeignete Pflegefamilie gesucht wird. Es hat sich gezeigt, dass diese Kinder erfolgreich im durch eine emotionale Zuwendung gekennzeichneten Rahmen der Familienpflege aufwachsen können. Die Integration eines behinderten Kindes in ein familiäres Umfeld hat oft erstaunliche Entwicklungsfortschritte gezeigt (Handbuch für Pflege- und Adoptiveltern). Die Pflegeeltern müssen je nach Schwere der Behinderung entsprechende Voraussetzungen und Qualikationen haben.

Zu diesem Thema kann ich das Buch: „Kindersegen – Von Kindern, Pflegekindern und den Vorzügen des Elternseins“ von Volker Blum empfehlen. Volker Blum und seine Frau haben in ihrer Familie 15 Kinder großgezogen bzw. betreut: vier leibliche und elf Pflegekinder. Darunter waren acht behinderte Pflegekinder.

Julia ist überm Berg und stirbt

Die Tage nach der Operation waren die schlimmsten in unserer Zeit mit Julia. Wir konnten so wenig für sie tun, sie nicht auf den Arm nehmen, sie nicht herumtragen. Was blieb, war, sie zu streicheln, an den Körperstellen, wo keine Kanüle oder Bandage war. Wir konnten ihr etwas vorsingen, ihr etwas erzählen oder einfach für sie da sein. Und wir zählten die Pipitropfen, bzw. drückten diese runter in den Auffangbehälter. Dieser Beschäftigung gehen wohl alle Eltern in solch einer Situation nach, so hat man das Gefühl, überhaupt etwas zu tun. Und je mehr Urin ausgeschieden wird, desto größer die Wahrscheinlichkeit, dass das eingelagerte Wasser wieder gut über die Nieren ausgeschieden wird.

So ab dem dritten postoperativen Tag ging es voran. Täglich wurden Kanülen mit Medikamenten weggenommen. Der Katheter konnte entfernt werden. Lange habe ich „Halleluja" gesungen, als Julia den Herzschrittmacher nicht mehr angeschaltet haben musste. Und irgendwann konnte sie ihre Finger wieder bewegen bzw. diese zeigten erste Zuckungen. Ich weinte vor Rührung, dass es voran ging. Und statt der milchigen Augensalbe wurde durchsichtige gegeben und so konnte sie die Augen wieder öffnen und in die Welt hinausschauen.

Ich bekam in diesen Tagen auch Besuch. Da ich fast immer ganz alleine bei Julia war, freute ich mich sehr über Besuche, die nur selten kamen. Einmal kam eine frühere Kollegin, die ertrug allerdings den Anblick der frisch operierten Julia nicht und musste sich erst einmal hinsetzen. Ich ging kurz mit ihr ins Elternzimmer. Auf einen solchen Besuch wollte ich doch lieber verzichten, ich brauchte Trost und konnte keinen spenden. Am Tag vor Julias Tod kamen zwei Mitarbeiterinnen vom Jugendamt. Das tat mir sehr gut, ich konnte endlich mal ein bisschen von unserem Baby berichten und hatte das Gefühl von Unterstützung. Und an Julias Todestag war eine Freundin gekommen und hatte mich überredet, kurz mit ihr essen zu gehen. Statt mir wie sonst so häufig schnell ein Brötchen zu kaufen und dieses nebenbei zu verschlingen, saß ich mit Monika in einem Bistro. Ich lachte sogar und konnte für ein paar Minuten meine Sorgen um Julia vergessen. Das tat so gut.

Nachmittags murmelte ein Arzt, dass Julia jetzt über den Berg sei. Ich freute mich und bat ihn, das doch bitte zu wiederholen, was er nicht tat. Aber meine Stimmung verbesserte sich von Minute zu Minute. Ich träumte davon, endlich mit Julia nach Hause zu dürfen und uns von den ganzen Strapazen erholen zu können und Kraft zu sammeln für die nächsten anstehenden Operationen, wann auch immer. Ich träumte davon, mal etwas Normalität in unser Zusammenleben mit Julia zu bekommen, um mal mit ihr spazieren zu gehen, um mal mit ihr in unseren schönen Garten zu gehen.

Meine ältere Schwester Caroline und ihre Tochter Angelika besuchten mich an diesem Nachmittag und überredeten mich, mit in den nahegelegenen Biergarten zu kommen. Patrick war derweil bei Julia. Plötzlich klingelte mein Handy und ich wurde gefragt, ob ich die Pflegemama der Julia S. sei, was ich etwas verdutzt bejahte. Dann hörte ich: "Kommen Sie bitte in die Klinik, die Julia liegt im Sterben." Ich wiederholte dies fassungslos laut und stand dabei auf – ebenso meine Schwester und meine Nichte. Wie durch Nebel hörte ich noch: „Und fahren Sie vorsichtig". Ich spurtete in meinen Sandalen, so schnell es ging, los in die Klinik, die ca. 500 m entfernt war. Unterwegs überlegte ich, wer sich wohl solch einen makabren Scherz ausgedacht haben mochte, mich mit so einer Nachricht anzurufen. Ich war mir sicher, dass alles nur ein Missverständnis sein konnte, als ich Julia vor knapp 45 Minuten verlassen hatte, ging es ihr doch gut. Ich rannte und blieb innerlich ganz ruhig, hoffend, dass sich alles als dummer Irrtum erwies.

Als ich nach ein paar endlos erscheinenden Minuten auf der Intensivstation ankam und das Zimmer von Julia betrat, sah ich, wie diese nackt und ohne jeden Schlauch Patrick auf den Arm gegeben wurde. Ich blieb zunächst ganz ruhig, Patrick sah völlig traurig aus. Ich murmelte besänftigende und tröstende Worte zu Patrick und Julia und nahm die zehn Ärzte und Schwestern, die sich noch im Raum befanden, kaum wahr. Erst nach einer Weile begriff ich so ganz allmählich, was passiert war und dass Julia tatsächlich tot war. Sie sah so friedlich aus, schlafend und ohne Kabel, fast gesünder als jemals zuvor.

Die Ärzte und Schwestern verzogen sich nach und nach, ihr Beileid bekundend. Aber dies alles nahm ich kaum wahr. Meine Schwester kam nach Kurzem hinterher, sie wirkte sehr verstört. Peu à peu, als ich immer mehr erfasste, was geschehen war, kamen bei mir traurige Gefühle und ein dumpfer Schmerz hoch. Nach ca. einer halben Stunde oder waren es nur zehn Minuten, übergab mir mein Mann unser totes und mittlerweile kaltes Baby. Nun hatte ich die tote Julia auf dem Arm und wollte sie nie wieder hergeben. Sie war so leicht und langsam auch so kalt. Sie lag ganz friedlich auf meinem Arm. Alles war zeitlos, alles um mich herum nahm ich nur sehr beschränkt wahr: die Schwester, die nachmittags Dienst hatte und uns ihr Mitgefühl bekundete, die Ärztin, die fragte, ob wir etwas brauchen würden, die Schwestern, die das frischoperierte Kleinkind im Nebenbett betreuten, meine Schwester, die sagte, sie müsse sich um ihre Tochter Angelika kümmern.

Aus diesem Gefühl völliger Zeitlosigkeit wurden wir herausgerissen, als eine Krankenschwester mich bat, ihr Julia zu übergeben, damit sie sie ankleiden und aufbahren könne. Diese Bitte, sie ihr zu übergeben, warf mich in eine unendlich grausame Realität zurück. Langsam, wohl im Zeitlupentempo, tat ich das von mir Gewünschte, ergab mich dem Schicksal. Draußen saß schon der Vormund von Julia, sie sah auch sehr erschöpft und mitgenommen aus. Ich habe Jahre später erfahren, dass sie selbst eines ihrer Kinder verloren hatte. Die Ärzte suchten Trostworte und ermunterten uns, jederzeit nochmals herzukommen. Andererseits waren natürlich die leiblichen Eltern von Julia schon von deren Tod benachrichtigt worden und würden wohl bald auftauchen. Die Ärzte versprachen, sich zu bemühen, dass wir uns nicht begegnen müssten. Wir kannten die Eltern nicht und der Zeitpunkt einer ersten Begegnung wäre denkbar ungünstig.

Eine halbe Stunde später durften wir nochmals zu Julia. Sie lag angezogen in einem Bettchen in einem kühlen Abstellraum. Sie sah ganz gesund und friedlich schlafend aus – ohne Schläuche, ohne Beatmungsgerät, ohne Elektroden etc. Sie sah wie ein Engel aus. Wenn sie nicht so kalt gewesen wäre, hätte ich nicht geglaubt, dass sie tot sei. Jetzt galt es, endgültig Abschied zu nehmen. Es tat so weh, ich dachte, dass ich es nicht schaffe, jemals aus diesem Zimmer zu gehen. Aber wie vorher, irgendwie gewann meine Vernunft Oberhand (zumal ich den Herkunftseltern auf keinen Fall hier und jetzt begegnen wollte) und ich verließ zusammen mit Patrick das Zimmer, in der Gewissheit, unseren Engel nie wieder sehen zu können. Wir verabschiedeten uns schnell vom Vormund und den Ärztinnen und verließen die Klinik. Das Gefühl dabei war sehr bitter, so nach dem Motto: „Job erledigt. Danke und tschüss“. Denn mit dem Tod der kleinen Julia endete auch das Sorgerecht des Jugendamtes und somit unsere Pflegschaft. Die Eltern der kleinen Julia mussten sich um die Formalien der Beerdigung etc. kümmern, für uns war der „Fall Julia“ sozusagen erledigt. Das empfand ich schon damals als sehr makaber für alle Beteiligten.

Am Tag nach Julias Tod rief jemand vom Jugendamt an und bat uns, nicht zur Beerdigung zu kommen. Das war für uns okay, denn wir hatten schon darüber gesprochen und uns darauf eingestellt, dort nicht zu erscheinen. Wir wollten aber informiert werden, wo Julias Grab ist, damit wir sie dort mal besuchen konnten. Es dauerte knapp drei Wochen, bis wir erfuhren, dass Julia feuerbestattet worden war. Als ich das hörte, wurde mir ganz schlecht. Das hätte ich mit dem Baby nie getan. Ich hatte sie in Erinnerung, wie ihr Körper, als sie aufgebahrt war, so unversehrt aussah, und diesen Körper hätte ich auch so beerdigen lassen.

Aber wir hatten keinen Einfluss auf die Entscheidung und die Eltern kein Geld. Eine Feuerbestattung ist am günstigsten.

Am nächsten Wochenende sind wir zum Friedhof am See gefahren. Das Grab war ein mehr als deprimierender Anblick. Darauf stand ein schlichtes Holzkreuz mit Julias Namen und in einer kleinen Friedhofsvase hingen zehn verwelkte Rosen und sonst nur nackte, gelbe Lehmerde. Die Beerdigung lag, wie wir wussten, ca. zehn Tage zurück. Es zerschnürte mein Herz. „Dieses Baby gehört zu niemandem", schoss es mir durch den Kopf. Ich musste an diesem tristen Anblick etwas ändern. Patrick erging es genauso. Es war Samstagnachmittag gegen 15 Uhr, viel Zeit blieb nicht mehr. Wir wollten schnell in die Stadt fahren und kamen auf dem Weg dorthin an einem Supermarkt vorbei. Dieser hatte kleine Topfblumen und wir kauften zwei und stellten sie auf Julias Grab. So sah es schon etwas gepflegter aus.

Ein paar Tage später holte ich aus unserem Schrebergarten meine bunte Lieblingswindfahne, kaufte ein paar frische Rosen und einen kleinen Stock mit Veilchen und fuhr wieder zum Friedhof. Ich nahm die verwelkten Rosen und dekorierte sie – aus Respekt vor ihrer Mutter warf ich sie nicht weg – auf der Erde, tat meine frischen Rosen in die Vase und arrangierte die Blumentöpfe. Als ich nach zwei Wochen das nächste Mal zum Friedhof ging, waren die verwelkten Rosen der Mutter weggeworfen und ein Grablicht stand dort, der Rest war unverändert. Das zu sehen tat sehr gut. Ich hatte so das Gefühl des beiderseitigen Respekts über das Grab hinweg. Vorher war ich immer mit sehr gemischten Gefühlen ans Grab gegangen, denn es bestand jedes Mal die Möglichkeit, den Eltern zu begegnen. Und da der Vater sehr cholerisch zu sein schien, war ich nicht sonderlich erpicht auf eine solche Begegnung.

Kurz vor Weihnachten sah ich es als meine Aufgabe an, das Grab etwas langfristiger zu versorgen. Ich kaufte einen großen Sack Blumenerde, ein paar Pflanzen und große weiße Marmorsteine. Ich schüttete die Erde auf das Grab, pflanzte die Blumen ein und legte die Marmorsteine als Abgrenzung hin. So sah das Grab einigermaßen gepflegt aus, auch wenn mal zwei Wochen niemand kam.

Ein paar Monate später kam ein Anruf vom Jugendamt, es gäbe Ärger wegen Julias Grab. Die Mitarbeiterin des Jugendamtes kam zu uns nach Hause und sagte, dass der leibliche Vater von Julia total sauer auf uns wäre, und er überlege sich, ob er Anzeige gegen uns erheben würde. Fragte sich nur wegen was, gewiss nicht wegen Grabschändung! Die Jugendamtsmitarbeiterin fragte uns, ob wir bereit wären, das Grab nicht weiter zu pflegen, um so weiteren Ärger zu vermeiden. Das war okay für uns, wenn es auch einen bitteren Beigeschmack hatte. Einige Zeit später legten wir bei uns im gepachteten Garten eine Gedenkstätte für Julia an, mit zwei großen Steinen und einem Foto von Julia hinter Glas. Vom Friedhof holte ich die Fahne wieder zurück in den Garten.

Frau S. war ein Jahr nach Julias Tod wieder schwanger, das kleine Baby, ein Junge, kam aber kurz vor dem Geburtstermin tot auf die Welt. Vor gut anderthalb Jahren bekam sie ein weiteres Kind und ca. fünfzehn Monate später noch eines, ich weiß nicht, ob die Eltern die Kinder auf Dauer behalten dürfen. Sie werden von einem anderen Jugendamt betreut, weil sie in einer anderen Stadt wohnen. Der älteste Bruder von Julia lebt seit gut einem Jahr wieder bei seinen leiblichen Eltern. Er war mit ca. fünf Jahren in Pflege gekommen und hatte noch regelmäßig Kontakt zu seinen leiblichen Eltern. Und je älter er wurde, desto größer wurden die Versprechungen hauptsächlich seines Vaters, dass er ihn zurückhole. Er durfte ab und zu für ein Wochenende dortbleiben und war hinterher immer recht verstört. Die Pflegemutter bemerkte, wie unwohl er sich in der Pflegefamilie fühlte, wie schlecht er sich entwickelte und dass er einen unheimlichen Zug zurück zu den leiblichen Eltern hatte. Es bleibt abzuwarten, ob es für den Jungen eine Dauerlösung ist, wieder bei seinen Eltern zu leben. Ich bemerke immer, dass mich die Entwicklung der Geschwister von unserer verstorbenen Julia noch immer sehr interessiert und berührt. Die beiden anderen älteren Geschwister von Julia leben weiterhin in Dauerpflege.

Die Wochen nach Julias Tod waren hart für uns, denn wir hatten das Gefühl, von unserer Familie und unseren Freunden gemieden zu werden. Wir stellten fest, dass der Tod eines Kindes hierzulande ein Tabuthema ist. Die meisten wussten scheinbar nicht, was sie uns sagen oder was sie uns Gutes tun könnten. Daher gingen sie wohl lieber auf Abstand und warteten, bis wir uns wieder meldeten. Dazu waren wir aber nicht fähig. Durch meinen Glauben konnte ich den Tod von Julia einerseits schnell akzeptieren. Nach meinem Verständnis hatte Julia, bzw. die Seele von Julia das selbst so gewählt. Sie wollte in dieser kurzen Zeit ihre Erfahrungen hier auf Erden machen oder uns als Pflegeeltern und ihren leiblichen Eltern helfen, entsprechende Erfahrungen zu machen.

Aus meinem kleinen egoistischen menschlichen Blickwinkel hingegen konnte ich das Geschehene nicht verstehen: Zuerst können wir keine leiblichen Kinder bekommen, als nächstes hatten wir für ein paar Monate Sam, dann das Baby Julia und das verstarb nach nicht mal fünf Wochen. Wieso? Aber ich weiß, dass wir das Leben mit unserem beschränkten Verstand nicht verstehen können und dass der Tod von

Julia aus einer höheren Perspektive Sinn hatte. Dennoch litt ich sehr unter dem Verlust, unter der gestohlenen Zukunft mit Julia. Nie würde ich mit ihr nach Hause gehen können, nie würde ich sie lachen hören, nie würde ich sie wieder in den Armen halten und trösten können. Wieder war ein Traum vom Zusammenleben mit einem Pflegekind nach kurzer Zeit geplatzt. Ich fiel in eine z.T. tiefe Trauer um diesen Verlust, und andererseits fand ich einen tiefen inneren Frieden, den ich so bisher nicht kannte. Ich hatte das Gefühl, ganz viel göttlichen Beistand zu bekommen. Ich fühlte mich getragen, verletzt, geliebt und allein. Und das Gefühl, was gerade Oberhand hatte, wechselte manchmal stündlich.

Das kurze Leben dieses kleinen Mädchens schlug auch ansonsten hohe Wellen. So weiß ich, dass im Jugendamt nicht nur die zuständige Abteilung über ihr Schicksal Bescheid wusste, sondern z.B. auch die Wirtschaftsabteilung. Und in der Klinik war sie durch ihren Pflegekindstatus allseits bekannt und wurde von den meisten Schwestern gemocht. Sie galt unter den Chirurgen als das „Katastrophenkind“, weil ihr Herzfehler sehr beunruhigend war. Und der operierende Herzchirurg hatte über uns als Pflegeeltern wohl eine recht herzlose Meinung, so nach dem Motto, warum wir uns denn solch eine Bürde (dieses herzkranke Pflegekind) aufhalsen würden. Das konnte der Herzexperte offensichtlich nicht verstehen.

Nach einigen Wochen hatten wir einen Termin im Jugendamt, wo wir nochmals über Julia und ihr Leben und unseren Verlust sprechen konnten. Wir wussten damals schon, dass wir prinzipiell wieder zur Aufnahme eines Pflegekindes bereit wären, dafür aber noch etwas Zeit bräuchten. Und wir hatten das Gefühl, dass es für die Jugendamtsmitarbeiter nach dieser Vorgeschichte gar nicht so einfach war, uns wieder guten Mutes ein Kind zu vermitteln.

Kurzes Intermezzo mit einem Baby

Ein paar Monate nach Julias Tod war ich gerade einen Freund in einem Krankenhaus in einer nahe gelegenen Stadt besuchen. Als ich herauskam und das Handy angeschaltet hatte, klingelte es. Mein Mann erzählte mir, dass ihn ein Anruf von einer Mitarbeiterin des Jugendamtes erreicht hätte. Sie berichtete, dass im städtischen Krankenhaus ein kleines nur einen Tag altes Mädchen in Obhut genommen werden sollte. Da die Kindesmutter aus einem anderen Landkreis war, kannte die Betreuerin vom Jugendamt die Verhältnisse allerdings kaum. Man wisse nur, die leibliche Mutter wäre schon mal in der Psychiatrie gewesen und das neugeborene Mädchen sei gesund. Ob wir bereit wären, uns auf dieses Abenteuer einzulassen.

Inobhutnahme

Unter Inobhutnahme wird im SGB VIII die vorläufige Unterbringung eines Kindes bei einer geeigneten Pflegeperson, in einer entsprechenden Einrichtung oder in einer betreuten Wohnform verstanden. Die Inobhutnahme ist Teil einer ausführlichen Kriseninterventon, welche vom Jugendamt unverzüglich geleistet wird, wenn eine unmittelbare Gefahr für das Kindeswohl dies erfordert (Handbuch für Pflege- und Adoptiveltern). Eine Gefährdung des Wohls von Kindern liegt z.B. vor, bei Familienkrisen, Vernachlässigung, Misshandlungen, sexuellem Missbrauch oder Selbstmordgefahr.

Ein Säugling und dazu ein gesundes Mädchen, das klang wie eine liebliche Mozartmelodie in meinen Ohren. Ich rief im Jugendamt an und wir verabredeten, dass ich so schnell wie möglich in dieses Krankenhaus kommen sollte. Ich fuhr mit dem Bus in die Innenstadt und dabei hatte ich das Gefühl, dass die Busfahrt etwas zu lange dauern würde. So stieg ich in ein Taxi um. Ich war total aufgeregt und erzählte dem Taxifahrer während der kurzen Überlandfahrt gleich meine aufregende Geschichte. Der war total nett und wartete vor der Haustür an unserer Wohnung, wo ich nur eben einen Strampler, eine Decke und den Kindersitz holte. Zehn Minuten später waren wir in besagtem Krankenhaus.

Ich setzte mich in den Warteraum. Bald kam eine Mitarbeiterin des Jugendamtes und sagte, dass es Komplikationen geben würde. Ein Großvater sei aufgetaucht, sie wisse noch nicht, was das zu bedeuten hätte. Ich solle doch bitte warten, bis sie wieder käme. Ich wartete und wartete – nach einer Weile kam Patrick. Er war mit dem Rad direkt von der

Arbeit gekommen. Ich brachte Patrick auf den neuesten, ungewissen Stand. Ich schätze, dass wir zusammen noch gut eine halbe Stunde gewartet haben. Dann kamen die zwei Jugendamtsfrauen und sagten, dass sich der Fall erledigt hätte. Der Großvater, der aufgetaucht wäre, hätte die Situation in ein neues Licht gebracht. Er schien so weit kompetent zu sein, seine Tochter und das Baby nach Hause zu bringen. Die Frau wäre wohl extra zur Geburt nach S. gekommen, weil sie befürchtete, das Jugendamt bei ihr zu Hause wolle ihr das Kind wegnehmen. So ganz schlau wurden die Mitarbeiterinnen nicht aus dem Fall. Es tat ihnen sehr leid, uns umsonst aufgescheucht zu haben. Ziemlich gefrustet sind wir nach Hause gegangen.

Wir hatten eine ziemliche Wut auf die Jugendamtsmitarbeiterinnen und konnten nicht nachvollziehen, warum sie nicht zuerst vor Ort im Krankenhaus die Situation eingeschätzt hatten, statt uns aus der unsicheren Situation heraus ins Krankenhaus zu bestellen. Sie argumentierten, dass sie zuerst potenzielle Pflegeeltern gesucht hätten, weil sie ansonsten eventuell spät nachmittags niemanden mehr gefunden hätten und wohin dann mit dem Säugling.

Aileen

Die Arbeit wartet, während du dem Kind den Regenbogen zeigst.
Aber der Regenbogen wartet nicht, bis du deine Arbeit beendet hast.

Chinesische Weisheit

Urlaubsabbruch wegen einer möglichen Adoption

Patrick und ich haben vor Jahren an einem sogenannten „Basistraining“[6] teilgenommen. Und weil uns die sanfte, tiefgründige und spirituelle Arbeit in diesem Seminar so gut gefiel, haben wir in den beiden folgenden Jahren bei diesem Seminar mitassistiert. Ein halbes Jahr, nachdem Julia gestorben war, begann wieder ein Seminar, bei dem wir beide assistierten. Das erste der drei Seminarwochenenden (von Donnerstagmittag bis Sonntagabend) fand statt Mitte Januar in einem Gästehaus in einer weit entfernten Stadt. Diese vier Tage waren – wie immer – sehr intensiv, aufwühlend, und wir freuten uns schon auf unseren Kurzurlaub am Titisee, die Woche drauf.

Unsere kurze Zeit mit dem dritten Pflegekind ist eingebettet in die sechs Wochen zwischen den beiden Trainings. Ich weiß noch wie heute, dass ich mir am zweiten Wochenende dieses Trainings Anfang März vorkam, als ob ich gerade einen sehr intensiven, heftigen Traum gehabt hätte. Wir waren in der Zeit zwischen den Trainingseinheiten im Urlaub und hatten eine kurze Bereitschaftspflege und saßen so kinderlos wie am ersten Wochenende wieder bei den Assistenten, Trainern und Teilnehmern. Das tat uns zwar einerseits gut, so aufgehoben und von Freunden umgeben zu sein, das Wochenende war allerdings trotzdem sehr tränenreich. Aber durch dieses intensive Training vor und nach der Bereitschaftspflege für Aileen kam ich mir manchmal in den vier Tagen wirklich vor wie in einem anderen Leben oder wie von einem anderen Planeten. Irgendwie ganz richtig und doch völlig fehl am Platz.

Es war ein sehr schöner Urlaub, mit viel Schnee und Ruhe. Zwei Tage vor unserer geplanten Heimreise klingelte plötzlich während unseres kalorienreichen Frühstücks das Handy. Kurz vorher hatten wir noch gewitzelt, wann wohl dieses Mal jemand vom Jugendamt anriefe, da die Anrufe bisher meistens nach einem Urlaub kamen. Eine Frau vom Jugendamt rief an und erzählte uns von einem fünf Tage alten Mädchen,

---

[6] Basistraining zur Integration von Körper, Geist, Herz und Verstand

dessen 22-jährige Mutter es eventuell zur Adoption freigeben wolle. Ob wir bereit wären, dieses Baby vorerst und gleich heute in Obhut zu nehmen? Mehr Informationen gab es erstmals nicht.

Ich hatte sofort Tränen der Dankbarkeit, dass wir erneut ein neugeborenes Mädchen bekommen würden, ein eindeutiges Ja-Zeichen für mich. Wir überlegten kurz und waren fasziniert von der Möglichkeit, ein gerade ein paar Tage altes Baby zur möglichen Adoption zu bekommen. Wir waren beide ganz aufgeregt und Patrick rief nach einer kurzen Bedenkzeit zurück und sagte, dass wir bereit wären. Dabei erfuhr er, dass die Mutter noch am gleichen Tag die Klinik ohne das Kind verlassen wolle und daher würden heute dringend Pflegeeltern für eine Inobhutnahme gebraucht. Ob wir dazu bereit wären? Um 14 Uhr sei ein Termin mit einer Sozialarbeiterin im Krankenhaus.

In einer absolut rekordverdächtigen Zeit packte ich meinen Rucksack und ein paar Brote, und geschwind verließ ich unser Apartment. Patrick wollte den Zug eine Stunde später nehmen. Er hatte bis dahin noch seine Utensilien zu packen, das Geschirr zu waschen, den Müll zu entsorgen, mit unserem Vermieter abzurechnen etc.

Als ich im Zug saß, war ich seltsamerweise ganz ruhig und gelassen und las tiefversunken in meinem Urlaubsbuch. Etwa eine halbe Stunde vor der Ankunft in S. wurde ich jedoch unruhig und zappelig, was mich an dem Tag noch alles erwartete. Ich musste das Buch beiseite legen und schaute aus dem Fenster...

Zu Hause angekommen wartete ich auf den Anruf des Jugendamtes. Ich ging in den Keller und holte unsere Babyausstattung, wie den Kinderwagen, Babysitz etc. hoch. Dann packte ich ein paar Anziehsachen und eine Decke für das Baby, weigerte mich aber nochmals einen Babysitz mitzunehmen. Denn die Erfahrung, mit einem leeren Kindersitz aus dem Krankenhaus zu gehen, hatten wir schon.

Aileen wird aus dem Krankenhaus abgeholt

Beim nächsten Anruf vom Jugendamt bei uns zu Hause erfuhr ich ein paar neue Details: Mittlerweile war eine Mitarbeiterin des Jugendamtes vor Ort und hatte persönlich mit der leiblichen Mutter gesprochen. Die Mutter sei sehr gesprächsbereit gewesen, sie sei in einer Ausbildung, die sie nicht abbrechen wolle. Sie denke allerdings nicht mehr an eine Adoption, denn in den fünf Tagen ihres Krankenhausaufenthaltes sei doch eine Beziehung zu dem Baby gewachsen. Sie wolle das Kind in Bereitschaftspflege geben und sei sich bewusst, dass sie nur ein paar

Wochen Bedenkzeit habe, darüber nachzudenken und zu entscheiden, wo ihre Tochter aufwachsen solle. Sie scheine aus einer recht normalen Familie zu kommen. Das Baby sei leicht farbig, denn der Vater der Kindesmutter sei dunkelhäutig, wohl auf Hawai gebürtig. Die Frau hätte nichts von der Schwangerschaft bemerkt, sie hatte weiterhin ihre Regel bekommen und war nicht beim Arzt gewesen. Sie sei am Donnerstag mit Durchfall und Übelkeit per Krankenwagen ins Krankenhaus gefahren worden und erfuhr dort, wenn sie mithelfen würde, wäre sie in einer halben Stunde Mutter. Das war ein totaler Schock für diese Frau. Das kleine Mädchen wäre total süß, hätte dunkle Haare und wirke recht ruhig. Die U1 (Neugeborenen-Erstuntersuchung) wäre schon gemacht, die U2 (Neugeborenen-Basisuntersuchung) solle vor der Entlassung noch im Krankenhaus gemacht werden. Die Mutter wohne noch bei ihrer eigenen Mutter und nur knapp drei Straßen entfernt von uns. Mir wurde noch die Station genannt, auf die ich umgehend kommen solle.

Diese Neuigkeiten fand ich weniger toll, da aus der möglichen Adoption nichts werden würde und dass das Kind dunkelhäutig sei. Ich war etwas sauer, dass wir diese aus meiner Sicht wichtigen Informationen erst jetzt bekamen. Ich habe überhaupt nichts gegen ein dunkelhäutiges Kind, aber es bringt ganz andere Themen in seinem Leben mit sich als ein hellhäutiges Kind, z.B. Fremdenfeindlichkeit in Deutschland. Und es war das Stichwort Adoption gewesen, welches uns sofort den Urlaub hat abbrechen lassen. Aber nun waren wir schon in dieses neue Abenteuer verwoben und für ein Nein unsererseits war es schon zu spät. Also fuhr ich mit einem weniger freudigen, eher beklommenen Gefühl in die Klinik. Per Handy informierte ich Patrick über den neuesten Stand der Dinge.

Im Krankenhaus traf ich gleich auf die Betreuerin des Jugendamtes, Frau Zweig. Wir sprachen kurz miteinander, und nach einem tiefen Atemzug meinerseits betraten wir das Zimmer. Ich wurde der Kindesmutter vorgestellt. Sie war eine korpulente junge Frau mit einem dunklen Teint und lockigen braunen Haaren. Uns beiden war die Situation eher unangenehm, wir waren etwas befangen. Das Baby wurde nach einer kurzen Zeit aus dem Säuglingszimmer gebracht. Es war ein süßes schlafendes Baby, aber mir natürlich noch fremd. Mein erstes Gefühl war eher distanziert und ich dachte: „Julia war viel hübscher". Sie war auch nicht Julia und es war nicht wie beim ersten Kontakt mit Julia, weil diesmal ja die leibliche Mutter anwesend war. Schüchtern schaute ich mir das Baby an und spielte ein bisschen mit dessen kleinen Fingerchen. Als Aileen, so hieß das Kind, aufwachte und quengelte, fragte die Mutter, ob ich sie gleich nehmen wolle. Das tat ich augenblicklich. Nach ein paar Minuten kam mein Mann dazu, das tat uns allen gut. Und es kam noch die Großmutter, die wollte uns kennenlernen bzw. offensichtlich abchecken.

Ich war fast erleichtert, als diese gestellte Situation dadurch aufgelöst wurde, dass die kleine Aileen zur U2 gebracht werden sollte. Mein Mann, die Kindesmutter und ich gingen zu dritt mit in den Untersuchungsraum. Wir mussten kurz auf den Arzt warten, und als die Untersuchung begann, bekam die Kindesmutter Kreislaufprobleme und verließ uns. Ich bemerkte, wie ich innerlich aufatmete, die Situation vorher hatte ich als sehr angespannt empfunden. Ich fühlte mich bei der U2 schon fast wie daheim, immerhin hatten wir diese bei Julia gleich zweimal über uns ergehen lassen müssen. Als die Untersuchung beendet war, zog ich dem Baby den mitgebrachten Strampler an. Wir gingen zurück in das Zimmer, in dem seine leibliche Mutter lag. Die Mutter nahm ihr Kind nochmals, verabschiedete sich recht schnell von ihm. Darauf verließen wir mit dem Baby den Raum und besprachen uns am Eingang noch kurz. Gegen 18 Uhr an diesem Abend ließen wir uns ein Taxi kommen, keine acht Stunden nach unserem gemütlichen Frühstück am Titisee. Ich schlug das Baby in die mitgebrachte Wolldecke ein und behielt es während der Heimfahrt auf dem Arm. Gott sei Dank hatte Patrick noch fast eine Woche Urlaub.

Zu Hause kam uns zuerst alles noch ein wenig irreal vor, immerhin waren wir vor ein paar Stunden noch im tiefsten verschneiten Schwarzwald gewesen. Wir räumten gleich mal unsere Wohnung etwas um, wir machten sie babygerecht: Wir richteten einen vorläufigen Wickeltisch her, wir bereiteten ein Körbchen für die Nacht zum Schlafen für Aileen usw. Einer kümmerte sich immer um Aileen. Wir hatten ein paar Trinkfläschchen mit Milch aus dem Krankenhaus mitbekommen, sodass es reichte, wenn wir am nächsten Tag einen Einkauf machten. Die erste Nacht verlief einigermaßen ruhig, ein paar Mal aufstehen, Milch holen, das Baby füttern und wickeln.

Am nächsten Morgen kam der erwartete Anruf des Jugendamtes: Wie war die erste Nacht? Wir erfuhren den kompletten Namen des Mädchens und ein paar wenige neue Details. Die Eltern der Kindesmutter, also Aileens Großeltern, hatten sich getrennt, als ihre Tochter 14 Jahre alt war. Die Großmutter wurde als harte Frau beschrieben. Die leibliche Mutter klang beim ersten Anruf vom Jugendamt gefasst, sie sagte, dass sie ihr Baby etwas vermisst hätte. Sie wolle aber in Ruhe entscheiden und nichts überstürzen. Bei dem Anruf habe sie nicht nach ihrem Baby gefragt. Diese vermeintliche Gefühlskälte gab der Frau des Amtes Rätsel auf, es könne sein, dass sie innerlich das Kind ablehnt.

Alltag zu Hause mit Aileen

Bei uns begann nun ein neuer Alltag, ein Alltag mit einem Neugeborenen, dieses Mal Gott sei Dank zu Hause. Das war für uns natürlich ein Geschenk, bisher kannten wir den Alltag mit einem Neugeborenen nur in der Kinderklinik. Und das ist zweifellos ein riesengroßer Unterschied. Die Nächte wurden recht anstrengend, Aileen wachte mehrmals auf, bekam ihr Fläschchen und meistens wickelten wir sie anschließend noch. Aileen schlief in einem kleinen Gitterbettchen, das wir von einer befreundeten Pflegemutter geschenkt bekommen hatten, gleich neben unserem Bett. Meistens wechselten wir uns mit dem nächtlichen Füttern ab. Wenn sie aufwachte, weinte sie sofort los, und bis die Milch die richtige Temperatur hatte, konnte sie sich in der Küche gar nicht beruhigen. Aber beim Trinken war es eine wahre Freude, ihr zuzuschauen, auch wieder im Vergleich zu Julia, die ja meistens zu schwach zum Trinken gewesen war. Fast automatisch begannen wir ein Trinkprotokoll zu führen, so wie wir es in der Kinderklinik für Julia anfertigen mussten. So hatten wir einen guten Überblick, ob sie genug trank und entsprechend in die Windeln machte.

Ich glaube, schon am zweiten Tag war es vorbei mit der vergeblich aufgebauten Distanz und wir waren verliebt in unser Baby. Die erste Woche gestaltete sich recht einfach, erst die zweite Woche verlief anstrengender. Denn bei der Kleinen fing die sogenannte Dreimonatskolik an, d.h. Aileen hatte oft Bauchschmerzen und weinte sehr, wirklich sehr viel, manchmal eine oder mehrere Stunden am Stück. Das war sehr anstrengend. Manchmal half es, wenn ich sie schnappte, mit einer Wärmflasche in den Kinderwagen legte und nach draußen spazieren ging. Abends lief ich oft stundenlang mit ihr in der Wohnung herum und sang ihr Lieder vor.

Irgendwann wurde mir bewusst, dass ich Kinder- und Schlaflieder sang, wie „Lalelu", „Schlaf, Kindlein, schlaf", „Schneeflöckchen Weißröckchen", „Guten Abend, Gut Nacht" u.v.m. Mir fiel es damals wie Schuppen von den Augen, Aileen singe ich Kinder- und Einschlaflieder vor, Julia habe ich vor allem Mantras[7] vorgesungen. Und das, obwohl ich da meistens auf der Intensivstation der Kinderklinik war und alle es hören konnten, was ich da Seltsames singe. Scheinbar habe ich unbewusst schon gewusst, dass Julia wieder nach Hause, zum lieben Gott geht

---

[7] Mantra bezeichnet in der Meditation das repetitive Rezitieren einer kurzen Wortfolge. Dies kann entweder flüsternd, singend oder in Gedanken geschehen.

und habe ihr daher religiöse Mantras statt normaler Kinderlieder vorgesungen. Und Aileen trällerte ich, obwohl mich niemand hörte, ganz normale Kinderlieder vor.

Pflege- und Erziehungsvertrag

Dieser wird abgeschlossen zwischen den Pflegeeltern und dem Jugendamt. Hierin werden u.a. geregelt:

Verpflichtungen des Jugendamtes:

- Finanzielle Regelungen wie: Pflegegeldzahlung; Regelung über Beihilfe und Zuschüsse (Erstausstattung, Urlaubsreisen, musikalische Förderung etc.)
- Betreuung und Beratung der Pflegeeltern: Diese erstreckt sich auf die Erziehung und Fragen und Probleme, die das Pflegekind und sein Verhältnis zur Pflegefamilie und seinen Eltern berühren.

Verpflichtungen der Pflegeeltern

- Pflegeeltern müssen das Jugendamt unterrichten über schwere Erkrankungen und Unfälle des Pflegekindes, alle wesentlichen Veränderungen ihrer persönlichen Verhältnisse (wie Wohnungswechsel, drohende Auflösung der Ehe, Aufnahme oder Wegzug von Personen in bzw. aus dem Haushalt) sowie alle wesentlichen Veränderungen der persönlichen Verhältnisse des Kindes (z.B. Beginn oder Abbruch einer Ausbildung)

Das Jugendamt und die Pflegeeltern verpflichten sich zu einer vertrauensvollen Zusammenarbeit. Bei Meinungsverschiedenheiten wird stets eine gütliche Einigung angestrebt. Bei einer bevorstehenden Beendigung des Pflegeverhältnisses durch das Jugendamt erfolgt eine frühzeitige Beteiligung der Pflegeeltern.

Leider mochte Aileen – im Gegensatz zu Julia – Tragetücher nicht so gerne, ich habe alle möglichen Tragearten versucht und noch zwei weitere Tragesysteme ausprobiert. Meistens hat sie nach einer Weile rumgemeckert. Das fand ich persönlich sehr schade, weil ich Aileen gerne getragen hätte, weil dies zum einen einfach ist und zum anderen viel Nähe gibt.

Ich musste in den paar Wochen, in denen Aileen bei uns lebte, zweimal zum Zahnarzt. Meine Zahnärztin ist zugleich eine meiner besten Freundinnen, sie ist selbst Mutter von drei Mädels. Sie ist von Babys immer angetan, so auch von Aileen. Und da sie so eine gute Freundin ist, wagte sie es, mir die gerade nöhlende Aileen abzunehmen und hin und her zu wiegen – was ich auf dem Zahnarztstuhl nicht so gut konnte.

Dafür musste ich mir selbst die beiden Kieferhälften für einen Zahnabdruck ein paar Minuten zusammenpressen. Es ist körperlich und auch psychisch sehr anstrengend, sich selbst die Kieferhälften aufeinanderzupressen. Diesen Service bekommt man normalerweise vom Zahnarzt oder einer –helferin. Meine Freundin andererseits knuddelte in der Zeit genüsslich mein Baby. Das halte ich meiner Freundin immer wieder mal vor und wir lachen gerne gemeinsam über diese – im Nachhinein – lustige Begebenheit.

Mein Mann besuchte und assistierte drei Tage ein Seminar, das hatte er schon lange im Vorfeld geplant und ließ mich mit der Kleinen alleine. Da Aileen ihre Dreimonatskolik hatte, war das ganz schön anstrengend für mich, sie die drei Tage und Nächte alleine zu hüten. Als Patrick Sonntagnacht spät zurückkam, ging ich ziemlich auf dem Zahnfleisch. Aber Patrick hatte dieses Seminar u.a. auch deshalb besucht, weil wir uns nicht komplett von unserem normalen Alltag ohne Kind verabschieden wollten, so wie wir es bei Sam getan hatten und bei Julia tun mussten. Es fanden in der Zeit, in der Aileen bei uns lebte, auch ab und zu abends Gruppentreffen zur Vorbereitung von Seminaren statt, dabei war Aileen – solange sie nicht schrie – immer der unangefochtene Star. Im Hilfeplanprotokoll ist über Aileen und ihre Mama Folgendes zu lesen:

„Feststellung des Hilfebedarfs: Frau Kurza war sich ihrer Schwangerschaft nicht bewusst. Sie hatte deshalb keine Möglichkeit, sich auf das Kind vorzubereiten und schon während der Schwangerschaft zu überlegen und zu planen, wie es mit ihrem Leben und dem Kind nach der Geburt weitergehen soll. Frau Kurza war geschockt, als sie hörte, dass sie ein Kind bekommt. Sie fühlt sich in der jetzigen Situation überfordert und will sich nun in Ruhe Gedanken machen, welche Möglichkeiten es für sie und das Kind gibt. Frau Kurza will das Kind in dieser Zeit nicht selbst versorgen, sondern in eine Pflegefamilie geben.

Art der Hilfe: Das Kind Aileen Kurza musste in einer Bereitschaftspflege untergebracht werden, da die Kindesmutter sich nicht in der Lage fühlte, sie zu versorgen, während sie über ihre weitere Zukunft und die des Kindes nachdenkt und sich entscheidet, ob Aileen auf Dauer in einer Pflegefamilie aufwachsen soll oder sie sie selbst erziehen und versorgen kann.

Ziele der Hilfe: Ziel der Hilfe ist es, der Mutter die Möglichkeit zu geben, in Ruhe zu einer Entscheidung zu gelangen. Sollte die Kindesmutter die Rückführung von Aileen wünschen, muss diese eine intensive Beziehung zu Aileen aufbauen. Ferner muss eine gute Betreuung und Versorgung des Kindes während der Arbeitszeit von Frau Kurza gewährleistet und Frau Kurza selbst außerhalb ihrer Arbeitszeit voll für das Kind da sein."

Unsere Hebamme, die zur Nachbetreuung zu uns kam, wurde eine befreundete Pflegemutter „Petra". Sie kam am zweiten Tag zum ersten Mal, schaute fortan recht häufig nach der Kleinen und freute sich schon, auch mal auf sie aufzupassen. Ich hatte früher häufig auf ihre kleine Pflegetochter Mandy aufgepasst. Meistens brachte sie diese mit, die immer gerne mit Aileen spielte. Wir schmiedeten schon Pläne, wie wir uns gegenseitig die Kinder abnehmen könnten usw.

Besuchskontakte mit Aileens leiblicher Mutter

Nachdem Aileen den vierten Tag bei uns war, fand der erste Besuchskontakt mit der leiblichen Mutter Natalie statt. Aileen fixierte ihre Mutter fast die ganze Stunde lang, was sehr seltsam war, weil Babys ja noch gar nicht so lange irgendetwas anschauen können. Ich empfand die Mutter wiederum als sehr zurückhaltend und nahm keinen Herzenskontakt zu ihrem Kind wahr. Wobei meine Wahrnehmung natürlich gefiltert war: gefiltert durch meinen Wunsch und meine Hoffnung, mit diesem Kind fortan auf Dauer zusammenleben zu dürfen.

Wöchentlich fand nun ein Besuchskontakt statt. Diese liefen immer etwas seltsam ab. Die Mutter tat sich schwer, Kontakt zum Baby aufzunehmen. Die folgenden beiden Besuchskontakte schlief Aileen komplett durch. Wenn Aileen schlief, ließ Natalie sie einfach schlafen und kümmerte sich nicht weiter um sie, obwohl sie ja nur eine Stunde pro Woche ihr Baby sah. Patrick und ich fanden das immer befremdlich und hofften, dass das für uns ein gutes Zeichen sei, dass sie zu ihrem Kind keine Beziehung aufbauen kann und will und wir Aileen dauerhaft als Pflegekind behalten können. Und der letzte Besuchskontakt war wieder extrem, diesmal schrie Aileen die ganze Stunde mehr oder weniger durch, was für mich als quasi Außenstehende ganz schwer auszuhalten war. Ich hätte sicherlich gewusst, wie ich Aileen hätte beruhigen können.

Die Hinfahrt im Bus war immer etwas spannend, da Natalie manchmal im gleichen Bus war, uns aber nicht wahrnahm. Einmal trafen wir uns beim Aussteigen an der Haltestelle und ich ließ sie den Kinderwagen schieben. Wir redeten ein bisschen miteinander. Ich versuchte rauszuhören, wie weit sie bei ihrer Entscheidung schon sei. Sie sagte aber lediglich, dass sie Patrick und mich bewundere, wie wir das schafften, jedesmal die Kinder wieder weggeben zu können. Sie könne sich das nicht vorstellen. Eigentlich hatte ich da schon meine Antwort, wollte das zum damaligen Zeitpunkt aber nicht wahrhaben.

Nach dreieinhalb Wochen gab es wieder Neuigkeiten vom Jugendamt: Natalie meinte, sie habe eine Beziehung zu ihrem Kind, wolle eigentlich Aileen auch zu sich nehmen. Sie sei sich aber unsicher, ob sie stabil genug sei, um eine Entscheidung für ihr ganzes Leben zu treffen. Sie habe vor, am Wochenende wegzufahren, um den Kopf klar zu bekommen. Ihr Vater und ihre Mutter akzeptierten jede Entscheidung, gäben ihr die Entscheidungsfreiheit. Natalie gab zu, die Schwangerschaft verdrängt zu haben. Ein Kind passe nicht in ihre Planung, ein Kind hätte noch keinen Platz in ihrem Leben. Die erste Aussage nach der Geburt war, dass sie das Baby zur Adoption freigeben wollte. Ihre Mutter wollte ihre Enkelin daraufhin selbst adoptieren. Das wiederum wollte die Kindesmutter auf keinen Fall. So kam der Weg in die Bereitschaftspflege. Dieses Gespräch ließ noch ein bisschen Interpretationsspielraum offen.

Déjà Vu - auch Aileen geht zu ihrer Mama zurück

Mit Aileen kam ich sehr gut klar, ich liebte sie und war sehr dankbar für ihre Anwesenheit. Es bereitete mir große Freude, für dieses kleine Menschenkind sorgen zu dürfen. Es war aber anstrengend, weil sie nachts meist nur zwei Stunden am Stück schlief und die Kolikanfälle häufiger und länger wurden. Dann geriet ich manchmal recht schnell durch meine Erschöpfung an meine Grenzen und war sehr froh, wenn abends Patrick heimkam. Von Anfang an hofften Patrick und ich, dass dies nun endlich das Baby wäre, das bei uns aufwachsen dürfe. Wir fingen schon an, Zukunftspläne zu schmieden. Patricks Gefühl sprach eindeutig dafür, dass Aileen bei uns bleiben würde. Ich war da nicht so sicher, ich hoffte es zwar sehr, hatte aber Angst, dass sich die Mutter doch für ihr Baby entscheiden würde. So aus dem Gedanken heraus, bisher hat sie alles komplett anders gemacht, als ich es gemacht hätte, und daher bangte ich vor ihrer Entscheidung.

Da bei den Besuchskontakten Natalie nach wie vor wenig Kontakt zu ihrer Tochter aufnahm, schwelgten wir weiterhin in der Hoffnung, dass sie sich gegen ein Zusammenleben mit ihrem Kind entscheiden würde. Auch die Einschätzung der Jugendamtsmitarbeiterinnen ging in diese Richtung. Natalie fuhr also nach Kiel zu einer Freundin, wo sie die Entscheidung treffen wollte. Wir waren an dem Wochenende guter Dinge und Aileen schlief besser, schrie viel weniger und lächelte dafür öfters. Es ging steil bergauf.

Umso härter traf uns der Anruf am darauffolgenden Montag. Wir erfuhren, dass Frau Kurza Aileen behalten wolle. Ihr sei der Abschied nach den Kontakten zusehends schwerer gefallen. Die Leiterin vom Jugendamt, die den Fall mitbetreute, war sehr verdattert, da ihr Eindruck ein ganz anderer gewesen sei. Auch die andere Betreuerin vom Jugendamt sagte, es hätte sie schier umgehauen, da man diese Entscheidung aus dem Verhalten der Mutter nicht hätte schließen können. Wie dem auch sei, das waren die neuen Tatsachen, denen wir uns stellen mussten.

Die Mitarbeiterinnen vom Jugendamt schlugen vor, dass Frau Kurza für ca. eine Woche bei uns zu Hause ihre Tochter stundenweise betreuen sollte und wir sie sozusagen beim Wickeln, Füttern unterstützen sollten. Die Jugendamtsmitarbeiterinnen hätten ein ungutes Gefühl, der Mutter das Baby zurückzugeben, ohne zu testen, ob sie das auch kann. Über diesen Vorschlag, der durchaus Auftrag von Bereitschaftspflegeeltern sein kann, waren Patrick und ich doch ungehalten. Dass wir das Kind zurückgeben sollten, war die eine Sache, aber dass ich für die Mutter quasi Sozialarbeiterin und Hebamme spielen sollte, war unserer Meinung nach etwas zu viel verlangt. Ich hatte zudem nicht das Gefühl, dass Aileen schon so fest an uns gebunden war nach den knapp fünf Wochen, dass sie eine kurze Übergabe zu ihrer leiblichen Mutter nicht verkraften würde. Sie konnte Petra weiterhin als Hebamme engagieren und diese könnte ihr die Betreuung nahebringen. Zudem wollten wir am nächsten Wochenende zum zweiten Teil des Baisistrainings fahren. Die Mitarbeiterin vom Jugendamt akzeptierte unsere Entscheidung und sprach mit Natalie.

Es wurde ausgemacht, dass wir Aileen zwei Tage später im Jugendamt übergeben würden und ihr ein paar Kleidungsstücke ausleihen würden, bis Natalie sich alles selbst besorgt hätte. Bis dahin hatte Natalie noch Zeit, ein Bett, Kindersitz etc. zu besorgen. Am Mittwoch trafen wir morgens die Mutter beim Jugendamt und berichteten ihr alles Wesentliche über Aileens Versorgung. Wie bei Sam hatte ich Frau Kurza ausführliche Notizen zurechtgemacht, mit allem Wesentlichen über ihr Kind.

Nach einem tränenreichen Abschied verließen wir das Jugendamt, einmal mehr kinderlos. Zum dritten Mal innerhalb von gut einem Jahr hatten wir ein Kind zurückgegeben. Ich hatte mittlerweile schon fast Routine, was mir in solchen Momenten, an solchen Tagen guttut: Aktivität. Also habe ich innerhalb von ein paar Stunden die Wohnung wieder hergerichtet, wie sie für Patrick und mich ohne Kind am sinnvollsten und gemütlichsten ist, habe alles von Aileen gewaschen, getrocknet und verstaut... Ich kann das immer bis zur Erschöpfung durchziehen. Und da wir am nächsten Morgen ganz früh losfahren mussten zum

Assistieren des Basistrainings, hatten wir noch unsere Rucksäcke zu packen, die Wellensittiche zu versorgen.

Nachmittags bekamen wir einen Anruf vom Jugendamt, uns wurde mitgeteilt, wie es Aileen nun ginge. Die Mitarbeiterin des Jugendamtes sei nicht begeistert von dem, was sie zu Hause vorgefunden hätte, es sei nicht optimal, ginge aber gerade so und das Baby sei nicht in Gefahr. Aileen sei viel wach gewesen und hätte mit großen Augen ihre neue Umgebung angeschaut. Frau Kurza sei anders mit ihrem Kind umgegangen, d.h. sie hat sie genommen, getröstet und Verantwortung übernommen. Die Familie bekäme Familienhilfe angeboten und Frau Zweig wolle sie in der folgenden Woche wieder besuchen. Nicht tröstlich die Nachrichten, allerdings auch nicht beängstigend. Erschöpft fiel ich abends ins Bett, kinderlos und weinend, konnte aber in Ruhe durchschlafen.

Das Gefühl am nächsten Tag bei der Autofahrt war zuerst nur Schmerz über den neuerlichen Verlust eines geliebten Kindes, dann kam noch Verwirrung hinzu mit tausend Fragen: Warum immer wir? Warum schon wieder? Sollen wir keine Kinder haben? Sollen wir immer nur kurz für Kinder da sein? Was ist der Sinn dahinter? Wie soll ich das alles verkraften? Ist es nicht langsam genug?

Nach einer Weile kam noch eine Art Faszination dazu: Wie schnell Patrick und ich jedes Mal diesen Switch zwischen Familiesein und unserer Zweierbeziehung schaffen! Dass es uns immer wieder gelungen ist, aus dem Schmerz zu kommen, wieder in unsere Zweierbeziehung zu finden und das Geschehene relativ gelassen betrachten zu können.

Unser medial veranlagter Trainer sagte mir zur Begrüßung, dass er „gewusst" hätte, dass wir wieder zum Assistieren kommen würden. Und das, obwohl ich ihn angerufen hatte, ihm von Aileen berichtet und für das Assistieren abgesagt hatte. Das verdutzte mich sehr. Er sagte mir, dass wir den größeren Plan hinter dem Ganzen noch nicht sehen könnten. Dass wir, wenn wir den Plan sehen könnten, schmunzeln würden, wie gut alles funktioniert. Es sei eben nicht dasselbe, ob ich den Plan (des Lebens) sehe oder nicht. Er sagte, dass sowohl Julia als auch jetzt Aileen von uns als göttliches Geschenk und Gnade gesehen werden sollten. Und dass bei beiden klar war, dass sie zu uns kommen, uns etwas geben und dalassen und wieder gehen würden. Ich sagte etwas ironisch, dass ich mir langsam vorkäme wie eine „göttliche Mutter", worauf Thomas mir sagte, das ginge schon in die richtige Richtung. Zu Patrick gewandt sagte er: „Die Kinder sind für uns da, nicht wir für die Kinder". Es gehe für uns um das Annehmen der Kinder, die zu uns kommen, es gehe nicht darum, dass wir versuchen, den Kindern etwas zu geben oder uns zu grämen, ihnen nicht alles gegeben zu haben. Sie kommen für uns und wir sollen sie annehmen.

Nach einer Woche hörten wir nochmals etwas vom Jugendamt über Aileen: Frau Zweig hatte mittlerweile ein besseres Gefühl, Aileen schien gut versorgt zu werden, sah gesund und ausgeschlafen aus. Frau Kurza fände langsam einen Rhythmus mit ihrem Baby und höre die verschiedenen Arten des Weinens. Frau Kurza wäre bei der U3 bei unserer bisherigen Ärztin gewesen und wolle gleichfalls bei ihr bleiben. Die Mutter scheine gut mit ihrem Kind zurechtzukommen. Sie wolle sogar ihre Ausbildung unterbrechen, um erstmal ganz für Aileen da zu sein. Sie suche mithilfe der Familienhelferin eine eigene Wohnung. Das hörte sich ja alles recht vielversprechend an.

Aileen sehen wir heute noch regelmäßig. Der Nachteil von damals, dass sie quasi um die Ecke wohnte, wurde nun zum Vorteil. Sie wohnt mit ihrer Mutter immer noch in der Nähe. Wir sind mit unseren Kindern oftmals auf dem gleichen Spielplatz. Seit Langem duze ich mich mit Natalie und wir unterhalten uns ab und zu über allgemeine Dinge. Natalie hat ihre Ausbildung zwei Jahre verschoben, Aileen kam mit zweieinhalb Jahren in einen Kindergarten und sie machte ihre Ausbildung weiter. Die beiden sind aus der Ferne betrachtet ein nettes Gespann. Als Aileen noch jünger war, hatte ich manchmal das Gefühl, wenn ich sie z.B. beim Schaukeln anstupste und dabei redete, schaute sie mich ganz nachdenklich an. Ihr Unbewusstes konnte sich vielleicht noch an diese Stimme erinnern. Natalie sagt, dass wenn Aileen alt genug sei, sie ihr erzählen wolle, wie das damals bei und nach ihrer Geburt war. Und wenn wir noch Kontakt hätten, will sie Aileen zeigen, wer damals ihre Pflegeeltern waren. Das alles tut natürlich gut zu wissen.

Wenn Aileen auch auf dem Spielplatz ist, muss ich ob meiner beiden derzeitigen und meines einstigen Pflegekindes innerlich ab und zu lächeln. Keiner meiner Freundinnen weiß, wer unser ehemaliges Pflegekind ist, ich schütze hier Natalie und Aileen bewußt. Ich bin noch an Aileen interessiert, offen, sie aus der Ferne zu beobachten, aber die Kontakte tun schon lange nicht mehr weh. Kevin, unser Pflegesohn, der eineinhalb Jahre nach Aileen zu uns kam, ist übrigens drei Wochen älter als Aileen, aber die beiden haben bisher auf dem Spielplatz oder in der Schule kaum Kontakt miteinander gehabt. Sie sind am gleichen Tag eingeschult worden und gehen in zwei Parallelklassen. Ich muss gestehen, dass ich aufatmete, als sie nicht in die gleiche Klasse kamen, da ich die Distanz, die wir bisher hatten, gerne gewahrt haben möchte.

Zu viele Abschiede für mich

Drei Pflegekinder innerhalb von gut einem Jahr wieder abzugeben bzw. zu verlieren ging letztendlich nicht spurlos an mir vorüber. Ich kam in eine echte Lebenskrise. Ich kann nicht ganz genau sagen, was wirklich der Auslöser war und warum mich diese Krise so plötzlich und ohne Vorwarnung traf, aber zeitlich liegt sie hinter diesen drei geschilderten Abschieden unserer geliebten Pflegekinder.

Ich weigerte mich nach dem Verlust von Aileen, mich wieder ganz meinem Schmerz hinzugeben. Der erste Tag verlief wie nach Sams Rückgang und Julias Tod: die Wohnung wieder von den Kinderutensilien frei zu räumen. Darin hatte ich mittlerweile Routine. Damit war ich beschäftigt, wusste, was zu tun war, war abgelenkt. Und ich schaffte es, die ersten Wochen nach Aileens Rückgabe mein Leben scheinbar wieder ganz normal – ohne Kind – zu führen und auch ohne extreme Gefühlsausbrüche.

Ich machte eine Familienaufstellung[8] nach Hellinger[9] zu meinem „Kinderwunschthema" in einer Einzelsitzung. Diese Sitzung war sehr intensiv für mich, und wie sie im Nachhinein feststellen musste, sehr schlecht von der Heilpraktikerin geführt. Anschließend hatte ich eine Bronchitis und kam – ohne Vorwarnung – in eine wirklich tiefe Lebenskrise. Ich konnte nicht mehr schlafen und das für ein paar Monate nicht. Das Ganze kam schleichend, denn wenn ich eine Bronchitis habe, kann ich meistens wegen meines eigenen Rasselns nur schlecht einschlafen. Als die Bronchitis längst vorüber war, blieb die Schlafstörung. Selten schlief ich mehr als eine Stunde – meistens erst in der Dämmerung am frühen Morgen. Ich ging nachts viel spazieren oder schrieb Tagebuch. In dieser Zeit war ich sehr viel allein, ich hatte Angst, mich zu outen. „Schlafen kann doch jedes Kind, nur ich nicht mehr", sagte ich mir. Ich wunderte mich immer, dass ich trotzdem tagsüber recht fit war, aber leider auch nicht schlafen konnte.

Ich lief von Pontius zu Pilatus, von Schulmedizinern zu Heilpraktikern und zur spirituellen Lebensberatung. Nichts half: weder Schlaftabletten noch Akupunktur noch Meditation noch Gebete. Es war zum Verzwei-

---

[8] Familienaufstellung: Es handelt sich um ein Verfahren, das vorhandene z.T. unbewusste Familienmuster oder „Familiengesetze" darstellen soll, indem entweder Gegenstände oder andere Personen entsprechend aufgestellt die Rolle einzelner Familienmitglieder übernehmen und durch Neuaufstellungen andere Handlungsmöglichkeiten darstellen.

[9] Bert Hellinger, geb. 1925, ist ein deutscher Familientherapeut und Buchautor. Er hat eine eigene, umstrittene Form des Familienstellens entwickelt.

feln. Ich hatte Angst, verrückt zu werden. Es war für mich eine wirklich schlimme Zeit, sie dauerte drei bis vier Monate. Geholfen habe ich mir letztendlich selbst. Patrick konnte mich nach der langen Zeit nicht mehr unterstützen und sagte zu mir, er könne mir nicht mehr helfen – therapeutisch, meinte er, er wolle mein Ehemann sein und nicht mehr. Ich hatte ihn während meiner Schlaflosigkeit ständig gebraucht und um Rat gefragt, zu wem ich gehen solle, auf wessen Ratschlag ich hören solle, ob ich es mit Schlaftabletten versuchen solle oder nicht. Als er mich in meinen Augen aufgab, erwuchs in mir zuerst eine panische Angst, nun auf dem sinkenden Schiff ganz allein zu sein. Jedoch sagte ich mir auch: Okay, niemand, auch ich nicht, kann mir momentan helfen, aber ich kann anderen helfen. Wenn ich einen Plan hatte, war ich schon immer flott in der Umsetzung. Ich schaute nach, wo ich mich ehrenamtlich engagieren könnte. Ich wollte für den Fall, dass es nicht klappen würde, lieber nicht für Geld arbeiten. Und außerdem musste es quasi sofort sein. So wurde ich für ein halbes Jahr eine „grüne Dame“[10] in der örtlichen Klinik in der Radiologie und brachte einmal wöchentlich dort den wartenden Patienten mit einem Kaffeewagen eine heiße oder kühle Erfrischung und half ihnen, wo immer es möglich war. Ich führte auch viele tröstende Gespräche mit wartenden Patienten oder deren Angehörigen.

Zudem arbeitete ich von da an zweieinhalb Jahre lang ehrenamtlich, meist einmal wöchentlich, in einer Art Kindergarten in der Kinderklinik. Dort werden die gesunden Geschwisterkinder betreut, die nicht mit auf die Station zu ihren kranken Geschwistern mitkommen dürfen. Beim Vorstellungsgespräch war mir ganz flau – es war das erste Mal seit Julias Tod, dass ich wieder die Kinderklinik betrat. Umgehend kam ich in das Team, und diese Arbeit bereitete mir sehr viel Freude. Und nach und nach war es mir ohne Unbehagen möglich, die Kinderklinik zu betreten. Ich schaffte es sogar, zu einer Weiterbildung mit auf die Herzintensivstation zu gehen. Zuerst blieb ich etwas abseits, versteckte mich hinter meinen Kolleginnen. Als die ganze Gruppe allerdings ausgerechnet in Julias Sterbezimmer längere Zeit bei der Pflege eines herzkranken Neugeborenen zubrachte, outete ich mich als Mutter eines auf der Station verstorbenen Kindes. Da erkannte der Arzt mich wieder. Ich hielt Ausschau nach Schwester Frederike und konnte so zwei Jahre später wieder ein paar Worte mit ihr sprechen. Diese Schwester war meine Lieblingsschwester gewesen, doch sie war an dem Tag, als Julia

---

[10] Grüne Damen tragen einen grünen Kittel und arbeiten offiziell für die Ökumenische Krankenhaushilfe (ÖKH). Über 10.000 ehrenamtliche Helfer arbeiten bundesweit bei dieser Organisation mit.

verstarb, im Urlaub gewesen. So konnte ich mich bei ihr bedanken für ihre Freundlichkeit in der Betreuung von Julia und mir und mich von ihr verabschieden.

Ich hatte das Gefühl, mit meinem Entschluss, wenn ich mir schon nicht selbst helfen könne, dann eben anderen, kam ich meiner eigenen Heilung ein gutes Stück entgegen. Langsam normalisierte sich mein Schlafverhalten wieder. Mit Schlaftabletten klappte es auch vorher schon wieder ganz gut, ich setzte sie jetzt komplett ab. Das Thema Schlaf blieb ein paar Monate lang ein ziemlich angstbesetztes Thema, und wehe, ich schlief mal eine Nacht schlecht. In dem Fall kam die Angst wieder hoch. Auch das legte sich nach einer gewissen Zeit. Und wenn ich nun ab und zu mal eine Nacht schlecht schlafe oder wegen unserer Pflegekinder kaum zum Schlafen komme, muss ich immer schmunzeln, nach dem Motto: Ich kam vier Monate ohne Schlaf aus, also weshalb wegen einer schlechten Nacht jammern?

Unterschiede zweier Jugendämter

Wenn man mit einem Pflegekind zusammenleben möchte, muss man sich beim Jugendamt vor Ort bewerben. Man kann sich auch bei anderen Jugendämtern bewerben, wobei viele Ämter nur Pflegeeltern aus der eigenen Region nehmen, u.a. wegen der Besuchskontakte. Manche Großstädte hingegen nehmen gerne auswärtige Bewerber auf. Ich selbst rief damals bei einigen Jugendämtern an, konkret zusammengearbeitet haben wir allerdings nur mit zweien. Die beiden Systeme, und ich möchte schon fast sagen, Philosophien sind sehr verschieden. Ich möchte diese hier kurz beschreiben. Jedes weitere Jugendamt hat sicher seinen eigenen Stil.

In unserer Wohnstadt sieht es so aus: Nach einer sehr intensiven Bewerbungsrunde mit z.T. mehreren Gesprächsterminen erarbeitet man zusammen mit den Jugendamtsmitarbeitern, für welche potenziellen Fälle und damit Kinder man sich bereit erklärt. Man entscheidet sich im Vorfeld zumindest theoretisch, mit welchem Kind, mit welchem Schicksal, welchen Behinderungen und welchem Alter man sich ein Zusammenleben vorstellen kann. Bei uns sah es so aus, dass wir uns zuerst, wie im Kapitel „Bewerbung in S.“ zu lesen ist, nur für ein sicheres Dauerpflegekind, Junge oder Mädchen, zur Verfügung gestellt haben. Nach einem halben Jahr Warterei haben wir uns für eine mögliche Bereitschaftspflege geöffnet und verfügbar gehalten. In dieser Zeit wird der endgültige Verbleib des Kindes, notfalls gerichtlich, geklärt. Das System in unserer Wohnstadt bedingt, dass die potenziellen Pflegeeltern ein gewisses Risiko tragen. Wenn sich allerdings abzeichnet, per Gericht oder durch Einsicht der leiblichen Eltern, dass das Kind in der Pflegefamilie verbleiben kann, bleibt es bei den bisherigen ihm schon vertrauten Pflegeeltern und muss nicht mehr weitervermittelt werden und sich an neue Dauerpflegeeltern binden.

In dem Jugendamt einer benachbarten Stadt B., mit dem wir später, als unsere Pflegesohn Kevin zu uns kam, zusammengearbeitet haben, sieht es anders aus. Hier gibt es ein gutes Dutzend sogenannter Bereitschaftspflegeeltern. Diese stehen in ständiger Bereitschaft, ein Kind aufzunehmen. Sie bekommen auch einen Anteil Pflegegeld für die Zeit, in der kein Kind dort lebt. Zusätzlich bekommen sie besondere und intensive Weiterbildungen und Supervisionen vom Jugendamt. Die Kinder bleiben bei ihnen alle nur vorübergehend, bis rechtlich geklärt ist, ob das Kind zu den leiblichen Eltern zurückkehren darf oder ob es auf Dauer in Pflegschaft leben soll. Wenn es auf Dauer in Pflege leben soll, werden zum Kind passende Dauerpflegeeltern gesucht. Das Kind muss nach einer gewissen Zeit der Anbahnung die bisherigen Bereitschaftspflegeeltern verlassen und zu den Dauerpflegeeltern übersiedeln. Das bedeutet für das Kind nochmals einen Abbruch von Beziehungen, der gewohnten Umgebung, besuchten Einrichtungen (wie Kindergarten oder Schule).

In der Theorie soll die Dauer der Bereitschaftspflege maximal drei Monate dauern, und in dieser Zeit soll der endgültige Verbleib für das Kind geklärt werden. In der Praxis kenne ich bisher allerdings nur Kinder, die wesentlich länger, bis zu über einem Jahr, in der Bereitschaftspflege lebten und nochmals rausgerissen werden mussten. Unser Pflegesohn Kevin z.B. kam mit elf Monaten in Bereitschaftspflege und blieb dort bis zur Übersiedlung zu uns ganze neun Monate. Das stellt für ein so kleines Kind eine sehr lange Zeit dar. Die Bereitschaftspflegeeltern werden zwar angehalten, dem Kind zu signalisieren, dass es nicht auf Dauer bei ihnen bleiben kann und sozusagen nur ein Gast auf Zeit ist. Wie viel hiervon bei kleinen Kindern ankommt, ist aber fraglich, denn diese Kleinen brauchen eine Bezugsperson, wollen und müssen sich binden und brauchen möglichst viel Kontinuität und Sicherheit in ihrem Leben.

Nachdem wir uns von zwei Kindern, Sam und Aileen, die vom Jugendamt vor Ort vermittelt worden waren, wieder trennen mussten und Julia gestorben war, hatten wir das Gefühl, dass das System mit einer getrennten Bereitschaftspflege des benachbarten Jugendamtes für uns das bessere wäre. Unsere Motive waren hierbei zugegebenermaßen recht egoistisch, aber sicherlich nachvollziehbar: Wir hatten große Sehnsucht nach Kontinuität, sprich einem Kind, das dauerhaft bei uns bleiben könnte. Wir wollten das Risiko einer erneuten Bereitschaftspflege mit unsicherem Ausgang nicht nochmals tragen. Ich rief im Jugendamt der benachbarten Stadt B. an und hatte gleich den Amtsleiter am Apparat. Nachdem ich ihm in kurzen Worten unsere Situation geschildert hatte, sagte er: „Ja, wir traumatisieren unsere Pflegeeltern nicht." Wir haben spaßhaft, nachdem Kevin bei uns lebte, der vorher neun Monate in Bereitschaftspflege lebte und an der Übersiedlung offensichtlich zu knabbern hatte, immer gesagt:

- Unser Jugendamt traumatisiert die Pflegeeltern.
- Das Jugendamt dieser benachbarten Stadt traumatisiert die Pflegekinder.

Wobei meiner persönlichen Meinung nach Erwachsene solch einen Beziehungsabbruch einfacher und besser verkraften (sollten) als Kleinkinder.

Das Buch von Dr. Bettina Bonus „Mit den Augen eines Kindes sehen lernen" beschreibt ausführlich die Entstehung einer Frühtraumatisierung bei Pflege- und Adoptivkindern. Und sie befürwortet entschieden, dass die Pflegekinder von Anfang in einer Familie untergebracht werden, wo sie auch bleiben können. Das nochmalige Wechseln in die Dauerpflegefamilie sei eine erneute Traumatisierung dieser Kinder. Genauso haben wir das im Nachhinein bei Kevin empfunden und der kleine Kerl tat uns schrecklich leid. Auch Werner Frieling schreibt „...Nicht wenige Kinder verbleiben über ein Jahr oder länger in Schutzfamilen[11]... Für ein Kleinkind ist das eine Situation mit zum Teil nicht überschaubaren Schäden als Folge dieser langen Verweildauer. ...“

Wobei wir uns dennoch zu der Zeit parallel beworben haben und durchaus in unserer Stadt nochmals zur Verfügung stellten. Allerdings hätten wir nur bei einem Kind mit recht sicherer Dauerperspektive unser „okay“ gegeben, und wenn wir ein gutes Gefühl gehabt hätten.

Der beschriebene Unterschied im System der beiden Jugendämter war das eine. Zudem kam noch die persönliche Betreuung hinzu. Im Jugendamt vor Ort handelt es sich um ein kleines Jugendamt mit einer Handvoll Mitarbeiter. Der Umgang ist dort schon fast familiär freundschaftlich. Auf alle Fälle herrscht ein sehr freundlicher und unkonventioneller Umgangston und Betreuungsstil. Die einzelnen Betreuerinnen suchen, soweit es geht, zusammen die Pflegeeltern für ein bedürftiges Kind aus. Sie kennen, wenigstens von Beschreibungen ihrer Kolleginnen, alle Bewerber(paare), die für ein zu vermittelndes Kind in Frage kommen.

Beim Jugendamt in B. hingegen handelt es sich eher um eine Behörde. Die Bewerber werden alphabetisch den Jugendamtsbetreuerinnen zugeordnet. Und nur diese kennen ihre Bewerber persönlich. Die Betreuer der Kinder wechseln, wenn diese aus der Bereitschaftspflege in die Dauerpflege wechseln. Dies ist nach neun Monaten wie bei Kevin für ein Kind sicherlich nicht zum Besten, da es sich von einer zusätzlichen Bezugsperson trennen muss und jemand Neues kennenlernt. Kevin hatte seine bisherige Betreuerin neun Monate wöchentlich einmal gesehen, er kannte sie also durchaus.

Der Ton in dem benachbarten Jugendamt ist sehr bürokratisch. Eine Bemerkung klingt mir noch im Ohr. Wir kamen damals zum Jugendamt, um Kevin sozusagen unverbindlich kennenzulernen. Dort angekommen sagte die Betreuerin des kleinen Mannes: „Die Bereitschaftspflegestelle

---

[11] In: Das Herz des Steines: Ein Erfahrungsbericht über die Arbeit mit Pflegekindern, Lippe Verlag 2003. Schutzfamilie ist eine andere Bezeichnung für Bereitschaftspflegefamilie.

ist schon da.“ Es dauerte einen Moment, bis ich verstand, was gemeint war, nämlich „die Bereitschaftspflegemutter sei schon da“.

Wobei es auch hier im zwischenmenschlichen Miteinander durchaus Unterschiede gab. Nur leider waren die beiden Mitarbeiterinnen, mit denen wir es hauptsächlich zu tun hatten, sehr korrekt bürokratisch. Als wir uns um ein weiteres Kind bewarben, war die alte Betreuerin im Ruhestand und die neue Kollegin brachte meines Erachtens frischen Wind in das Amt. Ich dachte sogar, die würde von ihrer offenen, umgänglichen Art besser zum Jugendamt in S. passen. Vieles hängt also schon von der einzelnen Betreuerin ab und natürlich deren Beziehung zu den Pflegeeltern. Mit Kevins ersten beiden Betreuerinnen waren wir einfach nicht besonders zufrieden.

Mit der ersten Betreuerin für Kevin war ich sogar höchst unzufrieden. Sie war aus meiner Sicht eine sehr gehemmte Person, die in unserem Fall nur noch die Zeit bis zum vorzeitigen Ruhestand abwartete. Ich war es aus dem Jugendamt vor Ort z.B. gewöhnt, dass ich nach einem Besuchskontakt angerufen wurde, weil sich die Betreuerin nach dem Befinden des Pflegekindes erkundigte und wissen wollte, wie es den Besuchskontakt verkraftet und verarbeitet hatte. Ein gewisses Interesse an dem jeweiligen Pflegekind setze ich seitens der Betreuerin des Amtes eigentlich voraus. Und im Jugendamt S. war es immer selbstverständlich, nach der ersten Nacht anzurufen und nach dem Wohlbefinden von allen nachzufragen.

Nun, Kevin war gerade aus der Bereitschaftspflege zu uns gewechselt und hatte zwei Tage später seine leibliche Mutter im Jugendamt gesehen. Das wäre meines Erachtens Grund genug gewesen, mal nachzuforschen, wie es dem Kind geht, ob und wie es mit seiner neue Situation zurechtkommt. Aber wir bekamen keinen Anruf! Auch nach dem nächsten Besuchskontakt, der einen Monat später stattgefunden hatte, nicht. Ich rief schließlich dort selbst an und forderte diesen Anruf ein, u.a., weil ich ein paar Dinge abklären wollte. Das tat Frau Sturm zwar auch, aber ich bemerkte schnell, dass ich ohne diese Anrufe besser dran war. Sie brachten mir außer unwichtigem Herumfloskeln nichts. Ohne Betreuung lief es in diesem Falle besser. Es stimmte einfach das Zwischenmenschliche nicht.

Ich wollte einmal z.B., dass etwas im Vorfeld mit der leiblichen Mutter angesprochen werden sollte. Valentina hatte beim ersten Besuchskontakt mit Kevin geflachst: „Ich nehme dich heute mit“. Etwas, was sie aus meiner Sicht nicht hätte sagen dürfen, weil so etwas Kevin nachhaltig verunsichern konnte. Ich wollte der leiblichen Mutter in diesem Zusammenhang berichten, wie sich die Kontakte auf Kevin auswirken (er hatte oftmals Albträume) und dass sie solche Sätze ihm zuliebe nicht mehr sagen dürfe. Da war die Betreuerin allerdings ganz anderer Ansicht. Sie argumentierte so, dass sie Dinge erst bespricht, wenn sie schon passiert sind, wenn also das Kind schon in den Brunnen gefallen ist. Sie argumentierte, dass die leiblichen Eltern nicht zugänglich für theoretische Besprechungen im Vorfeld wären. Ich hatte allerdings stark den Eindruck, dass diese Frau sich nicht getraut hatte, das anzusprechen, und lieber nichts sagte und hoffte, alles erledige sich von selbst. So sprach ich bei nächster Gelegenheit selbst mit der leiblichen Mutter, als diese uns wieder einmal nach einem Besuchskontakt zum Bahnhof begleitete, und erledigte so das Thema. Oftmals ist es allerdings strategisch besser, dass gewisse Dinge von den Jugendamtsmitarbeiterinnen angesprochen werden. Das Verhältnis zwischen den Pflegeeltern und den leiblichen Eltern sollte den Kindern zuliebe möglichst harmonisch und unbelastet sein.

Diese Betreuerin achtete meistens nicht auf die vereinbarte einstündige Besuchszeit. Ich musste ihr und der leiblichen Mutter immer signalisieren, dass die vereinbarte Besuchszeit nun vorüber wäre. So war ich aus der Sicht der leiblichen Mutter sicherlich die böse Pflegemutter, die auf die Einhaltung der Zeit pocht.

Mittlerweile wechselte die Zuständigkeit des Jugendamtes. Das zuständige Jugendamt für Kevin ist seit knapp zwei Jahren das hiesige. Von unseren Jugendamtsmitarbeiterinnen fühle ich mich viel besser betreut. Hier werden bestimmte Dinge mit Valentina, Kevins leiblicher Mutter, in einem Zweiergespräch durchgesprochen, ohne mich. Kevins leibliche Mutter besteht z.B. immer auf ihrem Abschiedsküsschen und dies manchmal sehr resolut. Dies wurde mittlerweile mehrmals ohne meine Anwesenheit mit ihr besprochen. Es klappt jetzt ein bisschen besser. Und ich stehe nicht als diejenige da, die Valentina den leiblichen Sohn entfremden will. Kevin wird so etwas geschützt, er ist kein großer Schmusebär und wenn, dann mit uns, seinen Jeden-Tag-Eltern. Dieses etwas aufdringliche Verhalten Valentinas haben sogar die Betreuerinnen von sich aus angesprochen. Sie fanden, dass seine Bauchmama ihn hier zu sehr bedrängt. Ich kann die leibliche Mutter verstehen, dass sie gerne ein Küsschen bekommt, und versuche Kevin dahingehend zu motivieren.

Auch die Weiterbildungen dieser beiden Ämter unterscheiden sich. Im Jugendamt vor Ort finden regelmäßige Weiterbildungsangebote statt. Oftmals wird ein Referent eingeladen, zu einem bestimmten Thema zu sprechen. Aber es gibt auch die Abende mit einem Erfahrungsaustausch zwischen den anwesenden Pflegeeltern, der sich stets als sehr befruchtend darstellt. Einmal jährlich gibt es eine Einladung für die Pflegeeltern und –bewerber zum gemeinsamen Abendessen.

In der Stadt B. hingegen gibt es ein- oder zweimal jährlich Vortragsblöcke jeweils im Winter mit vier wöchentlichen Vorträgen und anschließender Diskussion. Ein Erfahrungsaustausch wird nur für die Bereitschaftspflegeeltern im Rahmen ihrer Supervisionsgruppe angeboten. Einmal jährlich gibt es im Sommer einen Tagesausflug für die ganze Pflegefamilie, z.B. in ein Museum oder einen Zoo.

Die Jugendämter in Deutschland - ich kenne nur die beiden Beschriebenen etwas genauer - arbeiten offensichtlich sehr unterschiedlich. Dabei spielen viele Faktoren eine Rolle: u.a. die Größe des Amtes, die Zusammensetzung der Mitarbeiter, die Bewerbersituation. Und für Vieles gibt es Argumente und Gegenargumente, wie z. B. auch für die Nur-Bereitschaftspflegefamilien in B. und anderen Jugendämtern. Was mich persönlich jedoch sehr betroffen macht, sind die Fälle, in denen ein Dauerpflegeverhältnis nach Monaten oder gar Jahren aufgelöst wird. Das ist für das betroffene Kind natürlich eine weitere tief schmerzende Erfahrung, die ihm sein Leben und seine Kindheit erschweren. Gerade in der Stadt B. weiß ich von einigen Fällen, wo ein Dauerpflegekind wieder herausgenommen werden musste aus der Familie (siehe Kapitel „Beispiele von anderen Pflegefamilien“). Und das, obwohl dort durch die Aufnahme in eine Bereitschaftspflegefamilie die Jugendamtsmitarbeiter Zeit haben, eine passende Familie auszusuchen und diese Familie verhältnismäßig lange Zeit hat, sich die Aufnahme gerade dieses vorgeschlagenen Kindes reichlich zu überlegen. In der Stadt S. hingegen müssen diese Entscheidungen schneller getroffen werden und aus einer Bereitschaftspflege kann ein Dauerpflegeverhältnis entstehen. Dennoch gibt es dort meines Wissens weniger Dauerpflegeverhältnisse, die aufgelöst werden (müssen).

Kevin

Man sollte seinen Kindern seine Zuneigung zeigen, auch wenn man gerade mit ihnen schimpfen musste.

Unbekannt

Die Jugendamtsmühlen drehen sich bedächtig

Nachdem ich meine Schlaflosigkeit gemeistert hatte, bewarben wir uns beim Jugendamt der benachbarten Stadt B., und parallel stellten wir uns dem Jugendamt vor Ort als Bewerber zum vierten Mal zur Verfügung. Nach knapp einem halben Jahr auf den Wartelisten klingelte das Telefon. Frau Sturm vom Jugendamt der Stadt B. rief an. Es war ein knappes Telefonat, in dem sie mir mitteilte, dass ein Junge ohne Rückkehroption im Alter von eineinhalb zu vermitteln sei. Das Aufenthaltsbestimmungsrecht des Jungen hätte mittlerweile das Jugendamt, die junge Mutter sei jetzt 18 Jahre alt. Zu den Besuchskontakten käme auch ihr Vater, also der Opa des Kleinen, mit.

Ich war etwas überdreht und sprach meinem Mann, der sich auf einer Dienstreise befand, kurz eine Nachricht auf die Mailbox. Sobald dieser sich per Handy meldete, erzählte ich ihm von dem Anruf. Klar wollten wir mehr Informationen zu dem Kind. Ich rief also im Jugendamt an und sagte, dass wir sehr interessiert seien mehr von dem Jungen zu erfahren. Und so ergab sich ein Termin in B., bei dem eine Frau aus dem Bereich der Bereitschaftspflege dabei sein würde. Dieser Termin fand eine Woche später statt. Also nicht wie in S. ein Anruf und kurze Zeit später hätten wir das Kind auf dem Arm.

Beim zweiten Kontakt mit unserer Jugendamtsbetreuerin und der Vertreterin für Bereitschaftspflege erfuhren wir einiges mehr über den Jungen. Der Junge hieß Kevin. Er sei seit gut einem halben Jahr in Bereitschaftspflege. Ein paar Wochen nach seiner Geburt hatte man schon daran gedacht, ihn in Obhut zu nehmen. Er wäre eine Frühgeborener gewesen und hätte zwei Monate im Krankenhaus bleiben müssen, wegen Herzrhythmusstörungen u.a. Danach hatte er mit seiner sehr jungen Mutter in einem Mutter-Kind-Heim gelebt. Doch sie konnte sich nicht den Heimregeln anpassen und ihrem Kind nicht die nötige Fürsorge geben. Gerichtlich habe das Jugendamt mittlerweile das Aufenthaltsbestimmungsrecht für das Kind erworben. Das Jugendamt beantrage derzeit auch das Sorgerecht. Die Prognose für uns als Pflegefamilie sei eine Dauerperspektive ohne Rückkehroption. Wir hörten aufmerksam und gespannt zu und ich machte mir gelegentlich einige Notizen.

Dann fiel plötzlich der Satz, dass der Junge ein kleines Loch im Herzen habe, einen ASD (Atriumseptumdefekt[12]). Sowohl Patrick als auch ich wurden etwas weiß um unsere Nasenspitzen bei dieser Nachricht. Wir mussten heftigst schlucken, dachten an Julia, und uns wurde ganz mulmig. Die Mitarbeiterinnen des Jugendamtes stellten das so dar, als ob das nichts Schlimmes sei und sicherlich wieder zuwachsen werde. Man müsse es halt regelmäßig kontrollieren. Ich greife an dieser Stelle kurz vorweg: Eine Herzultraschalluntersuchung, die bei Kevin durchgeführt wurde, als er zweieinhalb Jahre alt war, ergab, dass das Loch in seinem Herzen sich geschlossen hatte.

Trotz dieses Schreckens ob des kleinen Löchleins in der Herzscheidewand des Jungen wollten wir den Kleinen kennenlernen. Das sollte eine Woche später passieren. Diese sieben Tage wurde sehr lange für uns.

Erster Kontakt

Endlich war der Tag des nächsten Termins im Amt der Stadt B. herbeigekommen, wo wir Kevin persönlich kennenlernen sollten. Normalerweise liegt dieses Kennenlernen des potenziellen Pflegekindes in B. noch weiter hintenan. Zuerst muss man sich die ausführliche Geschichte des Kindes von der Betreuerin des Allgemeinen Sozialen Dienstes anhören. Als nächstes lernt man die bisherigen Pflegeeltern kennen, die ihre Erfahrungen mit dem Kind schildern, und schlussendlich lernt man noch die leiblichen Eltern kennen. Wie dem auch sei, Patrick und ich haben es geschafft, dass das Kennenlernen Kevins vorgezogen wurde.

Wir fuhren zusammen in die benachbarte Stadt und waren beide sehr aufgeregt. Bisher hatten wir unsere Entscheidung für ein Pflegekind ja stets ausschließlich aufgrund telefonischer Informationen zügig und aus dem Herzen heraus gefällt. Und meistens musste das innerhalb einiger Stunden passieren. Nun sollten wir das Kind erst persönlich kennenlernen und uns dann entscheiden, ob wir mit ihm zusammenleben wollten oder nicht.

---

[12] Der Atriumseptumdefekt (ASD) oder Vorhofseptumdefekt ist ein Loch in der Herzscheidewand zwischen den beiden Vorhöfen des Herzens. Er ist mit ca. 7,5 % aller angeborenen Herzfehler die dritthäufigste angeborene Herzfehlbildung. Aus: http://de.wikipedia.org

Klammen Herzens gingen wir zum Fahrstuhl und fuhren hoch. Die Bereitschaftspflegemutter und das Kind waren schon da. Patrick musste vor Aufregung noch auf die Toilette und ich wartete draußen, denn ich wollte mit ihm zusammen den Jungen sehen. Endlich kam Patrick zurück und wir gingen aufgeregt in das Besucherzimmer. Die Bereitschaftspflegemutter saß auf einem Stuhl, Kevin krabbelte auf dem Boden herum. Wir setzten uns zu Kevin und nahmen schüchtern Kontakt auf. Es wurde bei mir Liebe auf den zweiten Blick. Kevin hat mein Herz erobert, als er nach einer viertel Stunde mit Patrick ganz intensiv glucksend Türme aufbaute und wieder umwarf. Die Kennenlernstunde verging wie im Flug. Ich fragte den kleinen Mann, ob er sich vorstellen kann, mit uns zusammenzuleben und seine Reaktion darauf war ein langer, intensiver Blickkontakt. Patrick und ich haben uns nach dieser Stunde angeschaut und uns gegenseitig zugenickt: „Ja, mit diesem Kind wollen wir zusammenleben." Wir brauchten keine Bedenkzeit mehr. Wir hatten uns für Kevin entschieden. Aber bevor wir mit der offiziellen Anbahnung anfangen konnten, mussten wir noch zwei offizielle Jugendamtstermine wahrnehmen: Zum einen sollten wir von der Betreuerin des ASD (Allgemeiner Sozialer Dienst) etwas mehr über das Kind und seine Herkunftsfamilie erfahren und zum anderen sollten wir seine leibliche Mutter kennenlernen.

Allgemeiner Sozialer Dienst

Der Allgemeine Soziale Dienst (ASD) in Deutschland ist der von seiner Aufgabenstellung am umfassendsten angelegte soziale Dienst auf Gemeindeebene. Er umfasst eine ganzheitliche Hilfe, die Zielgruppen- und Problemübergreifend und z.T. auch ämterübergreifend ist. So kann die soziale Grundversorgung für die Gemeindebewohner garantiert werden. Die Rechtsgrundlage seiner Tätigkeit bilden die Sozialgesetze. Der Allgemeine Soziale Dienst kann Teil des Jugendamtes im Bezirk sein. Zu seinen Aufgaben gehört es, Kinder vor Gefährdungen zu bewahren und Eltern bei der Erziehung ihrer Kinder zu beraten und zu unterstützen. Bei Bedarf bewilligt er weiter gehende erzieherische Hilfen oder vermittelt an andere kompetente Stellen.

Dieses Procedere nahm weitere zwei bis drei Wochen in Anspruch. Es würde folglich lange dauern, bis wir den Kleinen wiedersehen würden. Ich rief beim Jugendamt an und bat darum, dass wir ein Foto von dem Jungen bekommen könnten, damit uns das Warten auf die Anbahnung nicht zu lang und zu virtuell wurde. Erst eine Woche später bekamen wir endlich zwei Fotos zugeschickt. Ich hatte eines davon fortan in meinem Taschenkalender immer dabei und eines hängten wir vergrößert in der Küche auf, sodass wir unserem zukünftigen Pflegesohn immer mal wieder zulächeln konnten und er bei unseren Mahlzeiten schon geistig mit dabei war.

Drei Wochen zogen ins Land, bis wir den nächsten Termin im Jugendamt hatten, es waren dieses Mal vier Mitarbeiterinnen des Amtes (die derzeitige Betreuerin aus der Bereitschaftspflege, die zukünftige Betreuerin der Dauerpflege, eine Frau vom Allgemeinen Sozialen Dienst sowie der Vormund von Kevin), mein Mann und ich zugegen. Wir erfuhren nochmals einiges mehr von Kevin und seiner Herkunftsfamilie. Wir konnten die Gründe noch besser nachvollziehen, warum der Junge nicht mehr bei seiner Mutter leben kann. So bekamen wir eine Vorstellung davon, was wir Kevin später einmal erzählen können, warum er nicht bei seiner leiblichen Mutter aufwachsen konnte. Tags drauf sollten wir die leibliche Mutter kennenlernen, sie kam aber leider nicht. Auch nicht an dem nächsten Termin, zu dem wir nochmals extra nach B. fuhren.

Vormund

Wird das elterliche Sorgerecht eingeschränkt oder ganz entzogen, so muss durch das Familiengericht ein Pfleger oder Vormund für das Kind eingesetzt werden. Um mögliche Konflikte im Interesse des Kindes, der Herkunftseltern und der Pflegefamilie zu vermeiden, wird in der Regel das Jugendamt als Pfleger oder Vormund eingesetzt. Auch Pflegeeltern können zum Pfleger oder Vormund eingesetzt werden.

Das BGB sieht vor, dass der Vormund eine natürliche Person ist (Einzelvormund). Wenn sich keine solche Person findet, kann durch das Gericht ein Verein (Vereinsvormundschaft) oder das Jugendamt (Amtsvormundschaft) als Vormund benannt werden. Der Verein bzw. das Jugendamt beauftragt einen Mitarbeiter mit dieser Aufgabe. Auch diese unterliegen der Kontrolle durch das Familien- oder Vormundschaftsgericht.

Anbahnungszeit mit Kevin

Nach einer weiteren Woche bekamen wir endlich einen Brief überreicht mit der Adresse und der Telefonnummer der Bereitschaftspflegeeltern von Kevin. Ganz aufgeregt rief ich abends an, es war ein Donnerstag, und musste leider hören, dass die Familie am Wochenende eine kleine Reise mit Kevin geplant hatte. Sie hätten vonseiten des Jugendamtes nicht erfahren, dass die Anbahnung nun beginnen könne. Ich war ziemlich gefrustet: Jetzt waren seit dem ersten Kontakt schon vier Wochen vergangen und nun mussten wir nochmals vier Tage warten.

Wir nutzen an dem Wochenende die Zeit dazu, ein Zimmer, das bisher mein Arbeits- und Meditationszimmer gewesen war, für Kevin herzurichten, damit er nicht nur in unserem Herzen einen Platz hatte, sondern schon einen in unserer Wohnung.

Anbahnung/Anbahnungsphase

Unter Anbahnung ist die Zeit zu verstehen, in der sich das Kind und die zukünftigen Pflegeeltern kennenlernen. Sie endet mit der Übersiedlung des Kindes in seine Pflegefamilie. Die Dauer der Anbahnung hängt vom Alter des Kindes und seinen bisherigen Lebensumständen ab.

In einem ersten Treffen erfolgt das persönliche Kennenlernen. Dies erfolgt oftmals – vor allem bei älteren Kindern – zuerst einseitig, d.h. die potenziellen Pflegeeltern lernen das Kind beim Spielen kennen und können somit eine „unverbindliche“ Zeit mit ihm verbringen. In manchen Fällen findet dies nur durch Beobachten des Kindes hinter einer Glasscheibe (die nur von einem Zimmer aus durchsichtig ist) statt. Hierbei müssen die beobachtenden potenziellen Eltern feststellen, ob ihnen das Kind sympathisch ist, ob sie sich vorstellen können, es lieb zu haben und ob die Chemie stimmt. Denn die Aufnahme eines fremden Kindes in eine Familie bedeutet, zu diesem Kind viel Nähe zulassen zu können und zu müssen. Die Bewerber um ein Pflegekind sollten den Mut aufbringen, zu erklären, dass sie sich mit diesem Kind ein gemeinsames Leben nicht vorstellen können, wenn beim Kennenlernen bzw. beim Beobachten kein Funke übergesprungen ist. Die Pflegeeltern müssen wissen, dass dies nicht gleichzeitig bedeutet, "nie wieder" vom Jugendamt eine Nachfrage zu erhalten, wenn sie ein Kind ablehnen.

Wenn sich die potenziellen Pflegeeltern, (das Kind) und die Fachkräfte vorstellen können, dass dies die richtige Pflegefamilie sein wird, wird zuerst durch Besuche der Kontakt aufgenommen. Zuerst besuchen die potenziellen Eltern das Kind dort, wo es lebt (z.B. in der Bereitschaftspflegefamilie bzw. im Heim). Später, wenn das Kennenlernen etwas fortgeschritten ist, besucht das Kind seine zukünftige Pflegefamilie in deren Lebensraum. Die Besuche werden in der Häufigkeit und Intensität angepasst an das Alter des Kindes und werden immer mehr intensiviert. Zuerst nur tagsüber, dann erfolgt z.B. mal ein Mittagsschläfchen, eine Übernachtung, ein gemeinsames Wochenende oder Ferienzeiten – bis sich herausgestellt hat, dass Kind und Pflegefamilie zusammenpassen und zusammenleben wollen und können. Bei jüngeren Kindern kann diese Anbahnungszeit wenige Wochen, bei älteren Kindern mehrere Monate betragen.

Die Anbahnungszeit ist für alle Beteiligten von großer Bedeutung. Und um den richtigen Zeitpunkt der Übersiedlung zu finden, bedarf es guten Einfühlungsvermögens und guter Begleitung durch Fachkräfte. Die Anbahnungszeit darf nicht zu kurz sein, da so nicht eingeschätzt werden kann, ob schon genug Nähe zwischen der Pflegefamilie und dem Kind entstanden ist. Die Zeit der Anbahnung darf allerdings auch nicht zu lange dauern, denn das könnte für das Kind bedeuten, dass es langsam nicht mehr daran glaubt, dass die Pflegeeltern es wirklich aufnehmen wollen oder es in einer Zeit der Verwirrung lebt: „Wo gehöre ich nun eigentlich hin?"

Mitte Juli war es endlich so weit, wir besuchten Kevin zum ersten Mal in seiner ihm damals vertrauten Umgebung bei seinen Bereitschaftspflegeeltern Gabi und Wolfram Kube. Diese hatten drei fast schon erwachsene Kinder, und Gabi stand seit gut einem Jahr als Bereitschaftspflegemutter zur Verfügung. Sie wollten bewusst kein Kind auf Dauer zu sich nehmen, aber standen als Übergangseltern gerne zur Verfügung. Die beiden waren uns von Anfang an sehr sympathisch, was die lange Zeit der Anbahnung sehr angenehm gestaltete. Es war geplant, dass wir für Kevin als Freunde der Familie kommen und ihn immer öfters besuchten. Und dass wir späterhin, wenn wir ihm vertraut wären, alleine Zeit mit ihm verbringen sollten. Anschließend sollte er unser und somit sein neues Zuhause kennenlernen, bevor er nach ein paar Wochen ganz zu uns übersiedeln sollte.

Gabi schrieb Tagebuch für Kevin, dieses bekamen wir übergeben, als er später bei uns lebte. Dort steht auch beschrieben, wie sie Kevin damals aus dem Krankenhaus abholten: „...Am Donnerstag bekamen wir einen Anruf vom Jugendamt, ob wir einen kleinen Jungen am nächsten Tag früh um 10 Uhr aus dem Kinderkrankenhaus abholen könnten. Die Aufregung war groß, als wir ins Zimmer kamen, lag er in seinem Bettchen und nuckelte an der Flasche und schaute uns mit seinen großen runden Augen an. Ein guter Duft kam hoch, er hatte seinen Kacker in die Windel gemacht. Wickeln ließ er sich nicht gerne, wir wissen das ja alle sehr gut. Seine leibliche Mutter war nicht anwesend. Eine Freundin von ihr war da und hatte einen Nikolaus gebracht. Dann kam der Opa und war sehr aufgebracht. Nachdem wir alles verstaut hatten, konnten wir die Heimfahrt antreten. Klein Kevin saß im Kindersitz und sah sich sehr interessiert um. Zuhause angekommen hat er auch erst genau schauen müssen. Zum Glück war Wolfram da, und er hat das kleine Würmchen viel die erste Zeit herumgetragen. Es hat doch öfter mal geweint und war traurig. Nach ein paar Tagen ging es dann besser. Beim Wickeln und Baden blieb er sehr, sehr unruhig. Er war sehr schlecht im Sitzen, ich denke, die leibliche Mutter hat ihn viel abgelegt..." Zu seinem ersten Geburtstag, gut einen Monat später, findet sich folgender Eintrag: „Zu seinem ersten Geburtstag sollten wir nachmittags in das Mutter-Kind-Heim fahren, zum Feiern. Dies war etwas chaotisch, erst wurde es abgesagt, dann sollten wir doch kommen. Als wir dort ankamen, Kevin war im Auto eingeschlafen, kam Valentina angestürmt, riss die Autotür auf und das Kind an sich. Es waren da die Oma, der Opa, die Uroma und ein Onkel, ebenso eine Freundin der Bauchmama und die Heimleiterin. Die Oma hatte einen Kuchen gebacken, dazu gab es Kaffee. Ziemlich unruhig ist das Ganze verlaufen. Er wurde von einem Arm auf den anderen gereicht. Die Nacht war unruhig und auch am nächsten Tag war Kevin ziemlich durcheinander..." Zu Besuchskontakten mit der leiblichen Mutter, die wöchentlich stattfanden, findet sich u.a. Folgendes: „Valentina macht viel Blödsinn mit ihm, schubst ihn von hinten beim Laufen und erschreckt ihn sehr... Der Besuchskontakt Mitte Mai an einem großen Brunnen verläuft sehr chaotisch, Kevin ist klitsch-nass geworden. Wir mussten frühzeitig nach Hause... Verstehe nicht, dass wir noch wöchentliche Besuchskontakte haben müssen..."

Beim ersten Besuch bei den Kubes und Kevin blieben wir den ganzen Nachmittag, spielten mit Kevin und sprachen mit den Bereitschaftspflegeeltern. Kevin war uns gegenüber sehr offen und saß schon bei uns auf dem Schoß. Auf dem Nachhauseweg waren wir richtig verliebt, verliebt in unseren zukünftigen Pflegesohn Kevin. Nach vier Tagen besuchten wir Kevin zum zweiten Mal. Wiederum war Kevin uns gegenüber sehr offen, spielte mit uns, ich durfte ihn füttern. Abends saß der Kleine bei Gabi auf dem Schoß und ließ sich ein Buch vorlesen, von uns hatte er scheinbar erstmal genug. Beim dritten Besuchskontakt nach drei Tagen machten wir zusammen mit der Bereitschaftspflegemutter einen kleinen Ausflug in den nahegelegenen Wald, mit Tieren und einem Waldspielplatz. Kevin hatte einen Puppenbuggy dabei, den er eifrigst vor sich herschob. Ich war erstaunt, wie schnell der Kleine damit laufen konnte. Zeitweise vergaß er in unserer Gesellschaft ganz seine Pflegemama, die sich etwas abseits hielt, und erst nach zehn Minuten lief er weinend zu ihr.

Beim fünften Besuch sind Patrick, Kevin und ich zum ersten Mal, ohne die Bereitschaftspflegemutter, zusammen zu einem nahegelegenen Spielplatz gegangen. Der Ausflug hat gut geklappt, wir hatten viel Spaß zusammen. Zurück bei der Familie Kube bekam Kevin noch sein Mittagessen und ich durfte ihn wickeln und war dabei, als er zum Mittagsschläfchen gebracht wurde.

Beim darauffolgenden Besuchskontakt bekam ich von dem kleinen Kerl einen Dämpfer versetzt. Wir kamen getrennt an und ich war als erste da und Kevin machte mir ohne Worte sehr deutlich, dass er auch Patrick erwartet hatte. Kevin nahm zuerst Gabi, anschließend mich an der Hand und ging mit uns zur Eingangstür und gab uns zu verstehen, dass noch wer fehlte. Das war das erste Mal, dass offenkundig wurde, dass er Patrick favorisiert. Ich würde ja schließlich seine dritte Mama werden, aber Patrick sein erster wirklicher Papa. Seinen leiblichen Vater kannte er nicht mehr, dieser hatte ihn zum letzten mal besucht, als er neun Monaten alt war, und der Bereitschaftspflegevater hatte zwar eine wichtige Rolle für Kevin eingenommen, aber es war ja von Anfang an klar, dass es nur ein Besuch auf Zeit bei den Kubes war. Bis Patrick kam, hat Kevin mit mir vorlieb genommen. Zu dritt haben wir einen Ausflug gemacht – mit Rädern in den Wald. Das war sehr schön, bis zu dem Zeitpunkt, als Kevin einen großen Stinker in die Windel gemacht hatte und wir ihn hätten wickeln müssen. Er hat so laut geschrien und seinen Protest bekundet, dass wir das bisschen Vertrauen, dass er mittlerweile in uns hatte, nicht aufs Spiel setzen wollten. Wir fuhren zur Bereitschaftspflegefamilie zurück, aber auch Gabi konnte ihn nur unter lautem Geschrei und Gekratze wickeln. Das Wickeln war zu dem Zeitpunkt meistens eine heikle Angelegenheit, mit viel Gebrüll.

Der nächste Besuchskontakt fand endlich bei uns zu Hause statt. Kevin schaute sich neugierig nach und nach das Wohnzimmer an und nahm die Spielsachen, die ich für ihn hingelegt hatte, in Augenschein. Nach einer Weile ist der Kleine mit uns in sein neues Zimmer gegangen. Dort hat er den für ihn besorgten Puppenbuggy entdeckt und fuhr anschließend fast pausenlos damit herum. Wir spielten zu dritt eine Weile im Kinderzimmer mit einer Kugelbahn, bis eine Kugel in Richtung Schlafzimmer rollte. Dorthin sind wir nachgekrabbelt und ich habe Kevin erzählt, dass wir Eltern da schlafen würden und dass wir ihn in seinem Zimmer weinen hören würden, wenn er nachts aufwachen würde. Kevin hörte mir ganz aufmerksam und ernsthaft zu und schien ein bisschen verunsichert zu sein.

Kevin hatte zu der Zeit drei Mamas: eine von früher, seine leibliche Mama, die er noch wöchentlich im Jugendamt sah, eine Gastmama, bei der er momentan lebte, und eine Noch-nicht-Mama, nämlich mich. Manchmal hätte ich gerne seine Gedanken gelesen, was er von seinen drei „Mamas" so dachte...

Bei einem weiteren Besuchskontakt bei den Kubes waren wir draußen in deren Garten. Kevin bekam eine Badewanne hingestellt, es war Hochsommer, und er planschte vergnügt. Ich durfte ihm beim Ein- und Aussteigen helfen und habe ihn auch gefüttert. Gabi ging abends weg und sagte zu Kevin, er solle ihr einen Gute-Nacht-Kuss geben. Sofort lief er auf mich zu und küsste mich auf dem Mund. Und gleich darauf Patrick. Kevin hatte Gabi falsch verstanden und gemeint, wir würden gehen. Zuerst hat er, nachdem Gabi gegangen war, kurz protestiert und danach zufrieden weitergespielt. Wir haben das Kerlchen hochgetragen und gebadet. Das gehörte bei den Kubes zum Abendritual. Anschließend ließ sich der Kleine nur unter lautem Protest wickeln. Das geplante zu Bett Bringen hat leider nicht geklappt, auch nicht bei Wolfram. Normalerweise brachte Gabi den Jungen ins Bett. Wir sind gegen 20 Uhr nach Hause gefahren. Kevin war noch hellwach.

Beim zweiten Mal, als Kevin uns zu Hause besuchen kam, ging er recht forschen Schrittes in die Wohnung. Er kannte sich schon aus und fühlte sich offensichtlich wohl. Wir drei spielten eine ganze Weile in Kevins zukünftigem Zimmer, während Gabi im Wohnzimmer blieb. Wir hatten viel Spaß dabei. Dieses Mal ging er mit uns raus. Wir wohnten damals noch in der Wohnsiedlung mit mehreren kleinen und einem großen Kinderspielplatz, auf denen ich schon mit Sam gewesen war. Diese galt es nach und nach für Kevin zu erobern. Als wir gut eine halbe Stunde später zurück zu Gabi sind, hat sich Kevin kaum um sie gekümmert, ganz im Gegensatz zum ersten Mal, als wir alleine mit dem Jungen unterwegs waren.

Die Kubes hatten einen achttägigen Urlaub an der Ostsee geplant. Dieser fiel in die Anbahnungszeit, was natürlich etwas ungünstig war. Für diese Zeit hatten wir für Kevin ein kleines Fotoalbum vorbereitet. Darin waren Fotos von jedem Zimmer in unserer Wohnung jeweils mit Patrick oder mir. Auf dem Wickeltisch wurde z.B. von Patrick gerade ein großer Stofftiertiger gewickelt. Und zwei Fotos waren eingesteckt, die wir schon hatten, von Kevin mit jeweils einem von uns. Dieses Fotoalbum nahmen die Kubes mit auf die Reise, damit Kevin seine neue Mama und seinen neuen Papa immer sehen konnte. Er ließ sich das Album während seiner Urlaubszeit oftmals zeigen. Zuhause im Wohnzimmer hatten die Kubes hinter einer Glasvitrine ziemlich von Beginn unserer Anbahnung an ein Foto von Patrick und mir aufgestellt. Das konnte sich der kleine Kerl in dieser für ihn aufregenden Zeit immer wieder anschauen.

Beim ersten Besuch in B. nach dem Urlaub war Kevin gleich sehr offen und freundlich mit uns. Scheinbar hatten die knapp zehn Tage Pause keinen wirklichen Einfluss auf unsere Anbahnung. Wir sind zusammen auf einen Spielplatz gegangen und spielten toll miteinander. Kevin traute sich dieses Mal sogar, durch eine Röhre zu krabbeln. Nach eineinhalb Stunden kehrten wir zurück, denn Kevin machte einen müden Eindruck. Patrick durfte den Kleinen mit dem Gartenschlauch der Kubes abspritzen, was beiden einen Heidenspaß bereitete. Dann standen Kevin und ich eine ganze Weile am Gartenteich, warfen kleine Steinchen rein und machten laut „blubb“. Abends fuhren Patrick und ich wieder nach Hause. Wir bekamen beide einen Abschiedskuss. Wir freuten uns auf dem langen Nachhauseweg schon auf die Zeit, wenn Kevin ganz bei uns leben würde. Denn die Hin- und Herfahrerei und die ganze Situation empfanden wir doch als recht anstrengend. Wobei für den kleinen Kerl, um den es hauptsächlich ging, diese Zeit wohl am anstrengendsten war.

Am kommenden Wochenende kamen Gabi und Wolfram beide zu uns und Kevin spazierte dabei fröhlich in unsere Wohnung. Wir hatten einen neuen Buggy für den kleinen Mann gekauft, er setzte sich neugierig hinein. Nur die Liegeposition war tabu. Nach knapp einer Stunde sind Gabi und Wolfram zum Einkaufen weggegangen. Richtig begriffen hat das Kevin erst an der Eingangstür, durch die die beiden Bereitschaftspflegeeltern verschwunden waren. Das Geschrei war ganz laut und herzzerreißend. Mit einer Handvoll Salzstangen konnten wir den kleinen Mann ablenken und nach zwei Minuten hatte sich Kevin beruhigt. Noch zweimal ist Kevin an dem Vormittag weinerlich zur Haustüre gelaufen und wir erklärten ihm immer, dass die beiden bald wiederkämen. Das Klingeln der Kubes überhörte er, so intensiv war er in sein Spiel versunken. Als Kevin die beiden sah, freute er sich und spielte fröhlich weiter. In der Zeit, als die beiden weg waren, war das Spiel von Kevin weniger fröhlich und rastloser gewesen. Nach einer Weile hatte der kleine Mann genug von diesem Besuch und holte demonstrativ seine Schuhe. Im Auto winkte uns der Kleine ganz müde und lieb zu. Gabi erzählte uns, dass Kevin auf den Besuch bei uns alleine sehr heftig reagiert hätte. Er hätte wohl viel geträumt, sei öfters aufgewacht und hätte erzählt. Er wusste wohl schon ziemlich genau, dass eine große Veränderung in seinem Leben bevorstand.

Es folgte nach gut fünf Wochen Anbahnungszeit der Tag, an dem wir Kevin zum ersten Mal mit dem Auto abholten und zu uns nach Hause fuhren. Es gibt hiervon ein Foto, wo Kevin mit großen, aufgeregten Augen im Kindersitz auf der Rückbank sitzt. Zuhause gab es Nudeln mit Soße, unser erstes gemeinsames Mittagessen. Wir sind anschließend raus auf den Spielplatz,und abends holte ihn Gabi wieder ab.

Zwei Tage später holte ich den Kleinen alleine per Auto ab. Auf der Autofahrt war Kevin sehr ruhig, er mampfte eine Brezel, trank etwas und abwechselnd sprachen wir das „oh-oh“ wie bei den Teletubbies. Das machte uns beiden viel Spaß. Wir gingen zusammen zum Spielplatz, Kevin nahm den Puppenbuggy mit, den er so gerne vor sich herschob. Als Patrick später dazukam, freute sich Kevin sehr. Gabi holte ihn abends ab, und hierbei hatten wir ihn alle drei abwechselnd auf dem Arm. Ich war zu dem Zeitpunkt richtig verliebt in Kevin.

Gabi gab uns von nun an bei jedem Besuch etwas von Kevin mit, eines seiner Spielzeuge, seiner Kuscheltiere oder seiner Kleidungsstücke. So siedelte ein Teil von Kevins Sachen schon nach und nach um.

Zwei Tage später holte ich Kevin wieder zu uns nach Hause. Dieses Mal hatte uns Gabi den Stoffmond (Kevins bis zum heutigen Tag wichtigstes und liebstes Kuscheltier) und einen blauen Bären mitgegeben. Den warf ich gleich in Kevins neues Gitterbett in seinem Zimmer bei uns. Protestierend holte er sofort beide wieder raus. Patrick kam und wir fuhren zu dritt zu einem nahegelegenen Bach und machten ein Picknick. Kevin planschte im Wasser. Als ihm zu Hause das Abschnallen vom Rad nicht schnell genug ging, schrie das Kerlchen lauthals los. Er trabte alleine zur Haustür und wartete auf uns. Oben in der Wohnung zeigten wir Kevin wieder seine Stofftiere. Zuerst zog er sie gleich wieder aus dem Gitterbett heraus, warf sie aber beide wieder in das Bettchen hinein.

So ging es ein paar Tage. Ich holte Kevin gleich frühmorgens oder nach dem Mittagsschläfchen ab, fuhr mit ihm zu unserer Wohnung und Gabi holte ihn wieder ab. Zum Teil verliefen die Treffen sehr harmonisch, aber es gab auch damals schon viel Gebrüll und Protest, wenn dem kleinen Kerl etwas nicht passte. Es war gar nicht so einfach für uns, einerseits seine Sympathie zu gewinnen und ihm andererseits auch Grenzen zu setzen. Ihm zu zeigen, dass sein Geschrei nicht dazu führte, dass er das bekam, was er gerade haben oder tun wollte.

Am Tag, an dem Kevin das erste Mal bei uns ein Mittagsschläfchen machen sollte, holten Patrick und ich ihn morgens gemeinsam in B. ab. Zu Hause angekommen zeigte er uns, da er nur ein paar Worte sprach, nach einiger Zeit, was er wollte: Er schob den Puppenbuggy vor die Eingangstür, sprich, er wollte spazieren fahren. Das taten wir trotz Nieselregens auch. Nach dem Mittagessen brachte ich den kleinen Mann zum Mittagsschläfchen ins Bett. Zuerst weinte er ganz furchtbar und rief „Ama". Das war seine Bezeichnung für Gabi. Er wollte den Mond und das Stofftier rauswerfen und schien recht verzweifelt zu sein. Ich streichelte ihn durch die Gitterstäbe, und er konnte das nach einer Weile genießen. Ich erzählte ihm mit positiven Worten und engelsgleicher Stimme, was die Zukunft für uns drei bringen würde, er döste bald ein. Ich selbst war am Weinen, aus Mitgefühl und wegen meiner eigenen Anspannung. Beim Aufwachen schrie Kevin laut los. Ich rannte schnell hin, spielte mit den Kuscheltieren mit ihm und sang ihm etwas vor. Wir fuhren in die Stadt und kauften dem Kleinen neue Schuhe. Das hat er geduldig über sich ergehen lassen. Aber als wir wieder nach Hause fahren wollten, ist er ausgerastet, als wir an einer roten Ampel warten mussten. Er schrie rum, bäumte sich wild auf Patricks Arm auf und riss Patrick die Brille vom Gesicht. Kevin ließ sich schier nicht beruhigen. Solche Ausraster gab es häufig.

Ein paar Tage später, als ich den kleinen Mann abholte, sagte seine damalige Pflegemama, er hätte mich schon ungeduldig erwartet. Den Vormittag verbrachte ich mit ihm auf dem Spielplatz. Nach dem Mittagessen ging es darum, wieder ein Mittagsschläfchen bei uns zu machen. Kevin weinte sehr, ließ sich durch Spielen zwar ablenken, trösten durfte ich ihn allerdings nicht. Und sobald ich andeutete, dass Schlafenszeit sei, weinte der kleine Kerl wieder los. Schlussendlich setzte ich Kevin in seinen Buggy und fuhr mit ihm spazieren. Aber statt zu schlafen, schaute er sich alles neugierig an. Ich wurde zunehmend ratlos, bis ich einen guten Einfall bekam: Ich gurtete den Kleinen an und joggte nach einer Weile los. Keine Minute später schlief er. Zuhause legte ich ihn sachte ins Bett. Er wachte nach knapp einer Stunde wieder auf, ließ sich streichelnderweise trösten und schlief nochmals ein. Immerhin. Beim nächsten Mittagsschläfchenversuch klappte es, wenn auch mit Weinen, vom Anfang an im Kinderbett.

Ich hatte so das Gefühl, dass es Kevin in dieser Zeit am meisten genießen konnte, wenn beide Pflegemamas zusammen waren und mindestens eine mit ihm spielte. Beim nächsten Kontakt, als ich Kevin abholte, erwartete er mich wiederum sehnsüchtig. Als ich da war, konnte es dem kleinen Mann nicht schnell genug gehen, dass wir zu uns nach Hause fuhren. Als Gabi abends kam, wurde sie wiederum kaum beachtet. Kevin fiel plötzlich hin, und ich durfte ihn trotz Gabis Anwesenheit trösten. Das war das erste Mal in dieser Konstellation. Als dem Jungen auffiel, dass Gabi auch da war, ging er zu ihr hin, aber mehr zum Kontaktaufnehmen als zum Tröstenlassen. Es erschien uns langsam so, dass Kevin schon etwas verwirrt war wegen dem ganzen Hin und Her und dass er gar nicht mehr so genau wusste, wohin er nun gehöre. Mittlerweile nannte er mich auch „Ama“, wie Gabi. Wobei, wenn er weinte, wenn Gabi ihn brachte und ging, war mir klar, dass er sie meinte. Wenn wir aber auf dem Spielplatz waren und ich ihm z.B. beim Rutschen helfen sollte, war eindeutig ich mit „Ama“ gemeint.

Kevin zieht endlich zu uns

Wir hatten uns einen Termin ausgesucht, an dem Kevin zu uns übersiedeln sollte, wenn wir bis dahin alle das Gefühl hätten, es stimmt so. Davor war er ca. zehn Tage lang täglich bei uns, meistens ganztags mit Mittagsschläfchen. Es gab dabei einen Tag Pause für ihn und zweimal kam er nur halbtags. Die meisten Stunden dieser intensiveren Anbahnungszeit verbrachte ich alleine mit ihm, Patrick kam abends nach der Arbeit, so früh es ging, nach Hause. Dann aber wurde Kevin bald abgeholt bzw. wir fuhren ihn heim.

Übersiedlung - das Kind zieht zu den Pflegeeltern

Für das Pflegekind bedeutet die Übersiedlung zu den neuen Eltern (seinen Pflegeeltern) einen Bruch. Es ist somit wichtig für das Kind, dass die bisher zuständigen Erwachsenen, seien dies Bereitschaftspflegeeltern oder eine Betreuerin aus dem Heim, es begleiten können. Für das Kind bedeutet dies ein Signal, dass die bisher zuständigen Erwachsenen mit der veränderten Lebenssituation einverstanden sind und den Umzug gut finden.

Der Bruch im Leben des Kindes kann gemindert werden, wenn:

- dem Kind Vertrautes mitgegeben wird (seine Kuscheltiere, Spielzeug, Kleidung etc.),
- die bekannten Rituale weitgehend übernommen werden (Ins-Bett-geh-Ritual, Essensritual etc.),
- die neuen Eltern um die Ängste des Kindes wissen und
- Personen, die das Kind in dieser Phase seines Lebens begleitet haben, auch noch nach der Übersiedlung präsent sind (Besuche im Heim, bei den Bereitschaftspflegeeltern etc.).

Schließlich, nach knapp sieben Wochen Anbahnungszeit und über 20 Treffen, kam der große Tag, an dem Kevin, damals zwanzig Monate alt, „für immer zu uns gebracht wurde“, wie ich es ihm öfters schildere und es für ihn auf einem Foto festgehalten ist. Gabi erzählte uns im Nachhinein, dass er beim letzten gemeinsamen Frühstück schon etwas verstanden und gespürt hätte. Sie hätte selbst etwas weinen müssen. Als die Bereitschaftspflegeeltern nach knapp einer Stunde gingen, weinte der Kleine kurz und heftig. Er ließ sich aber gleich ablenken. Das Mittagsschläfchen klappte richtig gut. Wir verbrachten den restlichen Tag vor allem draußen, am Fluss, auf einem Fest und auf einem ihm bekannten Spielplatz. Nach dem ersten gemeinsamen Abendessen wollten wir Kevin baden. Das entsprach seinem gewohnten Gute-Nacht-ritual und das wollten wir vorerst für ihn beibehalten.

Aber dem Kleinen wurde da wohl schlagartig klar, was das zu bedeuten hatte, und er protestierte heftigst. So wurde er nur kurz abgewaschen. Das Zubettbringen war folglich nicht friedvoll. Die Milch verweigerte der Kleine, er weinte lautstark und recht verzweifelt. Er schlief insgesamt sehr unruhig und war zwei Stunden mehr wach als schlafend. Patrick und ich wechselten uns an seinem Bettchen ab. Morgens wollte Kevin wiederum keine Milch, aber die Welt schien für ihn in Ordnung zu sein. Den ersten ganzen Tag mit Kevin, „für immer bei uns“, verbrachte ich vormittags alleine mit ihm. Patrick nahm an einem im Vorfeld lange geplanten Triathlon teil. Wir sind trotz Regenwetter draußen spazieren gewesen. Beim Mittagsschläfchen schlief Kevin friedlich ein. Immerhin. Nachmittags machten wir zu dritt einen großen Spaziergang zu unserem Gartengrundstück. Bei jeder Pfütze fragte Kevin Patrick begeistert: „Aasser?“, was so viel hieß wie: „Darf ich durch die Pfütze patschen?“

Die zweite Nacht verlief besser, leider endete sie um 5.30 Uhr. Ich schlief bei Kevin im Zimmer. An diesem Tag hatten wir schon Besuchskontakt mit seiner leiblichen Mutter. Ich hatte im Vorfeld viel gegrübelt, ob dieser Termin für Kevin gut oder schlecht sei. Zum einen war er nun gerade mal zwei Tage bei uns, und um ganz bei uns anzukommen, hätte ihm Ruhe vor seinen zwei anderen Mamas sicherlich gut getan. Andererseits wusste er so, dass er seine leibliche Mama weiterhin sehen durfte, auch wenn er jetzt bei uns lebte. Schließlich dachte ich, wir nehmen den Termin wahr. Zu dem Zeitpunkt kannten wir seine leibliche Mutter noch nicht persönlich.

Ich weiß von anderen Pflegefamilien, die zu anderen Jugendämtern gehören, dass die Übersiedlung eines Kindes mit einer längeren, oft mehre Monate andauernden, Aussetzung der Besuchskontakte zu den leiblichen Eltern einhergeht. Dies, um das Kind vor zuviel Aufregung zu schützen und es erstmal ganz langsam und behutsam in seinem neuen Zuhause ankommen zu lassen. Hierzu gibt es verschiedene Meinungen unter den Experten. Es kommt sicherlich, wie so oft, auf den Einzelfall an.

Den Besuchskontakten mit Kevins leiblicher Mutter und seinem Opa mütterlicherseits widme ich weiter hinten ein ganzes Kapitel. Ich will hier nur den ersten kurz beschreiben, weil er so früh stattfand und Kevin seine Übersiedlung zu uns sicherlich nicht einfacher erleben ließ. Kevins leiblicher Opa, der bei den betreuten Besuchskontakten immer zugegen war, hatte Arbeit gefunden und war leider nicht gekommen. Seine Bauchmama kam ein paar Minuten nach uns. Zuerst stand Kevin schüchtern bei mir und hielt sich an meinem Bein fest, als Valentina kurz nach 10 Uhr in das Zimmer im Jugendamt kam. Der Termin verlief ganz gut, und Valentina begleitete uns anschließend bis zum Bahnhof. Dabei stellte sie meinem Mann und mir die Frage, ob wir eigene Kinder hätten? Und ob wir keine bekommen könnten? Ich verneinte beides und erzählte kurz, dass wir schon mehrere Pflegekinder vor Kevin gehabt hätten. Sie sagte, dass sie fünf Kinder haben wolle. Kevin sei ihr weggenommen worden, weil sie noch keine 18 Jahre gewesen wäre.[13] Am Bahnhof war Kevin wiederum sehr verwirrt, als wir uns von Valentina-Mama verabschiedeten. Er winkte ihr erst, als sie schon fast außer Sichtweite war. Im Zug zurück schlief der müde kleine Mann bei Patrick auf dem Schoß ein – er war ja schon seit Langem wach. Insgesamt schlief er drei Stunden. Nachmittags, wir waren in unserem Garten, war Kevin sehr gereizt. Gegen Abend besserte sich seine Laune.

Am dritten Abend ist Kevin ohne Komplikationen in sein Bett gegangen. Er schlief wiederum nur bis 5.30. Das war ganz schön hart für uns, die wir ja ansonsten so bis 6.30 oder 7 Uhr schliefen.

Am fünften Tag, nachdem Kevin zu uns übergesiedelt war, bekamen wir Besuch von seiner Bereitschaftspflegemama. Kevin ist sofort auf sie zugegangen und hat ihr Verschiedenes gezeigt. Gabi hat ihm nochmals gesagt, dass er jetzt für immer bei uns bleiben dürfe. Wir sind zusammen mit Gabi auf den Spielplatz gegangen. Kevin spielte vor allem mit meinem Mann, sodass ich Gabi von den ersten fünf Tagen hier mit uns berichten konnte. Als Gabi sich vor dem Spielplatz verabschiedete und gegangen war, weinte Kevin herzzerreißend, ganz lange und ganz intensiv. Der kleine Kerl war kaum zu trösten und zu beruhigen. Wir sind zu unserer Haustüre, und da hat Kevin lange Zeit Gabi, die schon weggefahren war, ins Leere nachgewunken.

---

[13] Dies stimmte so nicht und laut ihres eigenen ehemaligen Vormunds wusste sie das auch besser. Es war eine Schutzbehauptung.

Über diesen emotionalen Ausbruch waren wir sehr geschockt. Wir hatten mit so einer heftigen Reaktion nicht gerechnet. Wir besprachen das im Nachhinein telefonisch mit Gabi und waren uns plötzlich unsicher, ob wir mit der Übersiedlung nicht noch hätten ein paar Tage warten sollen. Andererseits hatten wir den Eindruck, dass Kevin ob des Hin und Hers schon sehr verwirrt war und wir daher die Umsiedlung machen mussten, damit er wusste, dass er nun zu uns gehört. Mit dem nächsten Kontakt mit der Bereitschaftspflegemutter warteten wir eine gute Woche, der Abschied verlief besser.

Nachdem Kevin gut sechs Wochen bei uns lebte, kam uns die frühere Pflegemama mit ihrem damaligen dritten Pflegekind, einem sechsjährigen Jungen, besuchen. Die beiden Jungs verstanden sich ganz gut und tobten in der Wohnung herum. Als Gabi wieder fuhr, winkte Kevin ihr nach, weinte diesmal nicht mehr. Wir atmeten erleichtert auf, Kevin war ganz bei uns angekommen und wir waren für ihn jetzt seine (emotionalen) Eltern. Nachts allerdings bekam er einen langen und heftigen Hustenanfall. Als Kevin gut elf Wochen bei uns lebte, statteten wir einen Gegenbesuch bei Gabi und Wolfram ab, also in Kevins früherem Zuhause. Er schien es wiederzuerkennen und ging direkt auf die Terrassentür zu. Er liebte es, draußen im Garten zu sein. Als wir wieder gingen, schien er kurzfristig verwirrt zu sein und ein bisschen traurig. Danach suchte er mehr Nähe zu mir, was mich sehr freute.

Die ersten Monate und der Alltag mit Kevin

In der Literatur findet sich immer der Hinweis, dass, wenn das Pflegekind neu bei seinen Pflegeeltern angekommen ist, es eine Phase der Orientierung gibt. Das ist die Überanpassungsphase, in der sich das Kind hauptsächlich von seiner guten Seite zeigt. Das Gefühl der Unsicherheit bringt das Kind dazu, sich in der neuen Familie sehr stark anzupassen. Und nach ein paar Wochen oder Monaten käme eine Phase von Konflikten, die Übertragungsphase. Die Annäherung an die Pflegeeltern führt beim Kind dazu, dass es sich seinen früheren Erfahrungen, Traumatisierungen, Ängsten und Aggressionen wieder annähern kann. Es kann sie wieder zulassen. Das Pflegekind beginnt, die Situation in der Pflegefamilie durch die Brille seiner alten Erfahrungen in der Herkunftsfamilie zu sehen. Die Pflegeeltern werden in der Rolle dieser gesehen und das Kind inszeniert seine alten Erfahrungen an den Pflegeeltern neu. Die Pflegeeltern werden mit den Herkunftseltern verwechselt. Es überträgt die Gefühle, Erfahrungen, Verletzungen, die es durch seine Herkunftseltern erlebt hat, auf die Pflegeeltern. Das Wesentliche und das Schwerste an der notwendigen Reaktion der Pflegeeltern auf das Verhalten des Kindes ist, dass sich die Pflegeeltern nicht persönlich angegriffen und beleidigt fühlen. Das Kind meint in seinen Inszenierungen seine ersten Eltern. Diese Konfliktphase ist ein wichtiger Fortschritt des Pflegekindes in der Beziehung zu den Pflegeeltern. Das Kind testet jetzt seine neuen Eltern aus: Darf ich auch dort bleiben, wenn ich mich ganz schlimm verhalte? Ulrike Linnenbrink beschreibt diese Phasen mit ihrem fünfjährigen Pflegesohn Stephan in ihrem Buch „Pflegekind Stephan – Geschichte eines steinigen Weges" sehr anschaulich und ausführlich.

Ich habe diese Phasen so chronologisch bei Kevin nicht feststellen können. Ich hatte eher das Gefühl, mich von Anfang an im „Austeststadium" zu befinden. Von einer Überanpassung war nichts zu merken. Vielleicht lief das in der Zeit der Anbahnung ab, Kevin war in dieser Zeit jedenfalls „pflegeleichter". Was ich allerdings deutlich zu spüren bekommen habe, waren Projektionen auf mich, die seiner leiblichen Mutter Valentina galten. Genauso deutlich hatte die Bereitschaftspflegemutter dies vorher zu spüren bekommen. Sie schrieb hierzu: „... Kevin ist sehr verschmust und schlägt aber oft mitten ins Gesicht. Überhaupt die „Ama", ich bin oft verkratzt im Gesicht...". Sie führte dies auf Valentinas übergriffige Art in Bezug auf Kevin zurück. Diese nahm gerne ihren Kleinen und knutschte ihn ab, egal, ob Kevin gerade mitten im Spiel war und dies wollte oder nicht. Zu der Zeit, als er noch bei ihr lebte, konnte er sich auf sie nicht verlassen. Laut Aussagen seines Vormunds hat Valentina entweder auf sein Weinen mit Liebe und Trösten reagiert, ein anderes mal ließ sie ihn links liegen und beschimpfte ihn noch lauthals. Je nachdem in welch einer Verfassung sie sich selbst gerade befand. Sie war daher für ihn nicht berechenbar und seine Bedürfnisse wurden mal gestillt, mal nicht.

Ich schreibe für meine Kinder Tagebuch, damit sie später einmal, wenn sie wollen, nachlesen können, wie es in der ersten Zeit für sie bei uns war. Ich greife an dieser Stelle etwas vor: Seit Kevin gute vier Jahre bei uns lebte, fing ich behutsam an, ihm aus seinem Tagebuch vorzulesen. Teilweise schauen wir parallel dazu passende Fotos aus seinem Fotoalbum an. Und letztens fragte ich ihn, welche Gute-Nacht-Geschichte er vorgelesen haben wolle und er wollte wieder einmal etwas aus seinem Tagebuch. Das sei das schönste Buch, das er habe, sagte er.

Als Kevin gut eine Woche bei uns war, schrieb ich Folgendes: „Am 13.9. war nicht dein Tag. Schon beim Aufstehen haben wir scheinbar alles falsch gemacht. Du bist bei der kleinsten Kleinigkeit ausgerastet. Vormittags sind wir einkaufen gefahren. Patrick wollte mit dir schon alleine zum Spielplatz, aber da hast du schon wieder losgebrüllt, bist aus dem Buggy gestiegen und dann zweimal beim Laufen hingefallen, und das gab ein Riesengeschrei. Beim Spielplatz warst du auch sehr unleidlich. Und zu Hause gab es noch die falschen Nudeln. Beim Wickeln und Zubettbringen für das Mittagsschläfchen hast du wieder gemeckert... Direkt beim Aufstehen ging es weiter, wir sind recht zügig mit dir „Dada“ gegangen. Zuerst mit Patrick auf den Spielplatz, dort hast du wohl viel deiner Wut losgelassen, indem du Steine geschmissen hast. ...Beim Abendessen bist du nochmals völlig ausgerastet, du hast den Teller weggeworfen, die Tasse umgeschmissen und dich brüllend nach hinten geworfen. Ich nahm dich aus dem Kinderstuhl heraus, und du hast dich heulend auf den Boden geworfen. Wir wollten dich auf den Arm nehmen und trösten, das hast du nicht zugelassen. Du hast wild um dich gehauen, getobt, geweint, geschrien. Wir hielten dich ganz fest. Von einem Moment auf den anderen war's vorbei und du hast dich mit Spielen abgelenkt. Die Trennung von den Kubes hat dir sehr zugesetzt, verständlicherweise, und erst jetzt und so nach und nach lässt du scheinbar deine Verzweiflung, Wut und Trauer über diesen Abschied raus. Wir versuchen, so gut es geht, dich zu halten und zu unterstützen.“

In den ersten Wochen bei uns wachte Kevin nachts öfter auf, scheinbar von Albträumen geplagt, und war völlig hysterisch. Er warf sich schreiend im Bett hin und her, fuchtelte ganz wild mit den Armen herum und steigerte sich in seinen Schmerz, seine Wut und Verzweiflung hinein, schrie, tobte. Er war sozusagen „außer sich“, nur noch Gefühl, nicht mehr ansprechbar. Nur sehr schwer war er aus diesem Zustand wieder zu beruhigen. Es half ihm, wenn einer von uns bei ihm war, ihn streichelte (wenn er es gerade zuließ) und ihm vorsang, stundenlang, meistens „LaLeLu“. Ich habe für Kevin eine zweite Strophe gedichtet: „LaLeLu, Kevin, mach die Augen zu. Und dann geh ins Land der Träume. Schlaf, Kevin, schlaf.“

Kevin ins Bett zu bringen wurde nach einer Weile ziemlich anstrengend. Es dauerte oft eine Stunde, bis er eingeschlafen war. In dieser Stunde blieb einer von uns Eltern bei ihm im Zimmer. Das hieß, derjenige sang ihm etwas vor und streichelte ihn. Kevin versuchte immer das Kommando zu übernehmen: Kurze Zeit durfte ich ihn streicheln und die Hand musste z.B. auf seinem Kopf liegen. Plötzlich wurde die Hand energisch durch das Gitterbett weggestoßen. Kurze Zeit später schrie er, bis eine Hand wieder durch die Gitterstäbe kam und er damit spielen oder sie festhalten konnte. Das ging einige Zeit so. Ich machte das ein paar Wochen mit und später legte ich mich nach dem Gute-Nachtritual soweit von seinem Bett weg, dass er dieses Hand-rein-Hand-raus-Spielchen nicht mehr mit mir machen konnte.

Da wir wussten, dass wir ein paar Monate später umziehen würden und das für Kevin nochmals ein ziemlicher Umbruch sein würde, bekam er ziemlich lange Schonfrist, bis wir ihn daran gewöhnten, dass er alleine einschlafen konnte. Bei den Bereitschaftspflegeeltern war das meist so gewesen. Bei den Mittagsschläfchen habe ich schon früher begonnen, ihn alleine einschlafen zu lassen. Zuerst gab es ein kurzes Ritual, ich sang ein paar Lieder vor und danach spielte er manchmal noch eine ganze Weile alleine mit seinen Tieren, sichtlich zufrieden.

Wasser und Baden waren sehr heikle Themen. Kevin hatte, wie bereits kurz berichtet, bei dem Zubettgehritual, als wir ihn am ersten Abend baden wollten, gemerkt, dass er nicht von den Kubes abgeholt werden würde, schrie los und ließ sich nicht baden. Dieses Problem, dass wir ihn nicht baden konnten, sollte ganze zehn Wochen dauern. Wir wuschen ihn per Waschlappen und versuchten immer mal wieder, ihm das Baden wieder schmackhaft zu machen. Kevin geriet allerdings immer völlig außer sich, und wir beließen es bei dem Versuch. Wir versuchten es auf alle erdenkliche Weise, in allen Zimmern der Wohnung stellten wir die Babybadewanne auf. Es war nichts zu machen. Ich näherte Kevin schließlich dem Element Wasser, indem ich das Waschbecken mit Wasser füllte und ihn dort drin badete. Eigentlich war er mit seinen knapp zwei Jahren hierfür schon zu groß. Dennoch war ich selig, als ich ihn das erste Mal so baden konnte.

Als Kevin zehn Wochen bei uns lebte, konnten wir ihn endlich in der Wanne baden. Ich ließ damals wie schon üblich Wasser in das Waschbecken laufen, aber Kevin wollte partout nicht. Ich ließ schnell Wasser in die Babybadewanne, und zuerst stand er nur drin. Vorsichtig kniete er sich nach einer Weile hin, um nach dem Badeentchen zu greifen. Nach einer Weile rutschte ihm ein Bein weg und Kevin war endlich in der Wanne. Und als ich nach einer halben Stunde das Wasser ablaufen ließ, gefiel ihm das überhaupt nicht.

Kevin ließ sich in der Anfangszeit von uns selten trösten. Ich kann mich an einen Vorfall im Zoo erinnern, da fiel er hin und weinte laut. Ich wollte ihn trösten, wurde aber abgewiesen, und er rannte weg von mir. Dabei fiel er unglücklicherweise erneut hin und schrie wieder los, ließ sich aber wiederum nicht trösten. Vor Wut riss er Gras raus und warf damit um sich, bevor er ein drittes Mal hinfiel. Ich kam mir immer sehr hilflos vor, wenn Kevin sich wehgetan hatte, partout keinen Trost annehmen konnte, aber dennoch laut weinte.

Wo es Kevin fast immer gut gefiel, war unser Gartengrundstück. Ab und zu kam eine Katze vorbei, die er gerne beobachtete. Er half fleißig mit bei der Gartenarbeit: abgemähtes Gras in die Schubkarre leeren, leider manchmal auch wieder aus der Schubkarre heraus. Und wenn wir Besuch im Garten bekamen, war es immer recht erholsam. Professor August Huber von der Pflegeelternschule Baden-Württemberg[14] erzählt in seinen Vorträgen immer wieder, wie wichtig es sei, dass gerade Pflegekinder viel Zeit draußen in der Natur verbringen würden, dass das für sie schon ein Stück Heilung wäre und dass sie gar nicht genug Zeit mit Schlamm und Matsch verbringen könnten. Wir sprechen nun immer von: „Heute wurde Kevin mal wieder richtig gut „gehubert“, wenn wir lange mit ihm im Wald oder draußen waren.

Es gibt ein Buch von Jirina Prekop: „Hättest du mich festgehalten.“ Dort werden die Grundlagen und Anwendungen der umstrittenen Festhalte-Therapie beschrieben. Da ich viel auf Fortbildungen für Adoptiv- und Pflegeeltern und im Austausch mit anderen Pflegeeltern war, wusste ich davon. Dr. phil. Jirina Prekop sagte über die Festhaltetherapie: „Unter der festen Umarmung entsteht für zwei nah verbundene Menschen (Paar, Eltern und Kind) die Chance, einen sprachlich nicht zu bewältigenden Konflikt von Antlitz zu Antlitz gegenseitig auszudrücken, sich ineinander einzufühlen und die bedingungslose Liebe zu erneuern, bis jeder von den beiden sich frei fühlt. Diese Lebensform lernt schöpfungsbedingt jedes Kind in der noch naturgebundenen Gesellschaft, indem es bis zu 2-3 Jahre im mütterlichen Arme festgehalten wird. In der technokratischen Zivilisation hat sich der Mensch dieser natürlichen Lebensform entfremdet. Auf dem therapeutischen Weg bietet sich ihm die Chance, auf ähnliche Weise in den Genuss der bedingungslosen Liebe zu sich selbst und zum Nächsten zu kommen.“

Ich hatte dieses Buch seit längerem im Regal stehen, war bisher nicht dazu gekommen, es zu lesen. Nachdem Kevin knapp einen Monat bei uns war, war es allerdings soweit, wir mussten ihn festhalten – einfach so aus dem Bauch heraus taten wir es. Er war wieder einmal völlig ausgerastet, vollkommen außer sich, ein Häufchen Elend. Ich sagte zu Patrick: „Halt ihn mal“ und meinte damit nur, dass er ihn mal auf den Arm nehmen sollte. Patrick verstand mich falsch und schon waren wir sozusagen in unserer ersten Festhalte-Session. Kevin brüllte, schlug um sich, kratzte usw. Ich zog Patrick schnell seine Brille ab, setzte mich neben die beiden aufs Sofa und hielt Patrick an den Schultern unterstützend fest. Es dauerte ca. zwanzig Minuten, bis sich Kevin langsam beruhigte, sich nach und nach entspannte. Danach war er wie ausge-

[14] http://www.pflegeelternschule-bawue.de

wechselt. Zwei Tage später, als ich Kevin seine neuen Schuhe anziehen wollte, rastete er erneut völlig aus. Dieses Mal war ich alleine mit ihm zu Hause und hielt ihn ca. eine Stunde fest. Danach waren wir beide erschöpft, klitschnass geschwitzt und mussten uns erstmal umziehen. Ab sofort hielten wir Kevin öfters fest, nie geplant, sondern immer nur aus einer eskalierenden Situation heraus. Hierbei habe ich immer zuerst kurz in mich hineingespürt, ob ich das auch durchhalte. Nichts ist schlimmer, als zwischendrin auszusteigen, denn dann hängt das Kind völlig in der Luft.

Von Anfang an war Kevin ein Papakind, wie sich bereits in der Anbahnungszeit zeigte. Abends, wenn Patrick nach Hause kam, ist der kleine Mann freudestrahlend auf meinen Gatten zugerannt und war glücklich. Ich war vollkommen abgeschrieben. Auch durfte Patrick ihn früher trösten als ich, und wenn wir beide da waren, durfte nur Patrick ihn trösten. Manchmal weinte er, wenn Patrick morgens zur Arbeit fuhr, und ließ sich kaum von mir beruhigen oder ablenken. Einmal sagte ich Kevin, als wir vom Spielplatz nach Hause gingen, dass Patrick gleich heimkommen würde. Ab da lief Kevin „Papa“ rufend nach Hause. Als er Patricks Rad nicht im Keller stehen sah, weinte er los und beruhigte sich selbst in der Wohnung nicht. Ich war sehr froh, als mein Mann endlich heimkam.

Wir führen dieses Papakind-Sein auf seine bisherige Lebenserfahrung zurück. Er war in seinen ersten zwei Lebensmonaten im Krankenhaus, sein Opa besuchte ihn täglich. Laut seines Vormunds besuchte ihn Valentina auch, sie sei aber nur anwesend gewesen, nicht wirklich als Mama für Kevin und seine Bedürfnisse da. Danach lebte er für neun Monate bei seiner leiblichen Mutter in einer Mutter-Kind-Einrichtung, sein leiblicher Vater kümmerte sich nicht mit um Kevin. Anschließend lebte er für neun Monate bei seinen Bereitschaftspflegeeltern, wobei hier die Pflegemutter die wichtigere Rolle für Kevin spielte. Anschließend kam er zu uns.

Und was geht in so einem kleinen Kerl vor? Er wird zum Großteil sich die Schuld gegeben haben, dass seine beiden Mamas ihn verlassen haben, ihn nicht haben wollten, weil er vielleicht in seiner Fantasie böse war oder sonst etwas falsch gemacht hatte. Zudem hatte er erlebt, dass beide bisherigen Mütter auf Dauer nicht für ihn da waren. Irgendwann waren sie weg. Seinen leiblichen Vater kannte er nicht, er spielte in seinem Leben bisher keine Rolle. Den Pflegevater mochte er sehr, aber er war die Nummer zwei für Kevin. Nun kamen Patrick und ich und wollten seine neuen Eltern sein. Vielleicht dachte er: „Vorsicht mit den Mamas“, also: Vorsicht mit der neuen Mama, die verlässt mich bestimmt auch wieder. Bisher haben das alle Mamas getan." Aber er wollte und musste sich auch binden, und das kleinere Risiko schien ihm mein Mann zu sein. Bisher hatten ihn seine Papas nicht so enttäuscht. Das wäre doch einen Versuch wert?

Beim Zubettbringen konnte es in den ersten Monaten vorkommen, dass, wenn ich an der Reihe war, Kevin ständig „Papa" rief. Besonders wenn er z.B. seine leibliche Mutter oder Gabi wiedergesehen hatte oder sonst etwas Ungewöhnliches in seinem Leben passiert war. Ich konnte ihm etwas vorsingen, ihn streicheln, er brüllte weiterhin „Papa". Patrick und mir war aber von Anfang an wichtig, dass wir ihn abwechselnd zu Bett bringen würden und dass wir beide auch bestimmten, wer das macht.

Als mein Mann einmal krank war und zu Hause im Bett lag, war der Tag für uns alle drei mehr als anstrengend. Kevin, der wusste, dass Papa da war, protestierte quasi ununterbrochen und rief nach Papa. Egal, was ich tat, ihn wickeln, umziehen, füttern, er wollte, dass sein Papa das machte. Er war an diesem Tag viel auf dem Bett von Patrick und spielte mit seinen Duplobausteinen. Abends eskalierte beim Wickeln die Situation so weit, dass ich Kevin wieder einmal festhalten musste. Nach einer halben Stunde entspannte sich Kevin und schmiegte sich an mich. Er lebte seit knapp zwei Monaten bei uns und es war das erste Mal, dass er mit mir schmuste. Ich konnte Kevin schließlich friedlich wickeln und beim Papa-Gute-Nacht-Sagen winkte er diesem freundlich zu.

Kevin starrte in den ersten Monaten oft Löcher in die Luft, er schien dann nicht ganz anwesend, nicht in seinem Körper zu sein. Meine älteste Nichte Angelika sagte dazu immer treffend, er schaue traumatisiert. Dies brachte er allerdings schon von der Zeit mit seiner leiblichen Mutter mit, diese schrieb einen Brief für die Bereitschaftspflegeeltern, darin stand: „...Kevin wirkt manchmal wie abwesend, schaut dabei einen Punkt in der Ferne an und reagiert nicht auf Ansprache oder Bewegungen vor seinen Augen. Solange er dabei nicht schlaff wird oder zuckt oder blau wird, darf er das für kurze Augenblicke..." Im Laufe der Zeit wurde dies immer weniger, heute beobachte ich das kaum noch. Allerdings tut er sich nach wie vor schwer, jemanden länger intensiv anzuschauen. Echten Blickkontakt hält er kaum aus.

Wir hatten, kurz bevor wir Anfang Juni von Kevin erfuhren, ein kleines Häuschen gekauft, dieses war im Herbst in unseren Besitz gewechselt. Wir waren wochenlang fleißig am Renovieren bzw. Sanieren. Kevin war oft mit auf der Baustelle. Wir hatten ihm dort ein paar Spielsachen deponiert, aber es gab auch immer allerhand zu schauen oder zu tun, z.B.

mitzuhelfen Tapete abzureißen, Wände anzumalen, Treppen hoch- und runtergehen zu üben.

Patrick nahm sich im November eine Woche Urlaub, um im Haus größere Abbrucharbeiten machen zu können, und wir planten, dass er mittags zum Essen heimkommen sollte. Kevin spürte jedoch, als Patrick morgens zum Haus statt zur Arbeit fuhr, dass etwas anders war. Als mein Mann mittags zum Essen heimkam, weinte Kevin ganz heftig, als Patrick danach wieder wegfuhr. Er protestierte heftig, als ich ihn zum Mittagsschläfchen hinlegen wollte, und fragte nach dem Aufwachen sofort wieder nach seinem „Papa“. Ich empfand mal wieder ganz deutlich meine Stellung als Nummer zwei. Wenn er da war, zählte ich für den Sohnemann nicht. Das verstand ich vom Kopf her ganz gut, es gab mir im Herzen dennoch jedes Mal einen Stich. Ich bat meinen Mann daher, mittags nicht mehr heimzukommen, damit ich mit Kevin meinen gewohnten Rhythmus leben konnte.

Was auch sehr wichtig für das Kerlchen war. Wenn ich alleine mit Kevin war, klappte unser Zusammenleben gut und von Außenstehenden wurde ich stets fragend angeschaut, wenn ich von unseren Bindungsproblemen berichtete. Die wurden nur in Gegenwart von Patrick offensichtlich. Kevin war ja noch so klein und daher in gewisser Weise abhängig von mir.

Patrick nahm sich, als Kevin ein paar Monate bei uns lebte, Elternzeit. Er arbeitete nur noch an drei Tagen, hatte somit donnerstags und freitags frei. Viel dieser Zeit wurde für den Umbau unseres kleinen Häuschens genutzt. Bei seinen Kollegen stieß das auf ziemliches Erstaunen und wohl auch Unverständnis, denn es ist ja nach wie vor so, dass nur wenige Männer diese Möglichkeit nutzen. Und dann noch als Pflegevater! Er wurde von seiner damaligen Chefin noch während der Elternzeit rausgemobbt. Wie viel hiervon bei dieser alleinerziehenden Mutter mit einer Ganztagsstelle an Unakzeptanz bezüglich der Elternzeit mitspielte, kann ich nicht beurteilen. Patrick machte sich ein paar Monate später selbstständig. Sein Geschäft lief von Anfang an erstaunlich gut, und er liebt nach wie vor diese neue Freiheit. Er arbeitet zwar öfter auch mal an Abenden bis spät in die Nacht, ist andererseits auch flexibel genug, sich mal einen Nachmittag freizunehmen und mit den Kindern wegzugehen, sodass ich in Ruhe schreiben kann.

Elternzeit

Pflegeeltern mit einem Dauerpflegekind haben seit dem 1. Januar 2004 wie leibliche Eltern und Adoptiveltern einen Anspruch auf Elternzeit. Die Elternzeit kann ab dem Zeitpunkt der Aufnahme des Pflegekindes für insgesamt 36 Monate gewährt werden und muss bis zur Vollendung des achten Lebensjahres des Kindes beansprucht werden. Danach entfällt der Anspruch. Ehepartner können sich die 36 Monate untereinander aufteilen. Es ist erlaubt, während der Elternzeit zu arbeiten, wenn die Arbeitszeit von 30 Wochenstunden nicht überschritten wird.

Zum zweiten Geburtstag von Kevin haben wir zwei Freunde von ihm eingeladen: ein Mädchen und einen Jungen. In der Nacht vor seinem Geburtstag musste sich Kevin plötzlich übergeben und alle seine Kuscheltiere, die im Bett lagen, waren voll mit Erbrochenem. Und wie es so kommen musste, war just zu der Zeit unsere Waschmaschine kaputt. Wir konnten aber die Gemeinschaftswaschmaschine benutzen, nur brauchten wir hierzu entsprechende Marken, die ich erst am nächsten Tag beim Hausmeister besorgen konnte. Am nächsten Morgen kam bei Kevin noch Durchfall hinzu.

Ich hatte abends 20 Luftballons und Girlanden im Wohnzimmer aufgehängt. Als Kevin diese am Morgen sah, schrie er vor Freude. Die beiden Geburtstagskerzen steckten wir statt in den Kuchen auf ein Laugenbrötchen. Aber Kevin gefiel seine Diät: Salzstangen, Toastbrot und Laugengebäck. Ich rief die Geburtstagsgäste an und stellte ihnen frei, ob sie angesichts Kevins Magen-Darm-Infektes kommen wollten. Zudem rief ich beim Jugendamt an und sagte unserer Betreuerin den Umgang am nächsten Tag ab, weil ich dachte, das würde zu viel für den kranken Kleinen werden. Leider erfuhr ich am nächsten Tag, dass seine leibliche Mutter sehr uneinsichtig reagierte, sie unterstellte uns nämlich, dass wir nur eine Krankheit vorschieben würden, damit wir nicht zum Treffen kommen müssten. Sie wollte Kevin trotzdem sehen, sagte sie, sie sei ja schließlich seine Mutter. Als unsere Betreuerin ihr einen Termin ein paar Tage später anbot, beruhigte sie sich ein bisschen. Sie bestand aber darauf, dass sie Kevin länger als die vereinbarte Stunde sehen dürfte. Und sie wollte mit ihrem Sohn telefonieren. Frau Sturm erklärte ihr ganz ruhig, dass Kevin noch zu klein wäre, um mit ihr telefonieren zu können. Worauf die leibliche Mutter konterte, er könnte aber ihre Stimme hören und ihr zuhören. An dieses Telefonat kann ich mich deshalb noch so gut erinnern, weil Kevin währenddessen laut vernehmlich Durchfall in die Windel machte, sodass ich ihn anschließend sogar komplett umziehen musste. Und vorher, Frau Sturm hatte auf den Anrufbeantworter gesprochen und um einen Rückruf gebeten, hatte der kranke Kerl nach dem Mittagsschläfchen beim Aufwachen nochmals alles vollgekotzt. Ich hatte unseren kranken Sohn auf dem Arm und musste mir die Mutmaßungen seiner leiblichen Mutter anhören. Nun ja, ich konnte sie verstehen, ihr kleiner Sohn hatte seinen zweiten Geburtstag, sie kannte uns kaum und konnte ihren Sohn an seinem Festtag nicht besuchen. Und nun sollte der Termin am nächsten Tag nach hinten verschoben werden. Das war natürlich enttäuschend für sie.

Petra und ihre Pflegetochter Mandy kamen am Nachmittag für eine knappe Stunde vorbei und brachten Kevin sein Geburtstagsgeschenk vorbei: ein kleines Holzpferdchen. So wurde sein zweiter Geburtstag doch noch ein kleines Fest – mit Brezeln und Salzstangen.

Unser Kevin kann sich herrlich über die Realität aufregen und gegen sie ankämpfen. Ein Beispiel von Kevins „Ich will aber, dass das geht“, das im Nachhinein lustig zu erzählen ist, war: Er knabberte eine Toastbrotscheibe an und versuchte sie danach hochkant aufzustellen, was natürlich mit einer angeknabberten Scheibe nicht geht. Aber unser Sohn hatte sich das in den Kopf gesetzt, wurde völlig frustriert und verzweifelte fast, als es ihm nicht gelang. Er kämpfte wieder einmal gegen die Realität. Wenn das Ganze nicht so schlimm für ihn gewesen wäre, hätte ich gerne laut losgelacht. So versuchten wir ihn mit Engelszungen von seinem Vorhaben abzubringen und lenkten ihn schließlich ab.

Natürlich gab und gibt es im Zusammenleben mit Kevin auch sehr vieles Schöne. Wir lieben den jungen Mann so, wie er nun mal ist, und freuen uns über jeden Fortschritt, den er macht. Er ist ein sehr intelligentes, willensstarkes Kind, er ist sportlich, er hat sich das Radfahren selbst beigebracht wie vieles andere auch. Er kann sich sehr auch über Kleinigkeiten freuen und ist sehr begeisterungsfähig. Er hat fröhliche Phasen, in denen er sehr selbstzufrieden erscheint. Er singt sehr viel und dichtet hierbei ständig neue Strophen oder reimt sich Fantasievolles zusammen, nicht unbedingt existierende Wörter. Er ist ein sehr kreativer, fantasievoller kleiner Junge. Er verschenkt auch gerne mal etwas, seien es selbst gemalte Bilder, eigenes Spielzeug oder in der Natur gefundene Steine, Schneckenhäuser usw. Er kann sowohl mit älteren, als auch mit jüngeren Kindern gut Kontakt aufnehmen und spielen. Kevin ist auch äußerst wißbegierig und fragt uns manchmal Löcher in den Bauch. Er baut vieles auseinander, z.B. seine Spielzeugautos und versucht es wieder zusammenzusetzen, was ihm mal besser, mal schlechter gelingt. Er kann sich zeitweise lange auf eine Sache konzentrieren und sich auch mal mit sich alleine beschäftigen. Seine Kindergärtnerin sagte uns einmal, sie hätte nie ein Kind erlebt, das so viel und so kreativ wie Kevin bauen könnte. Das kann und tut er zu Hause auch stundenlang mit Legosteinen.

Es gab eine Zeit, da haben wir uns täglich mehrfach gesagt, wie lieb wir uns haben. Es war angelehnt an das Kinderbuch „Weißt du eigentlich, wie lieb ich dich hab?“ von McBratney. Ich sagte z.B.: „Ich habe dich lieb bis zum Mond“ und Kevin sagte: „Ich habe dich lieb bis zum Mond und zurück.“ Dann sagte ich: „Ich habe dich lieb bis zu den Sternen und zurück.“ Worauf der kleine Schatz meinte „Und ich dich bis zu dem Sternen und nach Afrika“. Dahingeschmolzen bin ich, wenn er sagte: „Ich sei die beste Mutter auf der ganzen Welt“ oder „Du bist so lieb, das gibt es gar nicht wie“. An meinem vorletzten Geburtstag sang er mir ein wunderschönes „Happy birthday“ und kuschelte sich an mich und sagte mir, wie lieb ich sei.

Nachdem wir ein paar Wochen im neuen Haus wohnten und es vorzeigbar war, luden wir alle Freunde, die uns beim Umbau und Umzug geholfen hatten, zu einem Essen in ein Restaurant ein. Vorher gab es eine Hausbesichtigung mit einem kleinen Sektempfang und etwas Knabberzeug. Patrick und ich führten beide getrennt jeweils ein paar Freunde und Helfer durch das Haus und wunderten uns schon, dass Kevin gar nicht mitwollte. Er wollte in der Küche bleiben. Als wir anschließend beim Essen waren, hatte Kevin einen Riesendurst, was für ihn eher ungewöhnlich ist. Er aß nur wenige von seinen Pommes, sein absolutes Leibgericht. Das verwunderte mich nochmals sehr, ich konnte mir jedoch keinen Reim drauf machen. Das Rätsel löste sich, als wir spät nach Hause kamen und feststellten, dass sowohl die Schüssel mit Tortillas als auch die mit Salzbrezeln leer waren. Und ein Großteil hiervon scheint im Magen unseres Juniors gelandet zu sein: endlich mal Salziges bis zum Abwinken und keiner, der sagt, „es genügt“.

Kevin hat einen bärenstarken Willen, was sich sowohl positiv als auch negativ äußern kann. Wir besuchten einmal meine Familie, die ca. 80 km entfernt lebt. Spät am Abend fuhren wir per Auto zurück und zogen Kevin eine Jogginghose an, weil es eigentlich schon seine Schlafenszeit war. Er tat sich schwer mit dem Anziehen der Hose und der Vorstellung, darin zu schlafen. Denn zu seinem Abendritual gehört ja, einen Schlafanzug anzuziehen, Zähne zu putzen etc. und eine Gute-Nacht-Geschichte vorgelesen zu bekommen. Ich argumentierte mit ihm kurz und sagte, er solle die Hose anziehen, denn wenn er einschlafen würde, wäre die bequemer als seine Jeans und wir würden ihn ins Bett tragen. Er sagte, er wolle wach bleiben, bis wir zu Hause sind. Ich sagte dummerweise, das würde er nicht schaffen, es wäre schon zu spät und er würde sicherlich schon schlafen, bevor wir auf der Autobahn wären.

Das hätte ich besser nicht gesagt. Klein-Kevin schien sich herausgefordert zu fühlen. Normalerweise wäre er sicherlich innerhalb einer viertel Stunde im Auto eingeschlafen. So fragte er ständig, ob wir schon auf der Autobahn wären. Dort angekommen fragte er regelmäßig, ob wir bald zu Hause wären. Er schaffte es eine knappe Stunde bis ca. zehn Kilometer von zu Hause weg wachzubleiben.

Eine weitere, für uns als Eltern anstrengende Eigenart von Kevin ist es, dass er sich – bis heute – selten helfen lassen will und kann. Zum Beispiel stellten wir uns das Radfahrenlernen so vor, dass wir typischerweise hinter Kevin herflitzen und das Rad oder ihn festhalten und dass, wenn er besser fährt, wir ihn oder das Rad loslassen würden. So aber nicht bei Kevin. Das passte ihm partout nicht. Er konnte schon Laufrad fahren und freute sich im ersten Moment an seinem dritten Geburtstag sehr über das Rad. Er setzte sich im Wohnzimmer drauf, aber es war höher als sein geliebtes Laufrad und etwas wackeliger. Kevin brach in ein fürchterliches Gebrüll aus und wollte einige Tage vom Rad nichts wissen. Dann nahm er es mit zu einem Spaziergang – schiebend, was allerdings für so einen kleinen Mann nicht ganz einfach ist. Und so endete dieser Spaziergang mit einem schrecklichen Gebrüll, das Fahrrad wurde hingeworfen. Endlich wieder zu Hause angekommen musste Patrick Kevin eine Stunde festhalten, er war völlig ausgerastet.

Das neue Fahrrad stand im Hof und Kevin war ab und zu auch alleine draußen. Da nahm er sich das Rad und probierte immer mal wieder aufzusteigen und zu fahren. Im Endeffekt hat er sich das Radfahren ganz alleine beigebracht. Und an dem Tag, als er es konnte, fuhr er zusammen mit Patrick ca. neun Kilometer.

Mit dem Schwimmen verhielt es sich ähnlich. Fast jeden Sonntagmorgen gingen beide Männer (und seit Längerem auch seine Pflegeschwester Antonia) schwimmen. Und was Patrick mir davon berichtete, hörte sich verdächtig danach an, dass Kevin sich das Schwimmen auch alleine beibringen würde. Beim Schwimmenlernen spielt allerdings das mangelnde Vertrauen in seine Mitmenschen, eingeschlossen seine Pflegeeltern, mit. Denn es dauerte sehr lange, bis er sich einmal traute, sich auf Patricks Arm getragen und gut aufgehoben ins tiefe Wasser zu wagen. Kevin berichtete mir von seinen neuen Erfolgen immer ganz aufgeregt. Patrick kam das alles vor wie im Schneckentempo. Alleine dadurch, dass er gelernt hat, Kevins Art zu akzeptieren, konnte er den sonntäglichen Ausflügen ins Schwimmbad mit seinem Sohn auch Freude abgewinnen. Und selten, aber doch manchmal, darf Patrick dem Kleinen auch mal etwas zeigen. Kevin war im letzen Sommer in einem

Schwimmkurs und hat innerhalb kürzester Zeit sein Seepferdchen geschafft. Er hatte eine gute Lehrerin, die auf seiner Art eingehen konnte.

Mittlerweile ist Kevin sieben Jahre alt. Vor zweidreiviertel Jahren kam die kleine Antonia zu uns, als Baby. Er ist ein toller großer Bruder, im Großen und Ganzen (siehe auch Kapitel „Antonia“). Er erklärt seiner kleinen Schwester gerne die Welt. Da kann er endlich mal nach Herzenslust führen und bestimmen. Das änderte sich, als Antonia langsam auch ihren Willen bekam und schon mal lautstark rummotzt, wenn Kevin sie zu sehr bedrängt. Was mich allerdings manchmal stutzig macht ist, wie gerne und oft Kevin seine kleine Schwester erschrickt. Antonia hat in bestimmten Situationen dann wirkliche Angst und kommt nahe zu mir. Das erinnert mich dann an seine leibliche Mutter und seinen Opa, die Kevin gerne mal erschrecken und ihm damit Angst einjagen. Ich kann nicht sagen, ob er dass unbewußt übernommen hat. Mein Mann und ich jedenfalls sind keine Fans dieses Spiels.

Ich fragte Kevin vor Kurzem, wie er sich denn mit seinen drei Mamas fühle. Darauf kam ein recht begeistertes „Gut“. Ich hakte nach und sagte, andere Kinder hätten doch nur eine Mama und einen Papa. Er blieb aber dabei, dass es gut sei, so viele zu haben. Ich erklärte ihm nochmals kurz etwas zu seinen drei Mamas. Ich fragte ihn, wie es sei, wenn wir Valentina-Mama und den Opa treffen würden. Er wiederholte, schon leicht zappelig sein „Gut“. Ich fragte, was er sich in Bezug auf seine Bauchmama noch wünsche. Darauf sagte er, „dass sie uns mal besuchen kommen solle“. Leider werden wir ihm diesen durchaus sehr verständlichen Wunsch in absehbarer Zeit nicht erfüllen können. Bisher leben wir noch in Anonymität, d.h. Kevins leibliche Mutter kennt nur unsere Vornamen. Natürlich könnte sie Kevin einfach mal fragen, er kennt unsere Adresse mittlerweile. Ich sagte ihm halbwegs ehrlich, dass wir dass derzeit nicht machen wollten, sie könne uns, wenn er größer wäre, sicherlich mal besuchen kommen. Am nächsten Tag schauten wir uns sein erstes Fotoalbum an, das auch seine drei Eltern zeigt. Und da sagte er, es sei nun aber doch genug, dieses ständige Wechseln. Er wolle jetzt auch mal Ruhe haben.

Wir brauchen Hilfe von Experten

Wir zogen ein paar Monate, nachdem Kevin bei uns einzog, um und das war für ihn und somit auch für uns sehr unangenehm (siehe Kapitel „Veränderungen und Übergänge: eine heikle Angelegenheit“). So kam es, dass, als Kevin kaum sieben Monate bei uns war, ich zum ersten Mal mit ihm zu einer psychologischen Beratungsstelle ging. Das Zusammenleben mit ihm wurde immer anstrengender. Ständig versuchte Kevin, über alles zu bestimmen und alles zu kontrollieren. Ich schätze, seine erlebten Frühtraumatisierungen (die Konflikte seiner Mutter und ihr massives Rauchen während der Schwangerschaft, die ersten acht Wochen seines Lebens lebte er in der Kinderklinik auf verschiedenen Stationen, der Umzug ins Heim u.v.m.) und später das widersprüchliche Verhalten Valentinas gegenüber Kevin in seinen ersten Lebensmonaten (mal seine Bedürfnisse zu stillen, mal nicht) bewirkten diese Eigenart, die typisch für viele Pflegekinder ist, stets die Kontrolle über alle Situation in ihrem Leben haben zu wollen und sich kaum führen lassen zu wollen. Er konnte sich nicht auf seine Bauchmama verlassen, also musste er lernen, die Kontrolle über sein Leben selbst zu behalten.

Nach Bettina Bonus („Mit den Augen eines Kindes sehen lernen“) ist eine der Überlebensstrategien, die sich aus der Frühtraumatisierung von Pflegekindern ergeben können, die Kontroll- und Machtstrategie zur Beseitigung der Ohnmacht. Aus diesem Gefühl der absoluten Ohnmacht heraus entscheidet das frühtraumatisierte, hochproblemtische Kind, dass es nie wieder in seinem Leben in eine solch ohnmächtige Situation kommen will. Bonus schreibt: „Nun möchte das Kind überleben und das Gegenteil von Ohnmacht, nämlich Macht und Kontrolle, erlangen... So beschließt das Kind, über weite Bereiche des Lebens, manchmal auch über alle Bereiche, die Macht und Kontrolle zu erhalten. Auch dies geschieht aus einer tiefen seelischen Not heraus und nicht aus Lust an Macht und Kontrolle. Wieder will dieses Kind nur überleben, indem es die fürchterlichen Ohnmachtsgefühle nicht mehr erleben muss...“ Weiter schreibt sie: „Die Macht- und Kontrollstrategie des Kindes kann soweit gehen, dass ein Kind die Eltern zu kontrollieren beginnt, indem es sich so schlecht benimmt, dass es ständig die von dem Kind errechnete Konsequenz erhält. Das gibt ihm Sicherheit, die Konsequenz ist ihm egal...“

Kevin kämpft z.T. noch immer darum, die Kontrolle über die meisten Situationen zu haben. Und sei es nur, wenn es darum geht, zum Spielplatz zu gehen, dass er bestimmen will, wann und wohin. Er lässt sich schwer führen und akzeptiert uns, seine Pflegeeltern, kaum als Autoritäten. Ich habe das Gefühl, dadurch kann er sich kaum fallen lassen und einfach nur Kind sein. Da er ja jederzeit die Kontrolle behalten will und/oder muss. Ich sage immer noch oftmals zu ihm: „Ich bin die Große, du bist der Kleine. Ich führe, du folgst. Und du kannst mir vertrauen“.

Nachdem Kevin gut ein Jahr bei uns war, begannen wir die erste Therapie: Theraplay. Das hatte ein gutes Vierteljahr Vorlauf, weil die Therapeutin so ausgebucht war. Theraplay wurde Ende der 1960er Jahre von Ann Jernberg in Chicago entwickelt. Es handelt sich um eine körpernahe interaktive Kurzzeit-Spieltherapie, sie ist vor allem für Kinder mit Lern-, Entwicklungs- und Verhaltensstörungen geeignet, wie z.B. hyperaktive, wahrnehmungsgestörte, selbstunsichere, aggressive oder konzentrationsgestörte Kinder. Theraplay[15] will den Kindern direktiv in einer freudvoll-lebendigen Interaktion ein positives Selbstbild vermitteln, sodass die Kinder lernen, sich selbst und der Umwelt zu vertrauen. Diese Kinder mit eingefahrenen destruktiven Verhaltensweisen erleben ein ungewohntes Verhalten in der Therapie. Dadurch kann es ihnen leichter fallen, anders zu reagieren. Ihr so verbessertes Selbstwertgefühl zusammen mit ihrer größeren Sicherheit sind die Grundlage dafür, dass sie sich in den verschiedensten Bereichen (sozial, motorisch, sensorisch, sprachlich, emotional, kognitiv) ihren Fähigkeiten entsprechend weiterentwickeln können.

Eine wichtige Rolle während einer Theraplay-Sitzung spielen die Rituale, welche helfen, das innerlich unsichere Kind zu stabilisieren. Spielsachen finden ebenso wenig Verwendung in der Therapie wie symbolische Spiele. Der Theraplay-Therapeut nimmt als Basis der Interaktion mit dem Kind die natürliche Eltern-Kind-Beziehung und deren Handeln, die „intuitive elterliche Didaktik", zum Vorbild. Diese Wechselbeziehung wird durch fürsorgliche, stimulierende und herausfordernde Angebote an das Kind hergestellt und ist dabei intensiv, emotional, positiv und sehr körpernah.

Ich selbst war bei den Sitzungen als sogenannte Co-Therapeutin stets dabei. Ich saß hinter Kevin, er konnte sich an mich anlehnen. Die Therapeutin saß uns beiden fast hautnah gegenüber. Zuerst zog sie Kevin immer die Schuhe und Strümpfe aus und schaute, ob seine Füße kalt oder warm waren. Waren sie kalt, wurden sie gerieben und eingecremt. Im Anschluss wurden die Beine nach blauen Flecken untersucht und diese wurden betröstet, besungen und geküsst. Sie spielte anschließend mit Kevin, sang und erzählte viele Verslein, machte Fingerspiele. Kevin war ja bereits zweieinhalb Jahre, wurde aber behandelt, als ob er gerade mal sechs bis neun Monate alt wäre. Und die Anforderungen, die beim Spielen an ihn gestellt wurden, waren also für ihn leicht zu erfüllen, und er bekam viel Lob dafür.

Wenn Kevin während einer Sitzung mal wieder ausrastete, lehnte ich mich entspannt zurück und überließ es der Therapeutin, ihn zu beruhigen. Ich schaute allerdings sehr interessiert zu. Ich selbst profitierte viel von diesen Sitzungen, zu Hause wurden viele der Lieder oder Verslein

---

[15] http://www.theraplay.de

wiederholt. Und beim Wickeln schaute ich fortan immer nach blauen Flecken oder Sommersprossen usw. Einige dieser Verslein sang und spielte Kevin seiner kleinen Schwester Antonia vor (die als weiteres Pflegekind zu uns gekommen war, als Kevin vier Jahre alt war), als diese noch ein Baby war, was mich zu Tränen rührte.

Wir mussten, als Kevin gerade fünf Jahre alt gewesen ist, zu einem Elterngespräch in den Kindergarten – ich hatte gedacht, so etwas fängt erst in der weiterführenden Schule an. Kevin hatte seinen Freund Janice unter Androhung von Schlägen zu einer verbotenen Handlung angestiftet. Janice, sein bis dato bester Freund, bekam Angst vor ihm und tat das Verbotene. Die Sache kam raus und Janice Mutter war sehr sauer auf unseren Sohn. Ein paar Wochen später schubste er einen anderen Freund vom Klettergerüst im Kindergarten – angeblich weil dieser Sand geworfen hatte. Kurz darauf schickte ich ihn – wie eigentlich jeden Tag vorm Nachhausegehen vom Kindergarten – zum Pipimachen. Ich ging mit Antonia auf dem Arm in den Waschraum des Kindergartens und sah gerade, wie Kevin ein kleines Handtuch rumwarf. Ich schimpfte mit ihm, weil ich das sehr unhygienisch fand und einfach auch gemein dem Kind gegenüber, dem dieses Handtuch gehört. Ein Waschraum in einem Kindergarten nach einem Kindergartentag ist nicht mehr sehr hygienisch – vor allem nicht auf dem Boden. In dem Moment sagte mir das kleine Mädchen, das auch im Raum war, dass Kevin an die Klotür gepinkelt hätte, was auch stimmte. Ich hoffte damals, das alles seien noch Dumme-Jungen-Streiche im durchaus üblichen Rahmen.

Als Kevin fünf Jahre war, suchten wir erneut nach Hilfe, weil wir besorgt waren, wie es in der Grundschule mit Kevin werden würde. Wir waren ein Jahr in Therapie mit Kevin. Vor allem wir Eltern wurden beraten und unterstützt: ein Elterntraining. Die Therapeutin hat als Diagnose bei Kevin festgestellt: Er hat eine Störung im Sozialverhalten, er zeigt „oppositionelles Trotzverhalten". Zum oppositionellen Trotzverhalten gehört: Das Kind wird schnell ärgerlich, streitet sich häufig mit Erwachsenen, widersetzt sich ständig den Anweisungen und Regeln, verärgert andere meist absichtlich, gibt anderen die Schuld für eigene Fehler, ist oft empfindlich und leicht verärgert, wütend und beleidigt, ja boshaft und nachtragend. Leider trifft das ziemlich genau auf unseren Kevin zu.

Zu Beginn der Therapie sollten Patrick und ich Kevins positive Eigenschaften getrennt voneinander aufschreiben. Uns fiel sehr viel ein. Ich sagte sogar spaßhaft zur Therapeutin, somit hätte sich unsere Zusammenarbeit ja wohl erledigt, bei so einem tollen kleinen Jungen. Die Therapeutin freute sich, denn sie erzählte uns, dass es durchaus Eltern gäbe, denen bei dieser Aufgabe gar nichts Positives zu ihrem Kind einfiele. Wir sind erst zur Therapie gegangen, als wir schon sehr auf dem Zahnfleisch gingen wegen Kevins aufsässigen und respektlosen Verhalten uns gegenüber und wir uns hauptsächlich als schimpfende Eltern wahrnahmen. So begann das Elterntraining zuerst mit positiven Maßnahmen für Kevin. Das oberste Credo war: Loben, wo immer es etwas zu loben gab. Das zweite war, dass wir Spaß- und Spielzeiten einführten, wo ausschließlich Kevin über das Was und Wie bestimmen durfte. Und das dritte Positivstandbein ist ein Positivtagebuch, das wir abends vor dem Zubettgehen rausholten. Ein Elternteil überlegte zusammen mit Kevin, was gut lief und schrieb es auf. Anschließend malte Kevin Buchstaben in das Buch oder klebte bunte Aufkleber ein. Dann kamen in unserem Elterntraining verstärkt die Interventionen ins Spiel, wie wir eine gezielte und für Kevin passende Aufforderung stellen und welche Konsequenzen bei nicht Einhaltung möglich sind.

Diese „Therapie“ war für uns recht anstrengend, weil wir ca. ein Jahr wöchentlich für eine Stunde einen Babysitter engagierten und Patrick sich immer eineinhalb Stunden frei halten musste, mitten am Tag. Am Ende hatten wir das Gefühl, dass es nicht viel gebracht hat, und als es um die Frage ging, ob wir den Antrag verlängern wollen, winkten wir ab. Im Nachhinein bin ich mir sicher, dass die Diagnose falsch war und daher auch die Ansätze, die die Therapeutin mit uns bearbeitete. Sie hatte zu wenig Erfahrung im Umgang und von der Situation mit Pflegekindern und hat Kevin daher schon falsch diagnostiziert. Er zeigt zwar die Eigenschaften des oppositionellen Trotzverhaltens, aber eigentlich nur auf mich und meinen Mann bezogen. Kaum in Bezug auf andere Erwachsene, weder im Kindergarten, noch in der Schule. Natürlich passen einige Bausteine des Programms auch für Kevin und wir arbeiten noch damit, aber einiges haben wir auch über Bord geworfen.

Bei Kevins völligen Ausrastern, die nach wie vor bei Nichtigkeiten auftraten konnten, hatten wir noch keine sinnvolle Handhabung. Dafür wurde uns von unserer Jugendamtsbetreuerin nahegelegt, uns nochmals intensiver mit dem sogenannten „Festhalten“ nach Irina Prekop auseinanderzusetzen. Wir waren zusammen mit Kevin bei einer Therapeutin und haben ihn dort unter Anleitung festgehalten. Es dauerte eineinhalb Stunden und war recht anstrengend. Wir bekamen viele Tipps und wenden diese Methode seither wieder zu Hause an. Mit einem fast sechsjährigen sehr sportlichen und großen Jungen ist das ganz anders als früher, wo Kevin kaum redete und außerdem ein kleiner Kerl war.

Ich muss gestehen, dass ich zeitweise soweit war, dass ich keine Langzeitperspektive mehr für das Familienleben mit Kevin gesehen hatte und dachte, wir schaffen es nicht, ihn zu halten und bis ins Erwachsenenalter mit ihm zusammenzuleben. Es gibt immer wieder Pflegeverhältnisse, die abgebrochen werden, vor allem zum Leidwesen der Kinder. Ich hatte Sehnsucht nach einem harmonischen Familienleben, nach Frieden. Und ich sah keine Perspektive, vor allem war die Angst da, was noch alles auf uns zukommt, wenn er größer und stärker ist: Lügen, Stehlen, Tiere quälen, Zündeln und so weiter (das waren die Punkte, die bei älteren Kindern mit der Diagnose „oppositionelles Trotzverhalten“ auftraten und die mir immer im Kopf rumspuckten). Auch weil ich nach jedem kleinen Schritt vorwärts das Gefühl hatte, ein halber Schritt rückwärts war die Antwort.

Das Buch von Bettina Bonus „Mit den Augen eines Kindes sehen“, das mir eine Freundin empfohlen hat, war trotz vieler Jahre Pflegeelternstatus für mich wie eine Offenbarung. Mit ihren Worten: „Bei den frühtraumatisierten Pflege- und Adoptivkindern geht es in dem Moment, in dem sie in ihre Familie kommen, nicht nur um Erziehung, sondern im hohen Maße auch um einen Heilungsweg“ und „...Erziehung ist Selbsterziehung! – das heißt, Sie werden auch viel und hart an sich selbst arbeiten müssen...“ traf sie mich sehr. Ich reflektierte lange über unsere Situation. Weiterhin schreibt Bonus: „Voraussetzung für den Heilungsweg ist, dass Sie verstehen, was mit dem Kind vor seiner Ankunft in ihre Familie bereits geschehen ist, was es dabei jeweils gefühlt hat, welche Strategie es entwickelt hat, um die unerträglichen traumatischen Gefühle tief in seine abgeschlossene seelische Provinz abzudrängen und warum es gerade jene Verhaltensweisen angenommen hat, die es heute zeigt.“

Durch Bonus Buch habe ich zudem begriffen, dass bei völlig irrationalem Verhalten und Ausrastern Kevins es für ihn ums Überleben geht, er hat das als Überlebensstrategie übernommen. Für mich geht es in diesen Momenten eher um Alltagsstress. D.h. mich mit ihm anzulegen oder auf seine Aufmerksamkeit zu hoffen, ist sinnlos. Ich versuchte ihn oftmals zu ignorieren, und wenn er mich mit „Arschbombe“ oder Ähnlichem lautstark z.B. über den Friedhof laufend beschimpfte, atmete ich durch und ließ ihn sich austoben. Allerdings wenn er kurze Zeit später etwas von mir wollte, sage ich freundlich und bestimmt zu ihm „Eine Arschbomben-Mama kann dir da nicht helfen“. Dann war für ihn der Zeitpunkt gekommen, zu reflektieren (soweit er das schon kann) und sich ggf. zu entschuldigen.

Frau Dr. Bonus kam letzten Monat, als Kevin sechs Jahre und elf Monate alt war zu einer Erstvorstellung zu uns. Der Termin mit ihr war sehr interessant, intensiv, und hoffentlich bringt ihre vorgeschlagene Methode den erwünschten Erfolg. Sie schrieb in einem Protokoll über Kevin:

„...Kevin, ein altersgemäß allseits orientierter, klinisch sehr klug und aufgeschlossen wirkender Junge, zeigte sich gegenüber der Untersucherin als mäßig kooperativ, unsicher, schüchtern, leicht albern, ohne lange Ausdauer, leicht überschießend (mit zu viel Schwung Legos in die Kiste geworfen und mich dabei mit etlichen Steinen getroffen), oft leicht im Ton vergreifend und leicht aufbrausend..." und weiter: „...Aus meiner Sicht liegt das Hauptproblem darin, dass Kevin bisher „zu viel Raum bekam" und die Eltern sich bisher zu sehr zurückdrängen und von ihm verunsichern ließen. Insgesamt muss Kevin besser, enger, stringenter, aber weiterhin liebevoll geführt werden. Es darf keine „Löcher" mehr geben, sondern er sollte „brav" werden. Maßstab für Ihren Erfolg ist sein Verhalten... Die Eltern lassen sich zurückdrängen, beeindrucken, abschrecken, verunsichern – dies bitte nicht mehr zulassen! Also bitte nicht mehr zurückdrängen, beeindrucken, abschrecken, verunsichern lassen!" Kevin soll von uns geführt werden: 1. über unsere Autorität und 2. über nachtragende Konsequenzen. Bonus schreibt in ihrem Buch („Mit den Augen eines Kindes sehen, Bd. 2, Die Anstrengungsverweigerung") hierzu: „...Die nachtragende Konsequenz wird nicht direkt und unmittelbar gezogen. Diese verzögerte Reaktion ist ein gutes Stilmittel, um Zeit für sich zu gewinnen, erstens einmal um aus seinen negativen Gefühlen herauszukommen und zweitens, um alle Seiten gebührend abzuwägen und gut durchdachte Konsequenzen zu ziehen." Wir schreiben seither alle von Kevins Missetaten akribisch auf. In einer zweiten Spalte notiere ich, wann ich welche Konsequenz gezogen habe und in der dritten, welches Gefühl ich dabei habe, ob die Konsequenz gut gelaufen ist oder ins Leere. Für Kevin sind daher die Konsequenzen nicht mehr vorhersehbar und damit auch nicht mehr kontrollierbar oder manipulierbar.

Wenn Kevin eine Missetat begeht, sage ich ihm dies im passenden Tonfall, dass dies so nicht geht oder dass er es lassen soll etc. Danach schreibe ich es für mich auf. Wenn er späterhin wieder etwas von mir möchte (ein Eis, Geld, Hilfe, eine Dienstleistung), sage ich in etwa: (positive Botschaft – negative Botschaft – positive Botschaft) "Ja, Kevin, du bist ja ein toller Junge, ich würde dir gerne ein Eis geben – aber du kannst dich bestimmt erinnern, dass du am Donnerstag, nicht gehört hast, als ich dir sagte, du sollst deinen Sportbeutel ausräumen – daher kann ich dir jetzt kein Eis geben – aber wenn das eine Weile besser geht, bekommst du gerne wieder ein Eis von mir". Dies versuche ich alles in einer ganz liebevollen, freundlichen, zugewandten Stimme zu sagen.

Bonus sagte zu mir, dass ich den Satz aus meinem Buch: „Ich bin die Große, du bist der Kleine. Ich führe, du folgst. Und du kannst mir vertrauen." eigentlich nur wirklich leben sollte. Wir sollen ihm zeigen: Ich bin da für dich, du bist in Sicherheit, und ich habe dich lieb. Und uns dennoch knallhart durchsetzen und ihn zum folgsamen Verhalten zwingen. Scheinbar ein Paradoxon, aber so müsse es laufen, mit einem Kind, das wie Kevin durch seine Frühtraumatisierung alles kontrollieren will und "Herrschsucht über Erwachsene" betreibt. Wir sollen ihn in Halt und Sicherheit zwingen und ihn so überzeugen, über unsere Liebe, die dazu kommt. Zusätzlich müssten wir unsere Konsequenzlöcher alle schließen und jedes Vergehen ahnden. Das, was gesunde Kinder spüren, z.B. die Grenze, wenn es ihren Eltern ernst ist und sie es übertrieben haben, mit einer Frechheit o. Ä., hat Kevin durch die Frühtraumatisierung verloren und diese sollen wir mit dieser Methode künstlich wieder herstellen. Nach Dr. Bonus sollte, wenn wir es gut machen, Kevin in ein paar Wochen äußerlich ein braver Junge sein. Es ist seither schon viel besser geworden, aber noch nicht ganz zufriedenstellend.

In diesem Sommer wurde Kevin eingeschult. Wir waren etwas unsicher, wie das werden würde. Es klappte sehr gut und Kevin geht bisher gerne in die Schule. Vier Kinder aus seinem Kindergarten gehen in die gleiche Klasse, und er hat schon neue Freunde in der Klasse gefunden. Er sagt: „Schule ist so schön, ich kann das gar nicht sagen wie". Das freut mich sehr. Nach der Empfehlung der ersten Therapeutin haben wir ihn zuerst in die Hausaufgabenbetreuung in der Schule geschickt. Die Therapeutin begründete dies damit, dass wir mit Kevin so viele Problempunkte hätten und dass es daher für alle das beste sei, die Problematik der Hausaufgabenbetreuung auszulagern. Im Rückblick muss ich sagen, dass ich mir eigentlich immer vorgestellt habe, dass ich meine Kinder bei den Hausaufgaben betreue und dass das gut klappt. Durch die Meinung der Therapeutin wurde ich diesbezüglich sehr verunsichert. Schließlich meldeten wir ihn zur Hausaufgabenbetreuung in der Schule an. Ich holte ihn erst gegen 15 Uhr ab. Die Hausaufgabenbetreuung in dieser Schule bedeutet, dass hauptsächlich für Ruhe gesorgt wird. Ich habe die Hausaufgaben nachgeschaut und schnell bemerkt, dass Kevin Hilfe bei den Hausaufgaben braucht. Jetzt kommt er um 11.30 bzw. 13.30 nach Hause und nach dem gemeinsamen Mittagessen, werden zuerst die Hausaufgaben mit meiner Unterstützung gemacht. Und danach üben wir derzeit knapp eine halbe Stunde weiter, Kevin bekommt Rechenaufgaben von mir, übt ordentlich zu schreiben und lesen.

Dieses Beispiel zeigte mir, dass ich mir zwar die Meinung von Therapeuten anhören sollte, aber die Entscheidung bei mir liegt. Ich kenne meine Pflegekinder am besten. In diesem Fall habe ich mich stark verunsichern lassen und bin nicht meinem inneren Bild gefolgt, sondern der Meinung einer Expertin. Dr. Bettina Bonus vertritt die Auffassung, dass die Betreuung der Hausaufgaben möglichst von den Pflegeeltern geleistet werden müsse. Also zwei Expertinnen und zwei Meinungen. Im Zweifelsfalle hat die Betreuerin vom Jugendamt noch eine dritte Meinung. An diesem und anderen Beispielen lernte ich, dass die Meinung der Experten zwar wichtig für die Entscheidungsfindung ist, die Entscheidung letztendlich von mir selbst getragen werden muss, im Zweifelsfalle auch gegen die Expertenmeinung. Ich muss für meine Pflegekinder die bestmöglichen Bedingungen schaffen, ich kenne sie am besten und die Entscheidung muss auch familienkompatibel sein.

Im Großen und Ganzen klappt das gut, mit den Hausaufgaben. Kevin macht so gut er kann mit. Manchmal will er sogar länger üben und ist mit rechter Begeisterung dabei. Sobald er allerdings an seine Grenzen kommt oder es für ihn anstrengend wird, verweigert er sich komplett. Er hat Ausreden, wie „Das kann ich nicht", „Dafür bin ich zu doof". Ich versuche, ihn dann dahingehend zu ermutigen, es weiter zu versuchen. Meistens schaffe ich es, indem ich geduldig darauf bestehe, dass er dabei bleibt und weitermacht. Wir üben auch an den Wochenenden und in den Ferien.

Frau Bonus schrieb mir: „...Wichtig ist v.a., dass Sie Kevin ab dem ersten Schultag mit einem Training begleiten, d.h. Sie bringen ihm einfach serviert unter Ihrer engen Begleitung die Inhalte der Schule bei, damit er genügend Selbstbewußtsein, Selbstvertrauen und Selbstwertgefühl entwickelt und weder der Klassenclown wird, noch sitzen bleibt oder gar die Schule verlassen muss. In der ersten Klasse ist es ein sehr schönes Begleiten: In allerschönsten Schönschrift Druckbuchstaben üben, dass sie wie gedruckt aussehen, ganz am Schluss des Jahres kommt die Schreibschrift, Zahlen schön schreiben lernen, bis 10 rechnen lernen, bis es aus den Ohren wieder rauskommt, und schließlich bis 20 rechnen lernen mit dem 10er-Sprung bis es zu den Ohren wieder rauskommt (er muss es im Schlaf können und zur Not auswendig) - das war es. Damit sind Sie, wenn Sie es auf allerhöchstem Niveau betreiben, gut ein ganzes Jahr jeden Tag beschäftigt... Wichtig ist hierbei, dass, wenn Sie Ihre Sache gut machen, das Kind bei dieser Gelegenheit das bekommt, was es am dringendsten benötigt und vor Ihrer Zeit am meisten entbehrt hat: Nähe, Liebe und Zuwendung..."

Veränderungen und Übergänge: eine heikle Angelegenheit

Veränderungen und Übergänge sind bei Kevin stets eine heikle Angelegenheit. Wobei es im Laufe der Jahre einfacher geworden ist. Typisch für Kevin ist, dass er eine neue Regel, z.B. bezüglich des Aufräumens in seinem Zimmer oftmals zuerst stark, eventuell wochenlang, bekämpft. Wenn er sie allerdings akzeptiert hat, kann er diesbezüglich sehr stur sein und wir als Pflegeeltern sind gefordert, sie auch einzuhalten und möglichst wenige Ausnahmen zumachen.

Übergänge sei es von der Nacht in den Tag oder umgekehrt oder von einer Jahreszeit in die andere sind immer etwas problembelastet bei uns. Bis heute ist es so geblieben und auch dies betrifft viele Pflegefamilien.

Als Kevin gute fünf Monate bei uns lebte, zogen wir in unser kleines saniertes Häuschen. Am Umzugstag selbst schaute ich mit Kevin zuerst zu, wie die ersten Kisten im Lkw verstaut wurden, damit Kevin sehen konnte, was passiert. Für den Rest des Tages waren wir beide unterwegs und kamen erst spät am Nachmittag in unser neues Zuhause. So war es für Kevin hoffentlich am besten. Für mich war das seltsam, beim eigenen Umzug nicht dabei gewesen zu sein. Und Patrick andererseits war abends so fertig, dass er die Suppe, die eine Freundin vorbeigebracht hatte, nicht mal essen konnte. Er war zu müde zum Essen.

In der Theorie wussten wir zwar, dass der Umzug eventuell nochmals heftige Reaktionen bei Kevin auslösen könnte, weil er wieder ein gewohntes Zuhause gegen ein Neues umtauschte. Immerhin, so dachten wir etwas leichtfertig, blieben dieses Mal die Eltern dieselben und er kannte das Häuschen seit Wochen. Dass Veränderungen für Kevin nicht einfach sind, war uns bewusst. Aber wie es in der Praxis wurde, damit hatten wir nicht gerechnet. Wir fühlten uns an die ersten Wochen mit Kevin erinnert. Nichts klappte mehr. Beim Mittagsschläfchen musste ich wieder an seinem Bett bleiben, bis er eingeschlafen war, baden ging wieder nicht und ständig flippte Kevin wegen Kleinigkeiten aus. Sobald Patrick abends da war und mal den Raum verließ, fing Kevin ein furchtbares Geschrei an. Es folgten ein paar wirklich schlimme Wochen für alle.

Passte ihm etwas nicht, tobte oder schrie er herum. Wir sagten oftmals, seine Frustrationstoleranz sei bei „Minus fünf". Er war und ist sehr impulsiv. Und alle paar Tage rastete er nach wie vor total aus. Und nach den Besuchskontakten hatte er gewöhnlich nachts Albträume. Zudem akzeptierte er mich nicht als Mutter, wenigstens nicht, sobald Patrick im Raum war. Dann war ich für Kevin komplett abgeschrieben.

Er ließ sich ungern helfen oder sich etwas zeigen. Als unser Kleiner Zweiwortsätze bildete, war sein Hauptsatz längere Zeit: „Keni selber" (er nannte sich zu der Zeit Keni). Das war im Zusammenhang mit seinem Perfektionismus und dem hohen Anspruch, den er an sich hatte, ein explosives Pulverfass, auf dem wir ständig saßen, das bei der kleinsten Kleinigkeit explodieren konnte. Kevin war schon damals Weltmeister im Fluchen, schon als Zweijähriger sagte er ständig: „Mann oh Mann" und das war noch das harmloseste.

Eine weitere Veränderung im Alltag, die uns kalt erwischte, war unser erster gemeinsamer Urlaub. Als Kevin knapp ein Jahr bei uns war, fuhren wir zusammen mit unserer ältesten Nichte Angelika los. Wir hatten auf einem holländischen Campingplatz einen Wohnwagen gemietet. Wir starteten ganz früh morgens und packten beide Kinder halb schlafend ins Auto. Bis sie richtig aufwachten, hatten wir schon eine gute Strecke hinter uns gelassen. Dieser Urlaub – aus Kevins Sicht wiederum eine starke Veränderung seines gewohnten Alltages – hat Kevin nachhaltig verunsichert und uns wieder um Monate zurückgeworfen. Kevin war wieder total auf Patrick fixiert, mir kam die schlimme Zeit nach unserem Umzug wieder in den Sinn. Wenn ich morgens, als er wach wurde, nach ihm schaute und ihn aus dem Reisebett nehmen wollte, schrie er nach Patrick. Genau so, wenn ich ihn wickeln wollte. Ich war zum Teil dadurch, wider besseres Wissen ob dieser Männerpartie, so gefrustet, dass ich sagte, dass ich nie wieder einen Urlaub mit den beiden machen wollte. Patrick war andererseits auch genervt, weil Kevin sich wie eine Klette an ihn hängte und er nichts alleine machen konnte, zumindest nicht ohne Riesengebrüll.

Kevin verstand nicht, was Urlaub bedeutete. Wir hatten das Gefühl, dass er dachte, wir seien wieder umgezogen und dass der Wohnwagen unser neues Haus sei. Und unser altbekanntes Problem mit dem Baden bzw. Duschen kam wieder zum Vorschein. Wir hatten vorsorglich einen Wassersack dabei, mit einem Duschkopf dran. Damit duschten wir Kevin an den ersten noch warmen Abenden ab und zwar auf der Rasenfläche vor unserem Wohnwagen. Es wurde allerdings kälter und wir wollten Kevin daher lieber in der kleinen Dusche im Wagen oder in einer der Campingplatzduschen duschen. Einmal nahm ihn Patrick mit zu solch einer Duscheinrichtung und Kevin brüllte die ganze Zeit nur: „Keni dusche Wassersack! Keni dusche Wassersack!"

Es gab natürlich wiederum schöne Momente im Urlaub: Kevin hatte einen Riesenspaß, mit dem Laufrad auf dem Campingplatz zu fahren. Wir hatten unseren Fahrradanhänger dabei und machten größere Ausflüge damit und Kevin fuhr recht große Stücke selbst mit seinem kleinen

Laufrad neben uns her. Und wenn er müde wurde, kam er in den Anhänger. Auch restlos begeistert war unser Kleiner, als wir einen Sportflugplatz besuchten und er den Flugzeugen beim Starten und Landen zusehen konnte.

Wir haben nach dieser Erfahrung vom ersten gemeinsamen Urlaub drei Jahre keinen größeren Urlaub mehr gemacht. Was allerdings nach dem Hollandurlaub erstaunlich war: Kevin hatte seine erste Mamaphase. Er war mit mir recht kuschelig und es kam vor, dass er, obwohl Patrick etwas anderes machte, sich freiwillig für mich und mein angebotenes Programm entschied. Das hatte es vorher niemals gegeben. Ein paar Tage nach dem Urlaub waren wir zu dritt spazieren und plötzlich stellte ich erstaunt fest, dass Kevin an meiner Hand lief. Nicht wie sonst immer an Patricks, nein, an meiner Hand. Welch eine Freude durchströmte mich! Ich machte Patrick mit einem Augenkontakt darauf aufmerksam, und dieser grinste mich an. Kevin lebte zu der Zeit schon ein gutes Jahr bei uns. Und ich hatte mittlerweile etwas Bedenken, ob er es überhaupt jemals schaffen würde, eine Bindung mit mir einzugehen. Nun war es wenigstens ansatzweise soweit.

Im Gegensatz zu der Urlaubserfahrung war es faszinierend, mit welcher Leichtigkeit Kevin seinen Einstieg in eine private Krippeneinrichtung meisterte. Kevin war bis dato ein Jahr nur von Patrick und mir betreut worden. Wir hatten noch keinen Babysitter engagiert, es hatten noch keine Freunde oder Verwandte auf ihn aufgepasst. Vor dem Urlaub hatten wir ihn in dieser Krippe für einmal wöchentlich drei Stunden angemeldet. Gleich ein paar Tage nach dem Urlaub fing die Betreuung an. Es blieb kaum mehr Zeit, ihn entsprechend darauf vorzubereiten und ihm die Einrichtung und die Betreuerinnen zu zeigen. Etwas beklommen ging ich mit unserem Sohn dorthin. Unglücklicherweise, so dachte ich, waren wir noch die Ersten. Ich stellte ihn den beiden Betreuerinnen vor. Er zog ohne Proteste seine Jacke und Schuhe aus und ließ sich alles zeigen. Nach knapp zehn Minuten konnte ich gehen, mittlerweile waren zwei weitere Kinder gekommen.

Ich rief ganz aufgeregt meinen Mann an und erzählte ihm, dass bisher alles glatt gelaufen war. Wieder einmal kamen mir Tränen, dieses Mal vor Rührung und Erleichterung. Das Handy blieb den Vormittag über an, für alle Fälle. Es klingelte allerdings nicht. Ich holte den jungen Mann nach drei Stunden ab und es hatte ihm offensichtlich gut gefallen. Auch in den kommenden Monaten gab es nie Probleme in dieser Kinderkrippe.

Vielleicht, so denke ich im Nachhinein, war es gut für Kevin, dass er ein komplettes Jahr nur mich – notgedrungen am meisten – oder seinen geliebten Papa Patrick als Bezugspersonen hatte. Nach diesem intensiven Jahr konnte er ohne Verlassensängste drei Stunden von uns getrennt verbringen. In der Sicherheit, dass wir ihn wie verabredet wieder abholten. Wir waren sehr erleichtert und fortan hatte ich einmal die Woche drei Stunden Zeit, um zu schreiben, etwas einzukaufen, einiges Unerledigte im Haushalt zu erledigen oder auch mal nur für mich zum Auftanken.

Ebenso einfach wie der Einstieg in die Kinderkrippe war der in den Kindergarten. Kevin war gute drei Jahre alt. Von Anfang an konnte ich Kevin für mehrere Stunden dort lassen und fast immer ließ unser Sohn mich friedvoll gehen. Was am Anfang allerdings Probleme bereitete, war, wenn sich die Kinder anziehen mussten, um rauszugehen. Da gab es regelmäßig Theater. Später war es umgekehrt, Kevin war fast ständig draußen.

Im krassen Gegensatz hierzu verlief – nach einer sechswöchigen Sommerpause – der Wiedereinstieg in die wöchentliche Eltern-Kind-Musikstunde. Der Grund: Sie fand in neuen Räumlichkeiten und mit nur der Hälfte der gewohnten alten Gruppenmitglieder statt. Dafür waren einige neue Kinder dabei. Ich hatte das Kevin zwar alles gesagt, aber er hatte offensichtlich nur „Musikstunde“ verstanden und das mit dem anderen Raum nicht mitbekommen. Und das setzte Kevin so zu, dass er nicht dableiben wollte und ganz laut rumgebrüllt hat.

So extrem wie damals waren die Übergänge zwischen Winter und Frühling nicht mehr, allerdings gab es meistens auch temperaturmäßig moderatere Übergänge. Aber gewohnt sind wir schon, dass es Diskussionen, wenn nicht gar Gebrüll und Getobe gibt, wenn der Schal wegbleiben darf bzw. eine dicke Winterjacke nach dem Herbst angezogen werden muss.

Was in unserem Familienalltag mit Kevin ganz wichtig ist – ich denke, ich spreche hier für alle Pflegekinder (und bestimmt auch für viele leibliche), sind Rituale und eine Gleichförmigkeit bestimmter Dinge. Wir achten sehr hierauf alleine schon, um uns den Alltag zu erleichtern. Vor dem Essen sprechen wir z.B. gemeinsam ein kurzes Tischgebet. Das Zubettgehritual für Kevin versuchen wir möglichst zur gleichen Uhrzeit zu halten, es beginnt mit einem kleinen Gesang: „Wer hat an der Uhr gedreht, ist es wirklich schon so spät?“ Dann geht er ins Badezimmer, um sich bettfertig zu machen. Anschließend sagt er dem Elternteil, der ihn nicht ins Bett bringt und mittlerweile seiner Schwester Antonia „Gute Nacht“. Als Nächstes bekommt er in seinem Zimmer eine Gute-Nacht-Geschichte vorgelesen. Es folgt ein gemeinsames Gebet bei mir (mein

Mann singt etwas). Dann steigt Kevin in sein Hochbett und bekommt einen Kuß und ihm wird gesagt, wie lange er noch Kassette hören darf. An einen Jahreszeitenwechsel, also Übergang, erinnere ich mich noch sehr deutlich: Als Kevin gute drei Jahre alt war, lag ich mit Fieber im Bett. Patrick hatte sich gerade selbstständig gemacht, sodass wir froh waren, als eine Freundin uns anbot, Kevin nachmittags abzuholen. Es war gerade recht warm geworden, über 20 Grad – die Tage vorher war es noch bitterkalt gewesen. Kevin war also gewohnt, Mütze, Jacke, Schal und Handschuhe anzuziehen. Und jetzt war es vom einen auf den anderen Tag ein milder Frühlingstag. Patrick wollte Kevin schon fertig anziehen, bevor er abgeholt wurde. Kevin wollte aber unbedingt seine Winterjacke, einen Schal, eine Wollmütze und seine Handschuhe anhaben. Patrick versuchte, es ihm zu erklären und reichte ihm eine leichte Übergangsjacke. Aber es war nichts zu machen – Kevin wollte seine vertrauten Wintersachen anhaben. Er fing zuerst an zu motzen, zu schreien und nach einer kurzen Weile rastete er vollkommen aus. Er tobte, brüllte, sein Schreien wurde hysterisch und er war nicht mehr ansprechbar. Gerade zu dem Zeitpunkt kam die Freundin, die ihn mit ihren Kindern zusammen abholen wollte. Kevin war kaum zu beruhigen. Nach einer ganzen Weile hörte ich, wie die Freundin mit den Kindern und dem immer noch schreienden Kevin gehen wollte. Patrick kam zu mir hoch – ich hatte vom Sofa aus die ganze Schreierei deutlich mitbekommen. Ich sagte gerade zu Patrick, dass er Kevin in diesem Zustand eigentlich niemandem zumuten könne, als das Geschrei draußen im Hof wieder anschwoll. Patrick lief runter und Kevin blieb bei uns. Mein Mann musste sich um ihn kümmern und später eine Nachtschicht einlegen.

Besuchskontakte mit Kevins leiblicher Mutter und seinem Opa

Der erste Besuchskontakt mit Kevins leiblicher Mutter Valentina fand, wie schon im Kapitel „Kevin zieht endlich zu uns“ beschrieben, zwei Tage, nachdem Kevin bei uns lebte, statt, der nächste einen Monat später. Die Kontakte fanden vorerst in einem Besucherzimmer des Jugendamtes statt, unter sterilen Bedingungen. Das Zimmer war zwar groß, hatte aber einen großen Besprechungstisch darin und wenig Spielzeug. Unsere Betreuerin Frau Sturm war meistens anwesend und es gab warme und kalte Getränke.

Beim zweiten Treffen war Kevins Opa bereits da und nahm ihn auf den Arm. Kurz darauf kam seine leibliche Mutter und spielte mit Kevin. Das war für Kevin sehr schön, er gluckste viel vor Freude. Nach dem Treffen im Amt hat sich der Opa eine schwarze Baumwolltasche über den Kopf gestülpt und Kevin auf der Straße damit erschreckt. Sehr sogar. Kevin fing laut zu weinen an und wollte in seinen Buggy. Solche übermütigen Scherze macht der Opa öfter, ich muss Kevin in solch einem Fall immer beschützen, beruhigen und notfalls dem Großvater Einhalt gebieten. Der Opa selbst wuchs in einem Heim auf und kennt daher hauptsächlich solche wilden Spiele. Kevins Opa und seine Mutter begleiteten uns zum Bahnhof. Nach diesem Kontakt hat Kevin nachts eine Stunde gehustet. Unsere Homöopathin gab ihm ein Kummerhustenmittel. Sie mutmaßte, dass der kleine Mann uns damals etwas hustete, das wäre seine Art, uns mitzuteilen, was bei ihm gerade los sei. Kevin zeigte Verlassensängste, er schlief nur ein, wenn wir ihm seine Hand hielten. Dies quasi als Rückversicherung, dass wir bei ihm blieben.

Beim nächsten Besuchskontakt mit seiner leiblichen Mutter zeigte sich Kevin mal nicht von seiner Sonnenscheinseite. Er wurde schnell ziemlich wütend, wenn nicht alles so lief, wie er es gerade wollte. Valentina war erstaunt, wie jähzornig ihr Sohn sein konnte. Wir wurden wieder bis zum Bahnhof begleitet. Die nächsten Tage mit ihm verliefen äußerst anstrengend, Kevin war sehr gereizt, das Zubettbringen brachte Probleme und er wachte öfters von Albträumen geplagt auf.

In der Weihnachtszeit ging ich mit Kevin beim monatlichen Treffen auf den Weihnachtsmarkt, begleitet von Frau Sturm. Kevins leibliche Mama fuhr dreimal mit ihrem Sohn Karussell, was ihm sehr gefiel. Nach einer Weile sind wir noch etwas essen gegangen: Pommes. Ich habe immer das Gefühl, Valentina denkt, Kevin bekommt bei uns hiervon zu wenig. Für sie scheint das sehr wichtig zu sein. Im Restaurant sah ich sie per Handy telefonieren, dachte mir jedoch nichts dabei. Als kurze Zeit später Freundinnen von ihr kamen, führte sie diesen jungen Frauen Kevin vor. Was verständlich ist, sie ist sehr stolz auf ihren Sohn. Andererseits wurde das für Kevin zu viel. Mittlerweile waren zwei Stunden vorbei (die Besuchskontakte waren eigentlich auf eine Stunde angesetzt), und ich fand, dass es Zeit zum Aufbruch war. Leider achtete die damalige Betreuerin nicht auf die Zeit und ich musste sie bitten, den Kontakt jetzt offiziell zu beenden, was sie auch bald tat. Ich fuhr mit Kevin per Straßenbahn zum Bahnhof und da fing er schon an zu schreien. Im Zug rastete er vollends aus, er schrie, tobte rum, bäumte sich auf – er ließ sich von mir nicht trösten. Er reagierte sicherlich so heftig, weil nach den Kontakten der alte Schmerz, von der Mutter weggegeben zu sein in ihm lebendig wurde. Dazu kamen dieses Mal die vielen Reize. Ich schnallte ihn im Buggy fest – das muss die Leute im Zug sehr gewundert haben. Ich wusste aber, ich kam in diesem Zustand nicht an ihn ran. Wir mussten noch per Straßenbahn zu uns nach Hause und dort hielt ich Kevin gut eine halbe Stunde fest. Zuerst schrie er und weinte, wollte raus aus meiner festen, liebevollen Umarmung bzw. Umklammerung – nachher war er wieder zufrieden mit sich und der Welt, kuschelte sich an mich, konnte reden und wieder lachen. Ich denke, ich hätte Kevin besser schützen müssen und hätte nicht mehr mit zum Essen gehen dürfen. Ich tat es seiner Mutter zuliebe. Fortan achtete ich mehr auf Kevins Bedürfnisse als auf die seiner leiblichen Mutter. Ich sah meine Funktion bei den folgenden Kontakten eher als Beschützerin von Kevin.

Als Kevin noch in Bereitschaftspflege war, gab es wöchentliche Besuchskontakte, d.h. als er zu uns kam, hatte er noch eine recht intensive Bindung an seine leibliche Mutter und vor allem an den Opa. Bei den ersten Besuchskontakten mit seiner Bauchmama wurde er immer recht schnell warm mit ihr, sie zeigte sich bemüht und spielte zumindest eine Zeitlang mit ihm. Späterhin nahmen ihre Bemühungen zusehends ab und sie saß öfters am Tisch, trank Kaffee, beobachtete Kevin und sprach mit der Betreuerin oder mit mir. Das kannte ich so gar nicht, denn Joan spielte mit unserem ersten Pflegesohn Sam jeweils die ganze Stunde recht intensiv. Kevin ging stets zu seiner Bauchmama und animierte sie zum Mitspielen, was sie mal tat, mal nicht. Ich empfand das manchmal als schlimm für Kevin, da er um Aufmerksamkeit betteln musste. Oftmals spielte ich etwas mit ihm. Vom Verstand her war mir klar, dass Valentina nicht angemessen auf Kevin eingehen konnte, sonst wäre er noch bei ihr.

Ich hatte so das Gefühl, dass bei dem Besuchskontakt nach Kevins zweitem Geburtstag, als er also ca. fünf Monate bei uns lebte, die Bindung schon deutlich weniger geworden war. Mein Mann war dieses Mal dabei und Kevin blieb zuerst nur in seiner Nähe. Erst nach einer Weile ging er auf seinen Opa und Valentina-Mama zu. Er bekam ein paar Kleidungsstücke geschenkt und ein paar Turnschuhe. Das erstaunte mich, weil er ja direkt damit nichts anfangen konnte. Valentina-Mama hatte nicht wie vereinbart einen Kuchen mitgebracht und wir begnügten uns daher mit den von uns mitgebrachten restlichen Weihnachtskeksen. Auf der Rückfahrt im Zug schaute Kevin abwechselnd mich und meinen Gatten an und sagte „Ama“ bzw. „Papa“ zu uns, ganz so, als ob er sich rückversichern wollte, dass wir jetzt seine Eltern seien. Wie bisher gewohnt war Kevin nach diesem Besuchskontakt ein paar Tage sehr anhänglich, seine Frustrationstoleranz war äußerst niedrig und er hatte wieder Probleme beim abendlichen Einschlafen. Und wieder wachte er von Albträumen geplagt auf.

Ich bat Kevins Vormund um ein Gespräch, weil ich Valentinas Verhalten nicht einordnen konnte. Durch ihre Erklärungen wurde mir Valentinas Verhalten und ihre Motivation klarer. Der Vormund sagte, Valentina schenke Kevin Kleidung und Essen, weil das für sie damals wichtig gewesen wäre. Spielzeug etc. waren in ihrer eigenen Kindheit Luxus. Sie empfahl mir, das Buch „Die große Flatter“ von Leonie Ossowski zu lesen, was ich baldmöglichst auch tat. der Vormund sagte weiterhin, dass das Milieu, aus dem Kevins Familie kommt, entsprechend dem im Buch war: Alkoholikerfamilie, armes Milieu, die Kinder mussten z.T. auf dem Boden schlafen, die Existenz war nicht gesichert, dann kam die Trennung der Eltern, die sich hinzog. Der nebulöse Tod der älteren Schwester von Valentina war unaufgeklärt geblieben. Also die Grundbedürfnisse wie essen, schlafen und Wärme waren für Valentina und ihre Geschwister nicht kontinuierlich gestillt. Ihre Schwangerschaft mit Kevin war nicht geplant und die Freundschaft zu Kevins leiblichem Vater war von Anfang an problematisch gewesen.

Valentina, so meinte der Vormund, sei eventuell auf eine Art neidisch auf Kevin, darauf, wie er aufwachsen darf. Er hat das, was sie vermisste und sich damals in ihrer Kindheit so sehr gewünscht hätte. Und somit konnte Valentina wohl schwer verstehen, warum sie das in ihrer Kindheit alles aushalten musste und sich niemand um sie gekümmert hat, aber jetzt bei Kevin alles so eng gesehen wird. Vielleicht konnte sie es deshalb nicht so ernst nehmen, wenn ihr gedroht wurde, Kevin in Pflege zu geben, falls sie ihr Verhalten und ihren Umgang mit ihm nicht verändern würde. Sie konnte die Entscheidung: „Ich schaffe es nicht mit Kevin“ nicht selbst treffen, das wäre wegen ihrer Familie und ihrem Stolz nicht gegangen. Valentinas Mutter, also Kevins Oma, war absolut dagegen, Kevin in Pflege zu geben. Valentina hätte daher sehr gekämpft, es doch alleine mit Kevin zu schaffen. Sie stand in der Zwickmühle zwischen ihren eigenen Ansprüchen, denen der Familie, den Freunden und denen des Amtes. Aus der Sicht des Vormunds macht Valentina in ihrer eigenen Entwicklung gute Fortschritte. Das konnte ich nicht beurteilen, ich kannte sie ja erst einige Monate.

Dieses Gespräch und auch das Buch „Die große Flatter“ haben mir und meinem Mann nochmals sehr geholfen, Valentina besser zu verstehen. Das, was in diesem Buch stand und was mir der Vormund berichtete, war eine mir fremde Welt. Das gab es bisher für mich nur im Fernsehen. Mir wurde schlagartig (wieder) klar, dass meine Ansprüche, die ich an sie hatte, zu hoch waren. Ich hatte immer gedacht, die eine Stunde im Monat müsste sie es doch schaffen, mit ihrem Sohn zu spielen und halbwegs kindgemäß auf ihn einzugehen. Nun, durch ihre eigene Geschichte war klar, dass sie das nicht leisten konnte und natürlich auch nicht mehr leisten musste. Sie hatte ihr Kind ja abgeben müssen und war nur noch seine Besuchsmama. Und sie kam immerhin die ersten Jahre fast zu jedem Termin. Das schaffen längst nicht alle Herkunftsmamas.

Ich hatte das Gefühl, dass sich nach und nach unser Verhältnis etwas verbesserte. Zu Beginn hatte Valentina große Probleme damit, dass Kevin aus der Bereitschaftspflege, von der Pflegemama, die sie zwischenzeitlich gut kannte, weg musste und sie und ihr Sohn sich wieder auf jemand Neues einlassen mussten. Sie konnte von Anfang an mit Patrick besser umgehen als mit mir. Mittlerweile haben wir ein recht gutes Verhältnis, wie es eben in unserem einstündigen Rahmen jeden Monat möglich ist. Sie fragt jetzt z.B., was sie Kevin denn schenken könne? Bei fast jedem Besuchskontakt ist ihre erste Frage an Kevin: „Geht es dir gut?“ Und oftmals bringt sie Kevin etwas mit, eine Brezel oder irgendeine Süßigkeit.

Als Kevin ca. ein halbes Jahr bei uns lebte, wurden seine Albträume seltener, die er nach den Besuchskontakten mit seiner leiblicher Mutter und seinem Opa hatte. Hierbei handelte es sich sicher auch um seine Verlassensängste, diese wurden weniger. Was blieb, war für eine längere Zeit, dass die nächsten Tage nach einem Treffen sehr anstrengend waren: Kevin war noch quengeliger als sonst, kämpfte um jede Kleinigkeit, brüllte viel und vor allem laut rum.

Den Besuchstermin vor Weihnachten, als Kevin fünfzehn Monate bei uns lebte, wollten wir wieder zusammen auf dem Weihnachtsmarkt verbringen. Da unsere Betreuerin gerade wechselte, trafen wir uns dieses Mal ohne Begleiterin vom Jugendamt. Und dieser Termin bescherte uns eine große Überraschung: Kevins Uropa mütterlicherseits tauchte quasi aus dem Nichts auf. Er kam einfach mit Valentina zum vereinbarten Treffpunkt. Kevin erkannte ihn nicht mehr, seinen Uropa hatte er ein paar Mal in seinen ersten Lebensmonaten gesehen. Der Uropa brachte zwei größere Geschenke mit. Er versuchte, Kontakt zu Kevin zu bekommen, dieser blockte das aber ab, schließlich war er für ihn ein fremder Mann. Zudem hatten wir Kevin nicht darauf vorbereiten können, weil wir ja selbst nichts wussten von diesem Überraschungsgast. Valentina-Mama und sein Opa fuhren Eisenbahn und Karussell mit Kevin und kauften ihm ein Wurstbrötchen. Es wurde ein schöner Nachmittag und erst nach knapp zwei Stunden verabschiedeten wir uns von seiner größer gewordenen Herkunftsfamilie. Valentina hatte beim Abschiedskuss Tränen in den Augen, vielleicht vor Traurigkeit oder Rührung. Kevin war nach diesem Besuch auf dem Weihnachtsmarkt müde und ziemlich überdreht.

Die Besuchskontakte veränderten sich im Laufe der Monate leider dahingehend, dass Valentina eine immer passivere Rolle einnahm. Oftmals saß sie nur am Tisch, trank Kaffee und beobachtete ihren Sohn. Dieser musste sie mehrmals auffordern, mit ihm zu spielen. Der Opa zeigte meistens mehr Engagement. Wenn wir draußen auf dem Spielplatz waren, war es besser, da spielte zumindest der Opa gerne mit ihm Fußball. Valentina wurde schwanger und noch passiver, Gott sei Dank in der Zeit, als wir draußen waren und Kevin mit dem Opa Fußball spielen konnte. Als Kevins Halbschwester Tamy ein paar Wochen alt war, gab es einen Besuchskontakt. Bei diesem Treffen warf Kevin nur einen flüchtigen Blick in den Kinderwagen, obwohl ich ihn zu Hause extra auf seine kleine Halbschwester vorbereitet hatte. Valentina saß auf der Bank, gab dem Baby das Fläschchen und spielte ein bisschen mit dem Neugeborenen. Und seither ist das zum Großteil so geblieben, dass die Hauptaufmerksamkeit von Kevins Bauchmama bei ihrer kleinen Tochter ist, was ja auch normal ist, da sie kleiner und damit hilfebedürftiger ist. Bisher haben die beiden Halbgeschwister nie ein gemeinsames Spiel gefunden – ganz im Gegensatz zu Kevin und seiner kleinen Pflegeschwester Antonia. Die eigentliche Schwester ist für Kevin selbstverständlicherweise auch Antonia, die ein halbes Jahr nach Tamy geboren wurde. Tamy sieht er einmal monatlich für eine Stunde und diese hängt meistens am Rockzipfel ihrer Mutter.

Als Kevin zwei Jahre bei uns lebte, wurde theoretisch das hiesige Jugendamt für uns zuständig. Denn die Zuständigkeit wechselt gesetzlich festgelegt nach zwei Jahren zu dem Jugendamt, in dem die Pflegeeltern wohnen. Bis es in der Realität so weit war, verging allerdings noch ein dreiviertel Jahr. Während der Zeit im B.-er Jugendamt wechselte die Betreuerin für Kevin drei Mal. Einmal, als die Betreuerin frühzeitig in den Vorruhestand ging, übernahm die frühere Betreuerin aus der Bereitschaftspflege wieder unseren Fall. Als ein gutes halbes Jahr später eine Nachfolgerin von Frau Sturm angetreten war, wurde diese nach einer längeren Einarbeitungszeit noch für kurze Zeit für uns zuständig.

In S. sollte es ähnlich weitergehen. Unsere erste Betreuerin, die wir noch von Julia her kannten, wurde schwanger und wir bekamen eine sehr junge, engagierte Betreuerin, allerdings nur für vier Monate. Denn eine andere Kollegin wechselte ihre Abteilung nach einem halben Jahr zurück, und durch die komplizierte Stellenverteilung im öffentlichen Dienst bekamen wir nochmals jemand Neues. Das ist für ein Pflegekind, das doch Kontinuität bräuchte, gar nicht so einfach. Bei Kevin hatten allerdings bislang die Betreuerinnen keinen wirklich wichtigen Platz in seinem Leben.

Als nun auch in der Praxis das Jugendamt der Stadt S. für uns zuständig war, fuhren wir per Straßenbahn dorthin. Für uns war das natürlich eine Erleichterung, fuhren wir doch bislang per Zug oder Auto in die benachbarte Stadt B. Kevin sah sich ganz neugierig im für ihn fremden Jugendamt um und wir wurden von Frau Zweig begrüßt. Wir warteten vergeblich, denn Valentina-Mama und sein Opa kamen nicht. Nach einer dreiviertel Stunde gingen wir wieder. Kevin war traurig.

Am folgenden Tag rief Frau Zweig an und sagte, Valentina hätte sich frühmorgens gemeldet und gefragt, wie sie zum Jugendamt käme. Frau Zweig sagte ihr, dass der Termin gestern gewesen wäre. Darauf sagte Valentina, dass ihr Vater bei ihr gewesen wäre und losfahren wollte, sie hätte es ihm aber ausgeredet, weil der Termin ja erst heute wäre. Es wäre für mich ein Leichtes gewesen, kurz im Jugendamt anzurufen und nachzufragen, welcher Termin nun stimme. So jedenfalls hätte ich es gemacht. Auf solch eine Lösung kam Valentina leider nicht. Das soll jetzt nicht einmal abwertend sein – es ist allerdings für mich manchmal dennoch eine andere Welt mit anderen Verhaltensmustern.

Einen Monat später wurde der nächste Termin im Jugendamt festgesetzt. Dieses Mal blieb Antonia bei unserer Babysitterin zu Hause und ich fuhr mit Kevin alleine hin. Leider wieder umsonst. Wir warteten wieder eine dreiviertel Stunde. Frau Zweig versuchte, Valentina und den Opa telefonisch zu erreichen, was nicht gelang. Kevin fragte quasi minütlich nach, ob sie denn noch kommen würden. Darauf konnten wir ihm leider keine Antwort geben. Als wir uns zum Gehen bereitmachten, fragte Kevin mehrmals, warum die drei denn nicht gekommen seien. Dieses Mal schien er vor allem wütend zu sein. Um dem Nachmittag noch etwas Schönes abzugewinnen, sind wir noch ein Eis essen gegangen. Zu Hause erzählte er sofort der Babysitterin, dass seine Valentina-Mama und der Opa nicht gekommen seien. Abends beim Einschlafen weinte er mit seinem Lieblingskuscheltier im Arm, sagte aber nicht, warum. Nachts kam er zu uns ins Bett gekrochen, was er nur selten tat. Frau Zweig rief bei Valentina an und diese sagte, sie sei derzeit sehr beschäftigt, sie müsse „Stunden abarbeiten", d.h. eine kleine in Sozialstunden umgewandelte Strafe ausführen. Sie dachte, der Termin sei der 16. und nicht der 6. Juli. Beim nächsten Mal wolle sie aber kommen. Frau Zweig erklärte ihr, dass das so nicht ginge und dass das für Kevin schlimm gewesen sei. Beim nächsten Termin machten wir es so, dass Valentina und der Opa erst im Jugendamt sein mussten und erst in dem Fall wurden wir angerufen und starteten.

Am besten verlaufen auch in S. die Besuchskontakte draußen, z.B. auf einem Spielplatz. Das entspannt die Situation. Manchmal hat Valentina es gut geschafft, mit Kevin Kontakt aufzunehmen und zu spielen. Sie bauten Sandburgen und untertunnelten diese beide mit großer Begeisterung. Inzwischen hat Valentina mit ihrem Lebensgefährten noch eine weitere Tochter, die sie regelmäßig zu den Besuchskontakten mitbringt. Sie hat somit wenig Zeit, auf Kevin einzugehen. Wenn sie es schafft, sich die Zeit für Kevin zu nehmen, gelingt es ihr, einen Zugang zu ihm zu finden. Meist jedoch ist sie durch ihre beiden Töchter so in Beschlag genommen, dass Kevin beim Besuchskontakt zu kurz kommt. Kevin hat es am liebsten, seine kleine Schwester Antonia ist auch mit dabei. Das scheint ihm Sicherheit zu geben, wenn wir auch in großer Personenzahl kommen.

Kevins leibliche Mutter hatte im Sommer, als Kevin knapp vier Jahre bei uns lebte, alleine einen Termin bei unserer gemeinsamen Betreuerin. Sie preschte nach Angaben unserer Betreuerin herein und forderte, Kevin ab sofort öfter und länger zu sehen, und verlangte, dass er in einem oder zwei Jahren wieder ganz bei ihr leben dürfe. Sie hätte bemerkt, dass sie keine wirkliche Beziehung mehr zu ihrem Sohn hätte, und wolle dies daher, bevor er zurückkäme, intensivieren. Sie hätte Kevin gegenüber ein schlechtes Gewissen, ihre kleine Tochter lebe schließlich bei ihr und das zeige doch, dass sie sich geändert hätte. Frau Stab, unsere neue Betreuerin, bremste sie erstmal aus in ihren Forderungen und erklärte ihr ausführlich Kevins Situation nach vier Jahren bei uns in der Pflegefamilie. Und dass aus Sicht des Gerichtes und des Jugendamtes Kevin bei uns in Dauerpflege lebte und nicht wieder herausgerissen werden könne. Sein Lebensmittelpunkt sei seine Pflegefamilie und wir wären seine Eltern (seine emotionalen, sozialen und psychologischen) und er hätte sich hier verwurzelt und könne nicht auf einem Abstellgleis geparkt werden, bis er zurück zur leiblichen Mutter könne. Valentina-Mama sei daraufhin erst mal sehr ruhig und nachdenklich gewesen. Frau Stab wolle bei ihr einen Prozess des „Abschiednehmens" in Gang setzen, sodass Valentina es schafft, den Wunsch, dass Kevin irgendwann wieder bei ihr leben könne, aufzugeben.

Das wäre für Kevin sicherlich zu seinem Besten, wenn er mit dem Segen seiner leiblichen Mutter bei uns aufwachsen könnte. Ansonsten befindet er sich in einem Loyalitätskonflikt, den ich ihm gerne ersparen würde. Zu den nächsten Terminen mit Frau Stab, bei dem es um Kevins Zukunft gehen sollte, erschien Valentina allerdings nicht. Dann kam es Monate später zu einem erneuten Zweiergespräch zwischen der Bauchmama und Frau Stab, dessen Verlauf dem ersten sehr ähnelte. Valentina zeigte wieder ihre zwei Seiten: die wütende und egoistische, die ihren Sohn um jeden Preis zurückhaben wolle und bereit sei, dafür zu kämpfen. Und die verstehende Seite, die sich zumindest kurzfristig in ihren Sohn versetzen kann. Dabei fühlte sie ihren Schmerz, meint Frau Stab. Sie sagte Valentina, sie müsse eine neue Rolle finden, um Kevin eine Mutter zu sein, die es ihm ermöglicht, dass es ihm bei den Pflegeeltern gut gehe. Und sie solle mit uns, Kevin zuliebe an einem Strang ziehen. Kevins Bauchmama sagte, sie wolle es versuchen und mehr von Kevin und seinem Alltag bei den Pflegeeltern erfahren. Hierzu vereinbarten wir einen erneuten Termin, bei dem ich dabeisein sollte. Ich suchte ca. 30 Fotos des letzten Jahres raus, mit besonderen Ereignissen, für Kevin wichtige Personen und Sonstiges aus seinem Alltag. Leider erschien Valentina auch zu diesem Termin unentschuldigt nicht.

Bei einem der Besuchskontakte im vergangenen Jahr, beim vorherigen kamen wir einmal mehr umsonst, denn Kevins Bauchmama kam unentschuldigt nicht, kam es am Ende zu einer kleinen Eskalation. Als die Betreuerin sagte, dass die Besuchszeit nun vorbei wäre, jammerte Kevins leibliche Mutter, dass sie sich wie eine Schwerverbrecherin vorkäme. Sie dürfe ihren Sohn nur eine Stunde sehen usw. Mein Mann, der diesen Besuchskontakt durchführte, hielt sich so gut es ging mit Kevin abseits. Auch der Opa motzte für seine Verhältnisse lautstark rum und warf Drohungen in den Raum. Dann brach die leibliche Mutter in Tränen aus. Kevin fragte Patrick, warum sie denn weinte. Frau Stab beschwichtigte die leibliche Mutter und bat sie, dies telefonisch zu klären und nicht während eines Besuchskontaktes. Aus meiner Sicht geht es darum, Kevin vor solchen Szenen, so gut es geht, zu schützen. Gerne bin ich bereit mich mit seiner Mutter auseinanderzusetzen, aber ohne den kleinen Mann. Es bleibt abzuwarten, wie die Dinge sich entwickeln.

Bei einem der letzten Besuchskontakte, erzählte die Mutter von Kevin uns, dass sie wieder Kontakt mit Kevins leiblichem Vater aufgenommen hätte. Und dieser hätte nach Kevin gefragt und sich überlegt, ob dieser nicht bei ihm leben könne. Er hat Kevin das letzte Mal gesehen, als dieser neun Monate alt war. Unsere Betreuerin vom Jugendamt beruhigte uns zugleich, dass der Vater, bevor er mit zu einem Treffen kommen könne, zuerst mal zu ihr zu einem Gespräch zu erscheinen hätte. Wir hoffen jetzt nur, dass er nicht einmal unangemeldet zu einem unbetreuten Kontakt kommt. Kevin weiß von dieser neuen Entwicklung noch nichts, wir wollen vorerst erstmal keine Pferde scheu machen. Es gab bald danach ein Hilfeplangespräch. Kevins Mutter kam unentschuldigt nicht. Diese Hilfeplangespräche finden halbjährlich statt und bisher hat die leibliche Mutter nur an einem teilgenommen.

Wann kann ein Antrag auf Verbleib des Kindes in der Pflegefamilie gestellt werden?

Die Pflegeeltern können, wenn das Pflegekind schon länger bei ihnen in der Familie lebt, einen Antrag auf Verbleib des Kindes in ihrer Familie stellen, wenn der Sorgeberechtigte vorhat, das Kind aus ihrer Familie herauszunehmen.

Die Pflegeeltern müssen diesen Antrag im Familiengericht stellen. Er bewirkt, dass der Familienrichter zwei Fragen prüfen muss:

1. Sind die leiblichen Eltern erziehungsfähig?
2. Würde eine Kindeswohlgefährdung oder Kindeswohlschädigung auftreten, wenn das Kind von seinen Pflegeeltern getrennt würde?

Die gesetzliche Regelung findet sich im BGB 1632 Herausgabe des Kindes; Bestimmung des Umgangs; Verbleibensanordnung bei Familienpflege, Absatz 4.

Für solch ein Verfahren muss der Richter dem Pflegekind einen Verfahrenspfleger als Anwalt des Kindes an die Seite geben, der seine Interessen vertritt. Zudem wird ein Gutachter beauftragt, der sowohl die Lebens- und Persönlichkeitssituation der leiblichen Eltern als auch die Befindlichkeit und Entwicklung des Kindes untersucht. Der Gutachter macht in seinem ausführlichen Gutachten dem Richter einen Vorschlag.

Der Begriff der "längeren Zeit" im § 1632.4 ist ein unbestimmter Rechtsbegriff. Er richtet sich nach dem Alter des Kindes. Er soll mit dem Zeitbegriff des Kindes, um das es geht, bestimmt werden. D. h., dass für ein jüngeres Kind der Begriff der "längeren Zeit" anders zu verstehen ist als für ein älteres Kind.

Ein Kleinkind, welches im Alter von einem Jahr in eine Pflegefamilie gekommen ist und dort ein gutes ein Jahr lebt, kann sich an nichts anderes mehr erinnern, es kennt nichts anderes mehr. Es lebt die Hälfte seines Lebens dort, aus seiner Sicht mit Klarheit eine "längere Zeit". Ein älteres Kind hingegen hat ein anderes Erinnerungsvermögen und kann längere Zeiträume verstehen.
In entsprechenden Urteilen und Beschlüssen der Gerichte wird für ältere Kinder ab dem Zeitraum von zwei Jahren in der Pflegefamilie die "längere Zeit" angenommen wird. Dabei wird davon ausgegangen, dass das Kind schon Bindungen an die Pflegeeltern aufgenommen haben könnte und dass eine Trennung von diesen Hauptbezugspersonen das Kind gefährden oder schädigen würde.

Zu Beginn eines solchen Gerichtsverfahrens wird eine einstweilige Anordnung erlassen um das Kind nicht mit einem unnötigen Hin- und Her zu belasten. Diese Verfügung besagt, dass das Kind bis zum endgültigen Beschluss des Gerichtes in der Pflegefamilie zu verbleiben hat.

Die Ziele der Hilfe, die dieses Mal festgelegt wurden, lesen sich wie folgt:

„...Persönlichkeitsentwicklung/soziale Kompetenz:

- Bei Kevin liegt nach Einschätzung der Unterzeichnenden eine Frühtraumatisierung mit sich daraus ergebender Bindungsstörung vor. Ziel ist daher, Kevin in der Pflegefamilie zuverlässige Sicherheit und Geborgenheit durch enge Begleitung und liebevolle Konsequenz zu geben, und sich nicht durch seine oft nervenaufreibenden und den Alltag belastenden häufig vorkommenden Provokationen irritieren zu lassen. Auch die leibliche Mutter kann durch Zuverlässigkeit in den Besuchskontakten hierzu ihren Beitrag leisten.
- Hilfreich ist hierbei, den Blick auf die Ressourcen und Stärken von Kevin zu lenken, in dieser Beziehung immer wieder neugierig zu sein.
- In dem sicheren und geborgenen Umfeld soll Kevin lernen, eine höhere Frustrationstoleranz zu entwickeln, um besser mit Enttäuschung umgehen zu können.
- Es ergibt sich hieraus, dass Kevin dann lernt, die nächsten Bindungspersonen zu achten und ihnen respektvoll zu begegnen, was insgesamt ein harmonischeres Familienleben zur Folge hätte.

Besuchskontakte mit leiblicher Familie: Die Besuchskontakte von der leiblichen Mutter und dem Großvater mütterlicherseits sollten weiterhin regelmäßig stattfinden. Sollten diese Termine nicht wahrgenommen werden können, ist es für Kevin sehr wichtig, dass er hiervon frühzeitig erfährt. Wichtig ist für Kevin, dass seine Mutter in diesen Besuchskontakten Zeit findet, in der sie sich ganz Kevin widmen kann.

Schule:

- Weiter so
- Durch die intensive Hausaufgabenbetreuung soll er lernen, konzentriert zu arbeiten.

Umfeld/Lebenswelt:

- Kevin gelingt es soziale Kontakte zu knüpfen und zu pflegen. Er ist in Gruppen anerkannt. Diese Fähigkeit sollte weiter gefördert und gefestigt werden.
- In Arbeitsgruppen in der Schule oder in Vereinen kann er seine Stärken zeigen und ausbauen und kann so an Selbstbewusstsein gewinnen.
- Die Pflegeeltern werden auf seine Stärken achten und sie entsprechend fördern.

Die Prognose ist als gut einzuschätzen, Kevin hat in der Pflegefamilie seinen Lebensmittelpunkt gefunden; er wird dort geliebt, erfährt dort Sicherheit, Halt und Geborgenheit. Die Pflegeeltern sind nah an der Entwicklung Kevins dran, sie versuchen stets Kevins verschiedensten Facetten zu sehen und zu verstehen. Sie begleiten ihn liebevoll und konsequent, überdenken aber auch immer wieder ihr eigenes Handeln und sind bereit, Anregungen anzunehmen..."

Hilfeplan/Hilfeplangespräch

Wird ein Kind in einer Pflegefamilie untergebracht, muss es einen allgemein so bezeichneten Hilfeplan geben. Dies schreibt der Paragraf 36 SGB VIII vor. In solch einem Hilfeplan werden alle Vereinbarungen und Entwicklungen festgehalten, die die Unterbringung des Kindes betreffen. Es wird festgestellt, was in der Vergangenheit erreicht werden konnte und welche Ziele in der Zukunft anstehen. Der Hilfeplan beschreibt auch die Rahmenbedingungen, unter denen eine Pflegefamilie ihren Erziehungsauftrag erfüllt. Der Hilfeplan soll regelmäßig (meistens halbjährig) in Zusammenarbeit mit allen Beteiligten in einem „Hilfeplangespräch" fortgeschrieben werden. Die Beteiligten sind die Personensorgeberechtigten, die leiblichen Eltern, das ältere Kind oder der Jugendliche und die Pflegeeltern. Je nach Bedarf müssen auch andere für das Kind wichtige Personen hinzugezogen werden. Das könnten z.B. sein: Großeltern, Therapeuten, Lehrer, Kindergärtnerinnen, Ärzte.

In einem Hilfeplan ist z.B. Folgendes enthalten:

- Teilnehmende
- Namen und persönliche Daten der leiblichen Eltern
- Personensorgerecht: Wer trägt dieses? (Kindesmutter, Vormund des Jugendamtes)
- Hilfearten: Bereitschaftspflege oder Vollzeitpflege
- Erster bzw. letzter Hilfeplan und dazwischenliegende Kontakte (Besuchskontakte, Telefonate usw.)
- Psychische und physische Entwicklung des Pflegekindes
- Beziehung des Kindes zu der Pflegefamilie
- Beziehung des Kindes zur leiblichen Familie
- Notwendige Hilfen für das Pflegekind
  - Fortführung bereits eingeleiteter Hilfen in Institutionen (z.B. Therapie, Logopädie)
  - Notwendigkeit neuer Hilfen in Institutionen

- Hilfen in Bezug auf Lernschritte, die von den Pflegeeltern geleistet werden (z.B. das Kind braucht eine klare, liebevolle und Grenzen setzende Erziehung)
- Hilfen, die durch das Jugendamt angeboten werden können (für die Pflegeeltern und die leiblichen Eltern Ansprechpartner sein, wenn es darum geht, Gefühle, Gedanken, Konfliktpunkte zu überdenken und neue Handlungsschritte zu überlegen)

- Prognose (Rückführung zu den leiblichen Eltern geplant, Dauerpflege, Entwicklung des Kindes in der Pflegefamilie)
- Termin der nächsten Hilfeplanfortschreibung.

§ 36 SGB VIII Mitwirkung, Hilfeplan

(1) Der Personensorgeberechtigte und das Kind oder der Jugendliche sind vor der Entscheidung über die Inanspruchnahme einer Hilfe und vor einer notwendigen Änderung von Art und Umfang der Hilfe zu beraten und auf die möglichen Folgen für die Entwicklung des Kindes oder des Jugendlichen hinzuweisen. Vor und während einer langfristig zu leistenden Hilfe außerhalb der eigenen Familie ist zu prüfen, ob die Annahme als Kind in Betracht kommt. Ist Hilfe außerhalb der eigenen Familie erforderlich, so sind die in Satz 1 genannten Personen bei der Auswahl der Einrichtung oder der Pflegestelle zu beteiligen. Der Wahl und den Wünschen ist zu entsprechen, sofern sie nicht mit unverhältnismäßigen Mehrkosten verbunden sind. Wünschen die in Satz 1 genannten Personen die Erbringung einer in § 78a genannten Leistung in einer Einrichtung, mit deren Träger keine Vereinbarungen nach § 78b bestehen, so soll der Wahl nur entsprochen werden, wenn die Erbringung der Leistung in dieser Einrichtung nach Maßgabe des Hilfeplanes nach Absatz 2 geboten ist.

(2) Die Entscheidung über die im Einzelfall angezeigte Hilfeart soll, wenn Hilfe voraussichtlich für längere Zeit zu leisten ist, im Zusammenwirken mehrerer Fachkräfte getroffen werden. Als Grundlage für die Ausgestaltung der Hilfe sollen sie zusammen mit dem Personensorgeberechtigten und dem Kind oder dem Jugendlichen einen Hilfeplan aufstellen, der Feststellungen über den Bedarf, die zu gewährende Art der Hilfe sowie die notwendigen Leistungen enthält; sie sollen regelmäßig prüfen, ob die gewählte Hilfeart weiterhin geeignet und notwendig ist. Werden bei der Durchführung der Hilfe andere Personen, Dienste oder Einrichtungen tätig, so sind sie oder deren Mitarbeiter an der Aufstellung des Hilfeplans und seiner Überprüfung zu beteiligen.

(3) Erscheinen Hilfen nach § 35a erforderlich, so soll bei der Aufstellung und Änderung des Hilfeplans sowie bei der Durchführung der Hilfe die Person, die eine Stellungnahme nach § 35a Abs. 1a abgegeben hat, beteiligt werden; vor einer Entscheidung über die Gewährung einer Hilfe zur

Erziehung, die ganz oder teilweise im Ausland erbracht werden soll, soll zum Ausschluss einer seelischen Störung mit Krankheitswert die Stellungnahme einer in § 35a Abs. 1a Satz 1 genannten Person eingeholt werden. Erscheinen Maßnahmen der beruflichen Eingliederung erforderlich, so sollen auch die Stellen der Bundesagentur für Arbeit beteiligt werden.

Der letzte Besuchskontakt fand wieder auf dem Weihnachtsmarkt statt, unbetreut, das ist nun schon Tradition. Valentina-Mama sagte zu Kevin: „Ich habe dich ganz fürchterlich lieb. Weißt du das eigentlich?" Kevin schien das etwas zu irritieren. Er bekam u.a. ein ferngesteuertes Flugzeug geschenkt, und als die Aufladung des Akkus am nächsten Tag nicht klappte, rastete er einmal wieder komplett aus. Er war völlig verzweifelt, ließ sich jedoch nicht trösten, zerstörte seine Zimmertür. Ob es nur an der geringen Frustrationstoleranz lag, dass er erst eine halbe Stunde später mit dem Flieger spielen konnte oder ob ihm die Besuchskontakte nach wie vor zusetzen, kann ich nicht wirklich sagen. Ich denke, es war eine Mischung von beidem.

Antonia

Wie sich die Schöpfung offenbart?
Im Wolkenspiel des Windes.
Im Schneekristall. Im Blütenduft.
Im Lachen eines Kindes.

Lothar Schumacher

Nochmals ein Neugeborenes?

Nachdem Kevin ca. ein Jahr bei uns lebte, wussten wir, dass wir irgendwann ein weiteres Dauerpflegekind aufnehmen möchten. Als Kevin knapp zwei Jahre bei uns war, fühlten wir uns dazu bereit. Wir hatten erfahren, dass es in den unterschiedlichen Jugendämtern verschiedene Theorien gibt, wie lange man warten sollte, bevor man ein weiteres Pflegekind bei sich aufnimmt. Von meiner Schwägerin erfuhr ich, dass man dort im Normalfall bei Kleinkindern so lange wartet, bis das Kind so lange in der Pflegefamilie lebt, wie es alt war, als es aufgenommen wurde. Wenn ein Kind also mit einem Jahr aufgenommen wurde, muss man ein Jahr warten, bevor man ein weiteres aufnehmen darf. Im B.er Jugendamt galt es als normal, dass man unabhängig vom Alter des Kindes zwei Jahre warten muss, bevor ein weiteres Kind vermittelt wird. Ich denke, man kann sich über diese Theorien lange diskutieren, es kommt vor allem auf die Familiensituation und das Pflegekind, das bei einem lebt, an.

Dieses Mal bewarben wir uns wieder bei beiden Jugendämtern. In B. hatte mittlerweile die Betreuungsperson gewechselt und es dauerte monatelang, bis die neue Betreuerin zu uns nach Hause kam, um unsere Wohnverhältnisse zu sehen und uns kennenzulernen. Ihre Vorgängerin hatte mir nur gesagt, wenn ich ihr von unserem Wunsch, ein weiteres Kind aufzunehmen, berichtete, dass es in der Stammakte vermerkt wäre. Wenn ich sie fragte, wer uns im Zweifelsfall als potenzielles Paar für ein Kind berücksichtigt, wich sie mir immer aus. Ich fühlte mich von ihr geparkt, vertröstet und auf keinen Fall ernst genommen. Wir hatten von ihrer Nachfolgerin einen guten Eindruck und konnten uns vorstellen, mit ihrer Betreuung nochmals ein Kind aufzunehmen. Die Mitarbeiterinnen vom hiesigen Jugendamt kamen recht schnell nach unserer bekundeten Bereitschaft zu uns nach Hause. Ich hatte, wie es beim Besuch vom Amt so üblich für mich war, gründlich geputzt. Und aus heiterem Himmel hatten wir einen Tag, bevor die beiden Frauen vom Amt kamen, einen Wasserschaden im Haus und es herrschte ein entsprechendes Chaos. Gott sei Dank, dass wir schon bekannt waren.

Dieses Mal mussten wir über ein Jahr warten, bis der ersehnte Anruf kam. Das war zum Teil gar nicht so einfach. Bald nachdem wir uns wieder beworben hatten, haben wir mit Kevin darüber gesprochen, dass er vielleicht bald ein Geschwisterchen bekäme. Denn es hätte ja sein können, dass es ganz schnell ginge und Kevin mit der neuen Situation überfordert gewesen wäre. Und unser Sohn sprach wochenlang davon, dass wir bald ein Baby bekämen. Und fragte entsprechend oft nach, wann es denn soweit wäre. Er wünschte sich damals ein ganzes Haus voller Geschwisterkinder. Zuerst standen wir ihm gerne Rede und Antwort, aber im Laufe der Monate versuchten wir, das Thema allmählich zu umgehen.

Hierzu fällt mir eine kleine Anekdote ein: Meine Schwägerin ist auch Pflegemutter. Ihr Sohn Daniel lebte seit zweieinhalb Jahren bei seiner Pflegefamilie. Als er ca. vier Jahre war, wurden meine Schwägerin und ihr Mann angefragt, ob sie ein neunmonatiges Mädchen in Obhut nehmen wollten. Seine leibliche Mutter hatte dieses Kind offensichtlich vergessen, aus der Tagespflege abzuholen und auf Dauer war eine Pflegschaft vorgesehen. Daniel sagte damals zu einem Nachbarn: „Ich bekomme eine kleine Schwester, aber nicht geschenkt, sondern nur geliehen". Mittlerweile wurde das Mädchen adoptiert, also doch „geschenkt".

Knapp ein Jahr nach der ersten Kontaktaufnahme bezüglich eines weiteren Pflegekindes kam der ersehnte Anruf. Auf dem Anrufbeantworter befand sich eine Nachricht, dass sich unsere in Bälde neue Betreuerin des hiesigen Jugendamtes für Kevin in einer Sache mal mit uns besprechen wolle. Ich hatte gleich das Gefühl, dass es dabei nicht nur um Kevin ginge. Als ich am nächsten Tag zurückrief, hatte Frau Zweig wegen Kevin ein paar Fragen. Ich nahm schließlich meinen Mut zusammen und fragte, wie es denn bezüglich eines zweiten Pflegekindes aussähe, wir würden schon gut ein Jahr warten. Da sagte Frau Zweig, ja, deswegen wollte sie uns ja sprechen. Mein Herz klopfte nach einem kurzen Aussetzer gleich im doppelten Tempo weiter.

Sie berichtete mir Folgendes: Es handele sich um eine 33-jährige schwangere Frau, die in einer Justizvollzugsanstalt einsäße und in ca. vier Wochen ein Mädchen bekäme. Sie könne das Kind nicht behalten und selbst aufziehen. Das Baby solle in der Klinik vor Ort geboren werden, Ende des nächsten Monats hätte die Mutter ihre Haftstrafe abgesessen und wolle dann nach S. zurück. Die Sozialarbeiterin vor Ort habe ihr angeraten, das Kind in Dauerpflege zu geben. Falls sie dies nicht freiwillig tun würde, würde man vor Gericht gehen. Die Mutter sähe aber selbst ein, dass sie das Leben mit dem Säugling nicht packen würde. Sie habe eine mittlerweile fast zwölfjährige Tochter, die ihr nach vier Monaten seinerzeit wegen Gefährdung des Kindes vom Jugendamt weggenommen werden musste. Sie sei erziehungsunfähig gewesen. Dieses Mädchen lebe seither in einer Pflegefamilie. Der leibliche Vater, der Exmann der schwangeren Frau, hätte noch Kontakt zu seiner Tochter, die Mutter seit Jahren nicht mehr. Der Vater des Babys sei wohl ein anderer, sei aber dem Jugendamt noch unbekannt.

Soweit zu den Fakten. Ich versprach, mich baldmöglichst wegen einer Entscheidung zurückzumelden. Und Frau Zweig wollte in der Zeit weitere Informationen einholen wegen der Schwester des Babys. Mein Verstand vergaloppierte sich wieder einmal. Eigentlich sei ich mit meinen nunmehr 42 Jahren doch zu alt für ein Neugeborenes, oder? Und könnte ich das überhaupt noch gut packen, die schlaflosen Nächte usw.? Der Altersunterschied zu Kevin sei mit gut vier Jahren recht groß, nicht? Eigentlich hatten wir ja mit einem ca. zweijährigen Jungen gerechnet. Ich rief kurz meinen Mann an und berichtete ihm. Er war sofort Feuer und Flamme. Und ich musste los, zur Handakupunktur. Dort angekommen erzählte ich der Ärztin erst einmal von meiner Aufregung. Sie wusste noch nicht, dass Kevin unser Pflegekind war, und hatte viele Fragen. Ihre eigenen Kinder hatten einen Altersunterschied von vier Jahren, und sie fand das klasse.

Endlich lag ich auf der Liege, die Finger voller Nadeln. Ich kam zur Ruhe. Ich begann, langsamer und tiefer zu atmen, in mich hineinzuspüren und mich zu entspannen. Und ich fragte mein Herz, was es zu einem Säugling zu sagen hätte. Und da kam endlich nach dem Gedanken- und Verstandeswirrwarr meine Essenz zu Wort: Ich weinte und schnäuzte. Meine Lage war dafür nicht die beste, ich konnte meine Hände nicht bewegen. Aber ich ließ meinen Gefühlen freien Lauf. Ich weinte vor Glück, vor Freude, nochmals ein Neugeborenes im Arm halten zu dürfen und ins Leben (hoffentlich ein langes) begleiten zu dürfen. Vergessen waren augenblicklich alle Bedenken hinsichtlich meines Alters und des Altersunterschiedes zu Kevin. Es blieb nur noch ein eindeutiges, von Herzen kommendes und freudiges „Ja“ übrig.

Gleich, nachdem ich wieder zu Hause war, rief ich Frau Zweig an und sagte, dass wir bereit wären für dieses neue Abenteuer. Sie berichtete mir von der Halbschwester des Babys: Sie sei ein typisches Mädchen mit einem ausgeprägten Sozialverhalten. Sie hätte in der Schule Schwierigkeiten, z.B. im Rechnen. Sie sei etwas langsam, eine Träumerin und liebe Pferde über alles. Als Baby, nachdem sie in Pflege gekommen war, hatte sie Schlafschwierigkeiten und Angstzustände gehabt. Sie hatte früher häufig Wutausbrüche, das wäre jetzt besser, und sie könne sich auch entschuldigen. Ihre Pflegemutter liebe sie über alles.

Nachmittags kam wieder ein Anruf vom Jugendamt. Frau Beifuß (die werdende Mutter) hätte den Antrag auf Erziehungshilfe unterschrieben. Das war natürlich eine große Erleichterung. Der potenzielle Vater des Babys lebe in einem Resozialisationsheim in S. Die werdende Mutter sei eine hilflose Person, die den eigenen Alltag nicht geregelt bekäme. Sie sei lieb, hilfsbereit und wenig aggressiv. Sie möchte Kontakt zu ihrem Kind behalten und weiß nicht, wie sie es durchhält. Sie möchte den Anfang mit den Pflegeeltern möglichst gut hinkriegen. Und die leibliche Mutter hatte noch eine Frage: Es sei ihr von der Ärztin zwar gesagt worden, das Baby werde wohl ein Mädchen, aber wenn dem nicht so sei, war ihre Sorge, ob wir auch einen Jungen nehmen würden. Über diese Sorge der Mutter war ich sehr gerührt. Das war ihre Art der elterlichen Fürsorge.

Der Geburtstermin, so erfuhr ich, wäre allerdings schon in drei Wochen, nicht, wie im ersten Telefonat gesagt, in vier. Der geplante Ablauf wäre folgender: Das Kind würde in der ca. 150 km entfernten Stadt ambulant geboren werden. Von der JVA würde dem hiesigen Jugendamt Bescheid gegeben, wenn das Baby geboren wäre, und wir könnten hinfahren und das Kind abholen. Ggf. sollten wir die leibliche Mutter in der JVA kennenlernen bzw. sie uns. Nach unserer Erfahrung mit Julia gaben wir auf diesen Ablaufplan nicht allzu viel. Abwarten und spontan handeln war angesagt und unsere Devise. Und es kam auch dieses Mal alles etwas anders als geplant.

Anlaufschwierigkeiten

So, nun war es soweit, wir waren zum zweiten Mal „werdende Pflegeeltern“ und noch drei Wochen mitschwanger. Wie schön und spannend! Wir hatten allerdings in der kurzen Zeit auch allerhand Vorbereitungen zu treffen, nicht zuletzt, weil wir keine Babysachen mehr hatten. Durch den Umzug in unser kleines Haus ohne Speicher waren diese mittlerweile verschenkt, verkauft oder entsorgt worden. Aber darin hatten wir ja schon Übung, in kurzer Zeit das zu organisieren, wofür normale werdende Eltern neun Monate Zeit haben. Ich machte einen Großeinkauf, während Kevin im Kindergarten war: Ich kaufte eine Softtragetasche, eine Babyzudecke, einen Himmel für das Gitterbett, eine Wickelauflage, ein paar Fläschchen und Zubehör, und bei ebay ersteigerte ich einen

Kinderwagen und ein paar weitere Babysachen. Wir hatten zwar von Kevin noch den Buggy, aber für den Anfang wollte ich einen Kinderwagen mit Tasche, wo das Baby in unsere Richtung schaut. Natürlich – das gehörte für mich bei jedem Kind dazu – konnte ich mich nicht zurückhalten und kaufte ein paar neue Kleidungsstücke mit viel rosa. Und – das wusste ich gar nicht mehr – es waren bei meiner Mutter im Speicher noch die Babyanziehsachen und ein Kuscheltier, das eine Gute-Nacht-Musik spielt. Meine Schwester schickte mir in der kleinsten Kleidergröße ein Paket, und den Rest wollte sie bei ihrem Antrittsbesuch mitbringen. Gut eine Woche vor dem errechneten Geburtstermin war ich mit meinen Einkäufen und Erledigungen so weit fertig, dass mir die Tage des Wartens fast zu lang wurden.

Kevin war, als wir ihm berichteten, er bekäme jetzt bald ein Baby als Geschwisterchen, sofort Feuer und Flamme. Wir nutzten die verbleibende Zeit, um ihn, so gut es ging, auf die Ankunft seines Geschwisterchens vorzubereiten. Er war bei einigen Einkäufen dabei und bekam mit, wie die Kleidung gewaschen wurde. Wenn ich Wäsche zusammenlegte, machten wir uns immer einen Spaß daraus, zu erraten, was für wen sei. Ich behauptete dann z.B., einer der kleinen Babystrampler wäre seiner oder ein T-Shirt von Patrick gehöre dem Baby.

Zu Beginn der Woche, an deren Ende der Geburtstermin lag, bekamen wir einen Anruf von Frau Zweig. Es sei jetzt klar, in welchem Krankenhaus Frau Beifuß entbinden werde, und es wurde ein Notfallplan erarbeitet, falls die Geburt, wie errechnet, am Wochenende stattfinden würde. Und ich bekam ein „Okay" für eine kleine Reise nach Bonn, wo der dritte Teil eines Meditationsseminars, an dem ich teilnahm, stattfand. Ich war Ende der Woche gerade am Packen für die Fahrt zu diesem Seminar, als mich Frau Zweig am Freitag telefonisch erwischte: Frau Beifuß sei in der Klinik und die Geburt werde eingeleitet. Wir sollten ein Auto mieten und zusammen mit ihrer Chefin, die am Wochenende Notdienst hätte, das Kind am kommenden Tag abholen. Und ich könnte wieder auspacken.

Ich mietete sofort ein Auto für die Fahrt am kommenden Tag. Unsere Aufregung und Vorfreude war groß, der Absturz am kommenden Morgen umso unerwarteter. Erst gegen 10 Uhr rief Frau Herrmann vom Jugendamt an und teilte uns mit, dass sie im Krankenhaus keinerlei Auskunft bekäme, auch nicht, ob das Kind schon geboren sei. Es sähe so aus, als ob wir das Kind am Wochenende nicht abholen könnten. Ich könne doch zu dem Seminar fahren. Mein Mann bat sie darum, im Gefängnis anzurufen. Eine halbe Stunde später kam ein weiterer Anruf: Über drei Ecken hätte sie erfahren, dass das Kind noch nicht geboren sei. Sie wisse nicht, ob sie angerufen werden würde, wenn das Baby geboren sei. Es schien wie verhext zu sein. Für mich war es allerdings undenkbar, jetzt noch loszufahren und meinen Mann und Kevin alleine zurückzulassen. Vielleicht bekämen wir ja doch Nachricht und könnten das Baby abholen? Und wenn nicht, wollte ich in der Nähe meiner Familie bleiben.

Hilfen zur Erziehung

Die Hilfen zur Erziehung sind in der Bundesrepublik Deutschland staatliche (kommunale) Leistungen der Jugendhilfe für Familien mit einem oder mehreren Kindern. Gesetzlich geregelt sind diese Hilfen im § 27 des SGB VIII. Die in den Paragrafen 28-35a aufgelisteten Hilfen werden nach Durchführung des Hilfeplanverfahrens (§ 36) vom örtlichen Jugendamt gewährt.

Rechtsanspruch

Personensorgeberechtigte besitzen einen Rechtsanspruch auf Hilfen zur Erziehung für sich und ihr Kind, „wenn eine dem Wohl des Kindes oder des Jugendlichen entsprechende Erziehung nicht gewährleistet ist und die Hilfe für seine Entwicklung geeignet und notwendig ist." (§ 27 Abs. 1 SGB VIII) Es besteht ein Anspruch auf eine geeignete und notwendige Hilfeform. Die Grundlage für die Gewährung von entsprechenden pädagogischen Angeboten ist das Hilfeplanverfahren, in dem sowohl die Sorgeberechtigten, die Kinder oder Jugendlichen sowie das Jugendamt beteiligt werden müssen.

Hilfearten

Es existiert eine Vielzahl unterschiedlicher Angebote von ambulanten, teil- und stationären Erziehungshilfen. Das SGB VIII) nennt beispielhaft die Leistungsformen:

§ 28 Erziehungsberatung
§ 29 Soziale Gruppenarbeit
§ 30 Erziehungsbeistand, Betreuungshelfer
§ 31 Sozialpädagogische Familienhilfe
§ 32 Erziehung in einer Tagesgruppe
§ 33 Vollzeitpflege
§ 34 Heimerziehung, betreute Wohnform
§ 35 Intensive sozialpädagogische Einzelbetreuung

Wir hatten keine Lust, zu Hause sitzen zu bleiben und zu warten, ob und wann das Telefon das nächste Mal klingelte. Also beschlossen wir, einen Ausflug in ein Technikmuseum zu machen. Immerhin die halbe Strecke zu dem Ort, an dem das Baby auf die Welt kommen würde, würden wir dabei zurücklegen. Unser Sohn war natürlich ganz begeistert, dass wir ins Museum fahren würden. Seine Enttäuschung, nicht zum Baby zu können, hielt sich in Grenzen. Patrick und ich hingegen waren ziemlich genervt ob der neuen Situation und der Ungewissheit. Immerhin, derzeit schien das Baby sich noch im Bauch seiner leiblichen Mama zu befinden.

Im Museum klingelte um ca. 16 Uhr mein Handy. Das Mädchen sei geboren und es wäre alles gut verlaufen. Frau Herrmann sagte, sie hoffe, dass sie am nächsten Morgen mehr erfahren würde und wir das Baby abholen könnten. Welch Freude, ein Mädchen und gesund. Ich tätigte ganz aufgeregt ein paar Anrufe, um mitzuteilen, dass unser Baby da sei. Zu der Freude mischte sich noch ein Gefühl der Wut und des Ärgers, dass wir heute auf keinen Fall mehr zu dem Baby fahren durften und dieses kleine Menschenkind ganz alleine im Krankenhaus in einem Bettchen liegen musste und somit frühtraumatisiert wird. Wieso verlief das so chaotisch? Es war alles so gut geplant, auch für den Fall, dass das Baby am Wochenende auf die Welt käme. Die Betreuerin war bereit gewesen, mit uns zum Geburtsort zu fahren. Aber alles Fluchen und Ärgern nutzte nichts, wir mussten uns in Geduld üben. Mal wieder.

Der Anruf sonntags um 10 Uhr war nicht so erquicklich. Seit zwei Stunden wartete Frau Herrmann auf den Rückruf wegen des Babys. Sie wolle dran bleiben und uns wieder Bescheid geben. Um 11.15 kam das vorläufige Aus. Die zuständige Frau in der JVA sähe sich außerstande, im Krankenhaus durchzubekommen, dass das Baby von uns abgeholt werden dürfe. Am nächsten Tag solle Frau Zweig die Sache klären. Wegen irgendeines Verwaltungsfehlers lag da nun ein kleines, namenloses Baby alleine im Krankenhaus und uns, die dessen Pflegeeltern sein sollten und sich nichts sehnlicher wünschten, als das Baby zu begrüßen, waren die Hände gebunden. Wir liefen den Rest des Tages etwas neben der Spur. Und die Vorstellung machte mich verrückt, dass dieses Baby mutterseelenallein im Krankenhaus lag und wir mehr als bereit waren, zu ihr zu fahren. Aber als Pflegeeltern mussten wir uns dieser sehr unschönen Situation wohl oder übel fügen. Und noch länger darauf warten, das Baby zu sehen. Nicht einmal den Namen der Kleinen wussten wir.

Déjà vu – Start im Krankenhaus

Am kommenden Morgen brachten wir Kevin nicht in den Kindergarten. Irgendwie dachten wir, so gegen 9 Uhr geht's endlich los. Als ich es gegen 10 Uhr nicht mehr aushielt, rief ich im Jugendamt an und erreichte Frau Zweig in der montäglichen Besprechungsrunde. Sie sagte, es sei mit dem Baby noch einiges unklar, und sobald sie mehr wisse, melde sie sich. Patrick und ich waren nach wie vor sehr nervös und brachten Kevin schließlich in den Kindergarten. So gegen 11.30 Uhr kam der ersehnte Anruf. Das Mädchen hieße Antonia und sei 50 cm groß und wiege 3,5 kg. Sie kam bei einer Spontangeburt mit einem normalen Ablauf auf die Welt. So weit zum positiven Teil des Gespräches. Denn jetzt erzählte mir Frau Zweig, dass das Baby einen Infekt der Mutter bekommen hätte, derzeit Antibiotikum bekäme und bis Ende der Woche im Krankenhaus bleiben müsse. Das kam mir doch irgendwie bekannt vor. Die Mutter sei wieder im Gefängnis. Derzeit sei unklar, wer die Kosten der Pflegemutter übernehmen würde, wenn ich in der Klinik übernachten würde. Frau Zweig fragte mich, ob ich denn bei dem Baby im Krankenhaus bleiben könne? Na klar, sagte ich. Und als ich hörte, dass es sich lediglich um 35 € pro Tag handelte, erklärte ich mich bereit, notfalls die Kosten selbst zu tragen. Zumal ein Hotelzimmer nicht günstiger wäre. Wir verabredeten uns um 13.30 beim Amt.

Ich hatte knapp zwei Stunden zum Packen und um Kevin wieder vom Kindergarten abzuholen. Aber darin hatte ich ja Übung, nur konnte mir dieses Mal Patrick nicht abends Vergessenes vorbeibringen, weil die Klinik weit entfernt lag.

Die Fahrt dauerte gut zwei Stunden. Das war für Kevin gerade noch erträglich, zumal wir eine Pause mit Rumrennen für ihn machten. Im Krankenhaus fing uns eine Ärztin ab und bat uns in ein Elternzimmer. Dort erklärte sie kurz die Formalitäten und zeigte mir mein Zimmer. Ich durfte nicht, wie erhofft, mit Antonia zusammen in einem Zimmer schlafen, so wie damals in der ersten Woche mit Julia. Ich hatte ein Zimmer mit einem Bett, einem Tisch samt zwei Stühlen sowie einem eigenen Badezimmer mit Dusche. Die Babys lagen gegenüber im Krankenzimmer.

Endlich, nachdem Antonia gut 48 Stunden alt war, durfte ich zu ihr ins Zimmer. Frau Zweig kam mit. Patrick und Kevin gingen auf den Besucherbalkon, denn Kevin durfte leider nicht in das Krankenzimmer und Antonia nicht aus dem Zimmer heraus. Dann wurde mir gezeigt, welches Baby unsere Antonia ist. Ich schaute sie mir intensiv an. Sie schlief, dennoch durfte ich sie gleich auf den Arm nehmen. Was für ein bewegender, unvergesslicher Moment! Sie war mir so vertraut. Und sie ähnelte Julia ein bisschen. Sie hatte reichlich helles, leicht rötliches Haar. Sie lag in einem hellblauen Schlafsack und trug ein weißes Babyhemdchen.

Ich ging vorsichtig mit ihr zum Balkon, damit meine beiden Männer sich den Familienzuwachs anschauen konnten. Antonia wirkte zwar sehr verschlafen, schaute aber mit müden Augen in die Welt. Frau Zweig machte gleich das erste Familienfoto, zwar mit einem Fenster dazwischen, aber dennoch schön. Ich ging, nachdem ich Antonia längere Zeit angeschaut und ihren Babyduft wahrgenommen hatte, raus zu Kevin. Patrick durfte zu unserer Kleinen und diese kennenlernen. Und als er wieder in das Elternzimmer kam, bot sich Frau Zweig an, auf Kevin aufzupassen, und wir Eltern konnten für ein paar Minuten zusammen zu unserem Baby. Endlich! Aber allzu viel Zeit gönnten wir uns nicht, denn die Drei wollten angesichts der vorgerückten Stunde wieder nach S. fahren. Ich begleitete sie kurz bis zur Tür und ging zurück zu dem kleinen Baby. Es dauerte eine ganze Weile, bis ich es wagte, sie wieder alleine zu lassen, fürs Auspacken und für ein kurzes Abendessen. Zum Füttern wollte ich aber fortan immer für sie da sein. Ich ließ mich hierzu selbstverständlich nachts wecken.

Von Montag bis Freitag blieb ich bei Antonia im Kinderkrankenhaus. Das war einerseits natürlich nicht so gut, weil Patrick und Kevin zu Hause waren und uns nicht besuchen kommen konnten. Andererseits hatten wir beide so genug Zeit, uns ausführlich kennenzulernen. Ich saß die meiste Zeit bei Antonia am Bett, oftmals versuchte ich es mir durch ein Stillkissen etwas bequemer zu machen, und ich hatte sie auf dem Arm oder streichelte sie behutsam. Es wurde zur Gewohnheit, dass mein Baby jedes Mal, wenn es gewickelt wurde, auf die Unterlage pinkelte. Wie üblich in Krankenhäusern gab es eine alltägliche Routine. Morgens wurden die Kinder gewaschen oder gebadet, frisch gewickelt und gefüttert. Es wurde versucht, beim Fläschchengeben einen Rhythmus von drei oder vier Stunden einzuhalten. Nachts hingegen bestimmten die Babys den Rhythmus. Mit meinem eigenen Essen versuchte ich immer abzuwarten, bis Antonia fest eingeschlafen war. Ich ging zügig in die Kantine, frühstückte etc. und bin schnellstmöglich wieder zur Kinderstation hinaufgegangen. Einmal bekam ich einen Krankenhauskoller, ich brauchte frische Luft und bin eine halbe Stunde spazieren gegangen. Abends musste ich gegen 19 Uhr immer kurz ins Zimmer gehen, damit ich Kevin am Telefon „Gute Nacht“ sagen konnte.

Am fünften Lebenstag von Antonia sollte die U2 durchgeführt werden. Da hatte die kleine Antonia einen Schlaftag. Immer, kurz bevor die Ärztin kam, schlief sie ein. Erst abends gegen 19 Uhr konnte diese Untersuchung gemacht werden. Nachdem Antonia auf die Unterlage gekakelt und anschließend gepieselt hatte, brauchte sich die Ärztin keine Gedanken mehr zu machen, „beschmutzt“ zu werden. Die U2 hat Antonia nur brüllend über sich ergehen lassen. Aber die Untersuchung war bald vorbei, und mit Antonia war alles okay. Da plumpste mir ein Riesenstein vom Herzen. Bei der U2 waren bei Julia damals seltsame Herztöne zu hören. Antonia bekam die Infusionskanüle bei dieser Gelegenheit abgenommen und so wurde es für uns einfacher, im Zimmer auf und ab zu gehen. Vorher musste ich dafür das Infusionsgerät mitnehmen – z.B. zum Wickeln. An diesem Abend war Antonia zum ersten Mal richtig wach und ich konnte mit ihr spielen. Bis dahin war sie meistens sehr schläfrig und nur zu den Mahlzeiten wach.

Am Freitag konnte Antonia endlich entlassen werden. Die Ärzte wollten sie eigentlich bis zum Wochenende dabehalten, aber ich kämpfte dafür, dass das früher passieren konnte. Wir mussten nämlich die leibliche Mutter in der JVA besuchen, und das wäre am Wochenende sicherlich nicht möglich gewesen. Mein Mann und Frau Zweig kamen so gegen 10 Uhr ins Krankenhaus. Kevin war im Kindergarten und unsere Babysitterin Paula holte ihn mittags ab. Ich war sehr froh, meinen Mann und Frau Zweig zu sehen, und zeigte ihnen ganz stolz, wie toll sich Antonia entwickelt hatte. Und ich konnte ihnen auch vorführen, wie gut wir schon zusammengewachsen waren. Nach einer letzten ärztlichen Untersuchung durfte ich unserer kleinen Tochter endlich die mitgebrachten Kleidungsstücke anziehen – die ihr noch viel zu groß waren. Und dann verließen wir endlich das Krankenhaus – mit Kindersitz.

Für Kevin war es höchste Zeit, dass wir nach Hause kamen. Er ist zwar nach wie vor ein Papakind. Dennoch war der Anfang mit seinem Schwesterchen für ihn keinesfalls leicht. Er durfte Antonia kurz durch die Scheibe anschauen und war fünf Tage alleine mit seinem Vater zu Hause. Und mit mir konnte er nur abends kurz telefonieren. Meine Männer hatten zwar die Handvoll Fotos zu Hause, aber trotzdem war das für Kevin alles andere als verstehbar.

Am Entlassungstag in der Kinderklinik stand uns der erste Besuchskontakt mit der leiblichen Mutter in der Justizvollzugsanstalt bevor. Freunde von uns haben einen Pflegesohn, dessen leibliche Mutter dort für mehrere Jahre einsitzt, und diese müssen ca. dreimonatlich dorthin. Und mit unserem ersten Pflegesohn Sam hätten wir fast auch einen Besuch in einer JVA machen müssen, um seinen leiblichen Vater zu besuchen. Die Bereitschaftspflegeeltern von Kevin hatten mittlerweile auch für ein paar Monate einen Pflegesohn, mit dem die Besuchskontakte in eben dieser JVA stattfanden. Besuchskontakte in JVAs sind zwar selten, können aber je nach Vorgeschichte der leiblichen Eltern für Pflegeeltern erforderlich werden.

Wir fuhren mit dem Auto zur JVA. Frau Zweig kannte sich dort wegen der von ihr betreuten Besuchskontakte gut aus und meldeten uns an. Wir mussten eine ganze Weile warten. In der Zeit konnten wir unsere Jacken und andere Utensilien in ein Schrankfach einschließen. Antonia hatten wir im Kindersitz, sie schlief. Nur für sie durften wir eine Ersatzwindel und ein Fläschchen mitnehmen, zudem ein Foto von Kevin für Frau Beifuß. Endlich kam eine Mitarbeiterin der JVA und holte uns ab. Wir mussten durch diverse Schleusen, u.a. wie im Flughafen durch eine Metallschleuse. Der Gürtel von Frau Zweig piepste penetrant. Schließlich akzeptierte die Mitarbeiterin den piepsenden Gürtel und wir durften weiter.

Endlich saßen wir in einem kleinen Besuchszimmer, das extra für den Besuch von Kindern hergerichtet war, mit Spielzeug und einer Wickelkommode. Wir warteten ein paar Minuten, bis Antonias leibliche Mutter mit ihrer Betreuerin vom Sozialen Dienst kam. Frau Beifuß erschien uns zuerst sehr geknickt und traurig. Wir gaben ihr gleich Antonia in den Arm. Sie schien Tränen in den Augen zu haben und schaute ihre schlafende Tochter an. Nach einiger Zeit, sie rang um Fassung, legte sie allerdings los. Sie schien sehr skeptisch. Ist das überhaupt mein Kind? Woher könne sie das wissen, sie hätte sie ja seit der Geburt nicht mehr gesehen. Und sie schaute ihre Tochter an und stellte keine Ähnlichkeiten mit sich selbst fest, wohl aber mit dem (vermeintlichen) Kindsvater. Und über Pflegeeltern höre man ja so viel Schlimmes und Schlechtes. Frau Zweig verteidigte uns, sie arbeite schon jahrelang mit uns zusammen und kenne uns daher gut. Darauf konterte Frau Beifuß, dass sie Frau Zweig auch nicht kennen würde. Sie schaffte es während des Besuchskontaktes, der knapp eine Stunde dauerte, kaum Augenkontakt mit Patrick und mir aufzunehmen. Sie wandte sich bei den Gesprächen hauptsächlich an ihre Betreuerin. Frau Beifuß erzählte von der Geburt und dass sie dazu den leiblichen Vater angerufen hätte. Und dieser sei mit dem Zug gekommen und wäre dabei gewesen. Als die Sprache auf ihre ältere Tochter Alexandra kam, konnte Frau Beifuß nicht sagen, wie alt diese jetzt sei. Sie wünschte sich aber, dass ihre beiden Töchter Kontakt zueinander bekommen würden. Und schließlich sagte sie etwas, was uns guttat: Sie wolle während ihrer Zeit in der JVA keinen Besuchskontakt mehr zu Antonia, die Zeit wäre da zu kurz. Sie würde sich melden, wenn sie entlassen und wieder in S. wäre. Antonia verschlief die Zeit in der JVA und fast die ganze Autofahrt nach Hause. Als wir Frau Zweig in der Stadt, in der sie wohnte, abgesetzt hatten, wachte

Antonia auf und wurde etwas quengelig. Ich saß hinten bei ihr und schaffte es, sie bei Laune zu halten, bis wir in S. ankamen.

Endlich zu Hause

Nachmittags gegen 16 Uhr waren wir endlich zu Hause. Unsere Babysitterin Paula knipste gleich ein paar nette Familienaufnahmen. Kevin bekam sein Schwesterchen in den Arm. Das war ihm aber eher unangenehm. Das erste Foto der beiden ist entsprechend schräg: Antonias Kopf ist recht überdreht, Kevin hält sie nicht wirklich fest. Aber wir waren endlich alle vier zusammen. Abends sollte die Hebamme, mit der ich im Vorfeld schon telefoniert hatte, zum ersten Mal kommen. Patrick bat mich, ihm das mit dem Wickeln und so mal alles in Ruhe zu zeigen, er wollte sich fortan auch um seine kleine Tochter kümmern. Wir bestellten abends eine Pizza, und während wir so am Essen waren, wurde es mir ganz anders. Ich schob es auf die Erschöpfung durch die vergangenen Tage und entschuldigte mich nach dem ersten Bissen Pizza vor Paula und den anderen. Kurze Zeit später wurde mir klar, dass ich einen ziemlich üblen Magen-Darm-Infekt hatte. Ich konnte mich nur vom Bett zur Toilette bewegen. Ich war völlig erledigt. Patrick musste mit Antonia sozusagen ins kalte Wasser springen. Das meisterte er mit Bravour.

Als es mir am zweiten Tag zu Hause wieder etwas besser ging, machten wir unseren ersten Familienausflug in den nahegelegenen Park. Ich trug Antonia bei mir im Tragetuch. Die ersten vier Wochen ließ ich die Kleine nicht in ihren Kinderwagen. Sie sollte Mama pur bekommen und nicht in solch einem unpersönlichen, kalten Gefährt vor mir her geschoben werden. Oftmals wurde Klein-Antonia schon ganz ruhig oder schlief ein, wenn ich sie nur auf das Tuch legte, um sie mir umzubinden, so sehr konnte sie dieses Geborgensein genießen. Nach vier Wochen bestand Patrick darauf, dass sie mal in den Kinderwagen gelegt wurde. Schweren Herzens gab ich nach. Für Antonia war das so ungewohnt und sicherlich auch aufregend, dass sie gar nicht einschlief. Sie war nur am Schauen. Auf dem Spielplatz gab ich ihr Milch und auf dem Rückweg lag sie schlafend in meinem Tuch. Eine Strecke im Kinderwagen musste vorerst genügen – das zumindest war meine Meinung.

Unsere Freunde und Verwandten wussten natürlich Bescheid, dass wir wieder ein Pflegebaby erwarteten, und haben sich mit uns vorgefreut. Aber alle anderen, wie z.B. Nachbarn, wussten nicht Bescheid. Einige Nachbarn und Mütter vom Kindergarten haben in den ersten Wochen, als Antonia bei uns war, nicht schlecht gestaunt. Sie war immer bei mir im Tuch, vorne quer am Bauch liegend und darüber meine weite Winterjacke. Manche kamen fragend auf mich zu und äußerten sich in etwa so: "Äh, ich habe von der Schwangerschaft gar nichts mitbekommen?" Sie wurden von mir aufgeklärt, wie ich so schnell ein Baby bekommen habe. So wussten nach und nach fast alle, die vorher nicht über unseren Pflegeelternstatus aufgeklärt waren, Bescheid. Die hauptsächliche Frage, die fast immer kam, war: „Und, adoptiert ihr die Antonia?“ Pflegschaft ist für viele etwas ganz Vages, die meisten kennen jemanden, der ein Kind adoptiert hat, aber sie kennen keine Pflegeeltern. Unsere Nachbarn (wir waren ja drei Jahre zuvor mit Kevin zusammen hierhergezogen) haben es alle wohlwollend zur Kenntnis genommen und ich bekomme oft Anerkennung für meinen „Pflegemutterstatus“. Das tut natürlich gut.

Ich will allerdings nicht jedem Fremden und jeder neuen Bekanntschaft sofort sagen, dass Antonia und Kevin meine Pflegekinder sind. Das kann sich nach und nach gerne ergeben, aber nicht sofort. Bei Antonia ist es mir mehrfach so gegangen, dass ich nichts von ihrer Pflegschaft erzählte, wenn ich mit einer anderen frischgebackenen Mutter mit einem Baby im Gespräch war. Bis diese mich fragte, wo ich entbunden hätte?

Gelegentlich bekommen wir zu hören, wie ähnlich sich unsere beiden Kinder sehen und welche Ähnlichkeit hauptsächlich mit Patrick besteht. Eine Mutter aus unserer Baby-Gruppe sagte zu mir: „Also, Deborah, wenn ich es nicht wüsste, dass Antonia deine Pflegetochter ist, ich würde sagen, sie ähnelt dir immer mehr.“ Eine Freundin mailte mir letztens Folgendes: „...Die Fotos von Patrick und den zwei Kiddies sind ja unglaublich. Man könnte meinen beide wären von Patrick geklont worden – Wahnsinn, was dieser Mann für einen Einfluss hat.“ Letztens sagte die Mutter eines neuen Schulfreundes von Kevin zu mir: „Also die Antonia, die ist deinem Mann ja wie aus dem Gesicht geschnitten. Dich sehe ich darin gar nicht.“ Ich verkniff mir ein Grinsen und sagte „Keiner von uns beiden steckt in ihr“. Ich klärte sie auf, ich wollte eh demnächst das Thema ansprechen, bei dieser steilen Vorlage blieb mir quasi nichts mehr übrig.

In Coelhos Buch: „Die Hexe von Portobello“ fand ich einen Satz, der mir aus tiefstem Herzen bezüglich meiner Beziehung zu Antonia sprach: „Es war, als hätte ich ein Kind gefunden, das meines sein sollte, aber in dieser Inkarnation durch einen anderen Leib auf diese Welt gekommen war...“ Ich bin Antonias Bauchmama unendlich dankbar. Ein bisschen hatte ich dieses Gefühl auch bei Julia. Bei Kevin habe ich eher das Gefühl, seine leibliche Mutter hätte es eigentlich schaffen können, dem war aber nicht so, und so kam er schließlich über Umwege bei uns an.

Das war vielleicht auch meine „Liebe auf den zweiten Blick“, als ich ihn damals persönlich kennenlernen durfte.

Alltag mit zwei Pflegekindern

Die ersten Wochen mit beiden Kindern zu Hause waren erwartungsgemäß sehr anstrengend. Wobei sich der Altersunterschied von vier Jahren als Vorteil erwies. Antonia nahm Kevin außer Zeit in den ersten Monaten kaum etwas weg. Sie schlief viel, und wenn sie wach war, lag sie bei mir im Tuch, war auf meinem Arm oder lag auf ihrer Decke. Ich konnte mich viel um Kevin kümmern. Ein Problem war allerdings, Antonia zum Einschlafen zu bekommen, bzw. Kevin daran zu hindern, sie durch sein lautes, impulsives Gebrüll wieder aufzuwecken. Derart gestalteten sich manche Nachmittage so anstrengend, dass ich abends nicht mehr wusste, wer ich bin, und zudem das Gefühl hatte, keinem meiner beiden Kinder nur annähernd gerecht geworden zu sein.

Nachdem Antonia gerade mal fünf Tage bei uns lebte, hatte Kevin eine kleine ambulante Operation an den Mittelohren, d.h. er konnte drei Tage nicht in den Kindergarten. Das war für mich schon eine große Herausforderung, gleich in der ersten gemeinsamen Woche ganztags beide Kinder um mich zu haben. Wir haben das aber gut geschafft.

Als Antonia ca. acht Wochen alt war, schnappte ich mir beide Kinder, und wir fuhren zum ersten Mal wieder zum Mutter-Kind-Turnen, das Kevin so gerne besuchte. Ich nahm Antonia in das Tragetuch, aber kaum waren wir in der Turnhalle mit den vielen kreischenden Kindern, fing Antonia lauthals an zu schreien und war kaum mehr zu beruhigen. Ich bat eine Freundin, ein Auge auf Kevin zu haben, und ging mit Antonia raus in den Flur. Dort beruhigte sich das Baby wieder. Ich versuchte es nochmals und ging in die Turnhalle, aber sofort kreischte Antonia los. Wir gingen schnellstmöglich wieder raus. Da sich Kevin nach Wochen so auf das Kinderturnen gefreut hatte, rief ich Patrick an, bat ihn zu kommen, um auf Kevin aufzupassen. Ich ging mit der völlig aufgewühlten Antonia nach Hause und die beiden Männer machten ein Papa-Kind-Turnen. Mittlerweile, also gute zweidreiviertel Jahre später geht Antonia selbst in dieses Mutter-Kind-Turnen, und Kevin ist in dieser Stunde mit seinem Papa auf dem Spielplatz oder bei Freunden. Beim ersten Mal dort in der Turnhalle war ich schon gespannt, wie das für Antonia sein wird und ob sie das alles wiedererkennt und es ihr vielleicht wieder zu laut ist. Dem ist nicht so, sie hat einen Riesenspaß beim Turnen und rennt unermüdlich von Turngerät zu Turngerät.

Bisher waren Patrick und ich es gewohnt, so gegen 20 Uhr „Feierabend“ vom Kind zu haben, außer an besonderen Tagen oder wenn Kevin krank war. Nun hatten wir zwei Kinder, Kevin war nach wie vor gegen 20 Uhr im Bett. Dann begann in den ersten Wochen die „Wachzeit“ unserer kleinen Maus. Sie verschlief die meiste Zeit des Tages, um abends zwischen 19 bis 22 Uhr oder später mal länger am Stück wach zu sein. Abends war Antonia viel am Rummeckern. Öfters schnappte Patrick sie sich, nahm sie in seine Bauchtrage und ging mit ihr spazieren. Kevin wachte beharrlich gegen 6 Uhr 30 Uhr auf in den ersten Wochen. Antonia hingegen schlief morgens in den ersten Wochen bis 8 Uhr 30 oder länger. Schlaftechnisch waren die beiden also nullkompatibel.

Antonia war im ersten Lebensjahr ein kleines Sorgenkind. Zwar war sie ein sehr zufriedenes und geduldiges Kind mit sonnigem Gemüt, aber sie war öfters krank. Zuerst war es ihr Bauchnabel, der nicht richtig verheilte und schließlich verätzt werden musste. Dann hatte sie permanent eine Bindehautentzündung und bekam deswegen zweimal Antibiotika. Keine sechs Wochen alt, hatte sie die erste fiebrige Erkältung. Und so nach acht Wochen und bis sie gute eineinhalb Jahre alt war, hatte sie Hautprobleme, Gott sei Dank lediglich im Gesicht. Der Hautarzt sagte, es sei Neurodermitis, die Kinderärztin wollte sich da nicht festlegen und hofft, es wächst sich aus. Die Haut wurde aber dank einer homöopathischen Konstitutionsbehandlung von Monat zu Monat besser, und seit gut einem Jahr mussten wir ihr keinen Kortisonersatzstoff mehr eincremen. Kevin schleppte natürlich alles Mögliche an Krankheitskeimen aus dem Kindergarten mit nach Hause und Antonia fing vieles auf. Vielleicht ist sie, wenn sie selbst in den Kindergarten geht, schon so robust, dass sie gesund bleibt. Das wäre erfreulich.

In den ersten paar Wochen schlief Antonia in einer Tragetasche zwischen Patrick und mir. Wenn Kevin ab und zu noch nachts zu uns kam, wurde es eng und ungemütlich im Bett. Patrick baute deswegen an einem Samstag ein kleines sogenanntes Babybaybett für Antonia. Das ist ein kleines Babybeistellbett, das direkt an das Elternbett angrenzt. So konnten wir, wenn Antonia aufwachte, sie schnell beruhigen oder ihr den Schnuller geben. Sie schlief, bis sie rausgewachsen war, ein paar Monate lang sehr gut darin. Wenn ich es mir jetzt anschaue, sieht es wie ein Puppenbett aus. Mein Mann hat es zu einem süßen Kindersofa mit ausziehbarer Schublade für Spielzeug umgebaut.

Im August haben wir immer einen kurzen Familienurlaub mit meiner Mutter und meinen beiden Schwestern samt Kindern. Antonia war damals gerade erst fünf Monate, aber wir wollten – auch Kevin zuliebe –

wieder dabei sein. Er ist so mit all seinen Cousins und Cousinen mütterlicherseits zusammen – bisher war er das Nesthäkchen und wurde immer von allen mitgeschleift. Diesen Rang hat ihm Antonia dieses Mal streitig gemacht. Wir fuhren im Auto hin und beide Kinder verschliefen einen Großteil der Anreise, was sehr entspannend war. Leider bekam Antonia viel zu viele neue Eindrücke an unserem ersten Urlaubstag. Wir waren gegen 19 Uhr gerade fertig und wollten zum Abendessen gehen, als ein Zimmermädchen kam. Sie wollte das Sofa in ein Bett für Kevin herrichten und dabei sprach sie Antonia an. Für diese war das scheinbar das i-Tüpfelchen in ihrer Aufnahmebereitschaft und sie brüllte los. Und sie weinte und schrie, was sie nur konnte. Ich war das gar nicht gewohnt. Sie war zu der Zeit schon ein ausgeprägtes Mamakind. Wenn sie schrie, bei Patrick, aber nicht bei mir. Nun beruhigte sie sich auch bei mir nicht mehr. Die Minuten, die das Zimmermädchen brauchte, erschienen mir wie Stunden. Und als sie endlich draußen war, schrie Antonia immer noch. Patrick, der mit Kevin schon mal vorgegangen war, kam nochmals hoch, um nach dem Rechten zu schauen. Ich war ganz verzweifelt, ich dachte, vielleicht hätte sie schlimme Schmerzen. Ich war fast schon bereit, einen Krankenwagen zu rufen. Patrick versuchte uns beide zu beruhigen. Mir kam plötzlich eine rettende Idee. Vom Hotel hatten wir eine Babyausstattung bekommen, zu der eine kleine Badewanne gehörte. Patrick ließ schnell Wasser ein und alleine schon bei diesem plätschernden Geräusch wurde Antonias Geschrei etwas leiser. Und in dem warmen Wasser bei mattem Licht beruhigte und entspannte sie sich zusehends. Beim Anziehen fing sie zwar wieder zu meckern an, aber moderat und beim Milchfläschchentrinken schlief sie ein. Patrick ging wieder zum Abendessen und ließ mir etwas hochbringen. Das war schon etwas kalt, als es ankam – ich liebe heißes Essen – aber gut genug, um meinen hungrigen Magen zu besänftigen.

Leider wurden wir in diesem sechstägigen Kurzurlaub nach und nach alle krank. Uns hatte eine Erkältung erwischt, bei Kevin und mir richtig mit hohem Fieber. Wir mussten am Sonntagabend deswegen zum Bereitschaftsarzt vor Ort. Ich verbrachte einen ganzen Tag mit Fieber und Schmerzen im Bett. Wieder zu Hause hatten wir das Gefühl, uns jetzt vom Urlaub erholen zu müssen. Was uns leider nicht gelang, denn beide Kinder bekamen nacheinander eine Mittelohrentzündung samt der nächsten fiebrigen Erkältung. Und auch wir Eltern wurden nicht wieder ganz gesund. Wir versuchten in den Wochen danach, Urlaub vom Urlaub vom Urlaub zu machen. Nach ca. einem Monat waren wir wieder alle vier gesund. Allerdings gingen wir Eltern zu der Zeit auf dem Zahnfleisch ob der Nächte mit vielen Unterbrechungen wegen der kranken Kinder.

Schon von Beginn an hat sich Kevin über sein Schwesterchen gebeugt, sie gestreichelt und ihr etwas erzählt oder vorgesungen. Wenn ich Fingerspiele mit ihr machte, „Kommt ein Mäuschen aus dem Häuschen“ oder „Eine Schnecke“, machte er es mir nach. Als Antonia mit sechs Monaten anfing, sich auf dem Boden zu kugeln, wurde sie für Kevin zur ernsthaften Spielgefährtin. Er bespielte sie, nahm ihr Spielzeug und zeigte ihr, was sie damit machen konnte oder legte sich zu ihr auf den Boden und rollte sich mit ihr rum. Und als Antonia mit acht Monaten zuerst sitzen konnte und das Krabbeln anfing, wurde das gemeinsame Spiel noch viel intensiver. Da zeigte sich einmal mehr, dass der Altersunterschied von gut vier Jahren durchaus seine Vorteile hat. Als Antonia mit vierzehn Monaten an der Hand laufen lernte, übernahm manchmal Kevin sie für eine kurze Zeit und mein Rücken konnte sich mal wieder himmelwärts aufrichten. Und heute, wo Antonia zweidreiviertel Jahre alt ist, spielen sie richtig toll miteinander, rennen zusammen wild herum, verstecken sich im Kartonhaus, schauen sich zusammen ein Buch an, oder Kevin baut etwas, und Antonia darf es umwerfen.

Der Weg vom Kindergarten nach Hause dauerte eigentlich ca. zehn Minuten. Wir benötigen oft das Dreifache an Zeit. Dabei hatten wir jede Menge Spaß, die Kinder kletterten rum, gingen die Treppeneingänge hoch und machten zusammen „Sitzstreik“, wie ich es gerne nannte. Und manchmal durfte Antonia auf Kevins Gepäckträger sitzen, ich muss sie dann festhalten und Kevin schob sein Fahrrad.

Als Kevin in die Schule kam, bekam Antonia eine kleine Schultüte und wollte fortan auch in die Schule. Es dauerte ein paar Tage, bis sie sich wieder auf den Kindergarten freute. Wenn Kevin von der Schule heimkommt und Hausaufgaben macht, macht Antonia mit. Meistens malt sie mit Wasserfarben in ein dickes Spiralheft.

Sie sind im Großen und Ganzen ein Herz und eine Seele. Natürlich gibt es auch Streit, Schreierei und Eifersüchteleien von beiden Seiten. Und jetzt, wo Antonia in die Trotzphase kommt und nicht mehr alles mitmacht, was ihr großer Bruder vorschlägt, ist so mancher Zoobesuch mit beiden ziemlich anstrengend.

Im Gegensatz zum Zusammenleben mit Kevin gestaltet sich das Zusammenleben mit Antonia als sehr harmonisch, leicht und normal. Sie ist nach wie vor ein Sonnenschein mit einem großen Herzen, vor allem für kleinere Kinder, ist sehr offen gegenüber ihren Mitmenschen, liebt

Musik, ist recht wild und mutig. Sie ist sehr verschmust, freundlich und höflich.

Der Rucksack, den sie zu tragen hat, ist im Vergleich zu Kevin deutlich leichter, wobei sie auf alle Fälle auch frühtraumatisiert ist. Zum einen durch die Abgabe von der leiblichen Mutter zu uns und zum anderen durch die ersten 48 Stunden ihres Lebens, als sie alleine in der Kinderklinik lag. Direkt bemerkbar macht sich diese Traumatisierung bisher nicht. Ein bisschen distanzlos ist sie manchmal, aber durchaus für ihr Alter im Rahmen.

Ich wundere mich oftmals, dass ich überhaupt nochmals den Mut hatte, nach dem anstrengenden Zusammenleben mit Kevin nochmals das Wagnis einer weiteren Pflegschaft einzugehen. Dann fühle ich, dass Antonia ein göttliches Geschenk ist. Ich komme mir als Pflegemutter nicht mehr als Versagerin vor, bei Kevin habe ich das oft gedacht: was lebe ich dem Jungen vor, dass er so grundmotzig, unhöflich, unverschämt und unfreundlich ist. Antonia hingegen begrüßt die Menschen, bedankt sich, entschuldigt sich, kurzum sie ist freundlich und höflich.

Antonia hat auch ihre Aufmüpfer, beim Abendessen fliegt schon mal ein Stück Käse quer über den Tisch, sie haut nach mir und meinem Mann, und wenn wir sie hierin einschränken, spuckt sie uns an. Aber alles im Rahmen, und sie kriegt sich recht schnell wieder ein. Derzeit ist sie immer noch schwer beeindruckt, dass der Nikolaus zu ihr sagte, sie solle beim Abendessen bitte ruhig sitzen bleiben und nicht mehr die Füße auf den Tisch tun. Dies tat sie mit der Begründung, dass Pippi Langstrumpf dies auch mache. Sie liebt es mit zwei Zöpfen und Sommersprossen rumzulaufen.

Die beiden Kinder sind grundverschieden und sich dennoch gegenseitig eine Bereicherung. Das erinnert mich an einen Ausspruch, den ich einmal hörte: Das Schönste was sie einem Kind schenken können, ist ein Geschwisterkind bzw. mehrere.

Ich merke, dass meine Liebe zu beiden eine jeweils andere ist. Zu Antonia ist sie vertrauter, was sicherlich auch damit zusammenhängt, dass ich sie betreuen durfte, seit sie ein Baby war. Bei Kevin sehe ich in und neben meiner mütterlichen Liebe zu ihm immer auch das Fremde, das mir gegenübersitzt (in ihm). Er war mit seinem 18 Monaten schon eine richtige Persönlichkeit, als ich ihn kennenlernte. Nun, auch das ist normal, wenn ich mich im Freundeskreis umhöre, dass die Liebe zu den Kindern unterschiedlich intensiv erlebt wird. Es gibt auch in normalen Familien die Mama- und Papakinder.

Ich kann mich noch an eine Begebenheit erinnern, als ich vor Jahren auf einem Spielplatz mit Kevin war und die Tochter einer Freundin, die ca. neun Monate alt war, beobachtete. Die Kleine krabbelte glucksend und vertrauensselig herum und ab und zu wieder zu ihrer Mama, die sie liebend in die Arme schloss. Und auch diese machte einen ganz glücklichen, verliebten Eindruck ob ihres kleinen Wonneproppens. Ich war damals ein bisschen eifersüchtig auf dieses Paar, denn solch eine unbeschwerte Zeit hatte ich mit Kevin nie erlebt. Und ich dachte, dass es schön ist, wenn man das erste Jahr des Kindes, wo es noch nicht um Erziehung geht, miterleben darf. Und dass diese schönen, unbeschwerten Erinnerungen einem bleiben und man später in Stresszeiten auf diese glückseeligen Gefühle zurückgreifen kann. Das erzählte ich einer weiteren Freundin, und die tröstete mich mit den Worten: „Du, wenn ich mich mit Christina (sie war damals ca. zwölf Jahre alt) streite, denke ich nicht mehr an die schöne und einfache Zeit, als sie noch ein Baby war. Das hilft mir in solchen Momenten gar nicht."

Besuchskontakte mit Antonias leiblicher Mutter

Der erste Besuchskontakt fand wie beschrieben in der JVA statt, als Antonia gerade mal sechs Tage alt war. Ein paar Tage, nachdem Antonias leibliche Mama aus der JVA entlassen war, meldete sie sich beim Jugendamt, und wir vereinbarten für zwei Tage darauf einen Termin für einen Besuchskontakt. Unsere Betreuerin konnte Frau Beifuß allerdings telefonisch nicht mehr erreichen und sagte uns den Termin ab, als wir fast schon unterwegs waren. Zwei Wochen später fand schließlich der zweite Kontakt statt. Ich fuhr mit Antonia zum hiesigen Jugendamt. Ihre Mutter saß schon da. Ich hatte Antonia im Tragetuch, holte sie raus und übergab sie ihrer Bauchmama. Sie freute sich sehr, ihr kleines Töchterlein zu sehen. Sie zeigte sich sehr unbeholfen im Umgang mit dem Baby, und so fing Antonia an zu quengeln. Ich bereitete schnell ein Fläschchen Milch vor, aber Antonia wollte nur einen Trösterchenschluck. Sie blieb quengelig. Ich gab der Bauchmama einen Schnuller, das half auch nichts. Ich schlug ihr vor, mal etwas auf und ab zu gehen mit ihrer Tochter, denn Antonia wollte offensichtlich etwas sehen. Frau Beifuß gab Antonia ein großes Stofftier, das fand aber keinen Anklang. Antonia protestierte wieder lautstark. Nach knapp 40 Minuten bekam ich meine Pflegetochter wieder auf den Arm, wo sich Antonia ganz schnell wieder beruhigte und wohlfühlte.

Der dritte Besuchskontakt einen Monat später verlief etwas besser. Antonia lachte viel mit ihrer leiblichen Mutter. Und anschließend ist Antonia auf ihrem Bauch eingeschlafen. Nach knapp 20 Minuten war das Baby aber zu schwer für Frau Beifuß. So legten wir Antonia in die Kinderwagentasche, wobei sie aufwachte. Zum Abschied nahm sie die leibliche Mama nochmals in den Arm.

Den vierten Besuchskontakt empfand ich als sehr anstrengend. Antonia war gerade eingeschlafen und wachte im Besucherzimmer auf. Ihre Bauchmama nahm sie auf den Schoß, unterhielt sich aber wegen eines möglichen Vaterschaftstestes angeregt mit Frau Zweig und überließ das Baby sich selbst. Antonia saß so etwas alleine gelassen da, sah gelangweilt aus und schaute sich ausgiebigst um. Nach dem Gespräch alberte Frau Beifuß etwas mit Antonia herum und brachte sie zum Lachen. Nach einer Weile, als sie einen müden Eindruck machte, reichte ich Frau Beifuß einen Schnuller und noch ein Milchfläschchen. Antonia, die zu der Zeit allerdings nur bei mir ruhig und zufrieden trank, wurde immer quengeliger. Frau Beifuß tat mir leid, sie konnte Antonia weder ablenken noch beruhigen. Frau Zweig schlug vor, dass Frau Beifuß mir das Baby geben sollte, es beruhigte sich bei mir sofort. Frau Zweig meinte hinterher zu mir, dass es mit der Fremdelphase von Babys noch schlimmer kommen könne bei den Besuchskontakten. Und der nächste Kontakt wurde wirklich unangenehmer. Ich übergab Antonia an Frau Beifuß, sie fing aber gleich zu weinen an und so trug ich sie selbst ins Besucherzimmer. Nach einer Weile übergab ich sie nochmals, aber keine Viertelstunde insgesamt konnte die leibliche Mutter Antonia auf dem Arm haben. Antonia wollte nur bei mir, ihrer bekannten emotionalen Mama, sein. Sie fremdelte total. Wieder taten mir Frau Beifuß und Antonia leid. Der nächste Kontakt wäre eigentlich besser gewesen, die Bauchmama konnte Antonia auch nehmen. Aber als Antonia zu quengeln anfing, wurde sie mir gleich mit einer ironischen Bemerkung übergeben: „Dann geh doch zu deiner Mama“. Frau Beifuß schien schnell genervt zu sein.

Die nächsten Besuchskontakte wurden auf ihre Weise schwierig. Es gelang der leiblichen Mutter immer weniger, auf Antonia babygerecht einzugehen. Und Antonia reagierte mit Quengeln, Weinen oder empörtem Schreien. Es ging nur noch selten, dass Antonia längere Zeit auf dem Arm ihrer leiblichen Mutter war. Nach kurzer Zeit fing sie an zu meckern. Und Frau Beifuß schaffte es selten, das Baby zu beruhigen und entsprechend auf es einzugehen. Was auch verständlich war, denn Babys sind oftmals nur bei ihrer vertrauten Bezugsperson zufrieden. Antonia war zwar ein recht pflegeleichtes Baby, aber man musste schon ein Feeling für ihre Babywünsche haben, damit sie zufrieden war. Sie z.B. länger einfach nur auf dem Arm halten und sich nur unterhalten ging nicht auf Dauer. Ein bisschen wollte sie auch beachtet werden. Mir taten beide leid. Frau Beifuß, weil sie zunehmend seltener eine zufriedene Antonia auf dem Arm hatte, sondern meist ein Kind, das quengelte oder sich gar nicht erst nehmen ließ. Und das, obwohl sie sich auf ihre Art bemühte und regelmäßig zu den Besuchskontakten kam. Und Antonia, weil ich sie immer etwas länger als bei anderen ihr fremden Menschen unzufrieden ließ. Und weil sie wohl so gar nicht verstand, warum ich sie gerade dieser Frau immer zuzuschieben versuchte.

Einen der Besuchskontakte im ersten Jahr bewältigte Patrick. Er fuhr mit dem Rad zum Jugendamt. Frau Beifuß und unsere damals neue Betreuerin Frau Jung standen schon im Flur. Als Antonia die beiden sah, brüllte sie los und beruhigte sich vorerst kaum. Die drei gingen in das Besucherzimmer, aber es dauerte ziemlich lange, bis Antonia sich beruhigte und ihre Bauchmama sie mal auf den Arm nehmen konnte. Und immer wieder brüllte sie los. Das war natürlich Stress pur für alle Beteiligten. Im Nachhinein besuchte Frau Beifuß unsere Betreuerin und sagte dieser, dass sie sehr traurig über das Fremdeln von Antonia sei.

Frau Beifuß fragte die Betreuerin schon beim ersten Besuchskontakt im Vorfeld, ob sie Antonia nicht zurückhaben oder zu ihrer in der Nähe lebenden Schwester geben könnte. Frau Zweig machte ihr klar, dass es Antonia bei uns gut hätte und dass sie es bitte so lassen solle, wie es war. Sie berichtete mir im Nachhinein von diesem Gespräch und betonte, dass die Fragen von Frau Beifuß ohne jeglichen Enthusiasmus gestellt worden wären. Sie hatte das Gefühl, Frau Beifuß wollte die Fragen nur gestellt haben, vielleicht um sich gegenüber Dritten zu rechtfertigen: Sie habe nachgefragt, aber da sei nichts zu machen. Frau Zweig teilte mir dies nach dem Besuchskontakt mit und ich blieb komischerweise dabei ganz ruhig. Erst hinterher fing mein Verstand an, sich ständig mit der Angst zu befassen, was wäre, wenn Antonias Mutter nun doch vor Gericht zöge und um ihre Tochter kämpfen würde. Mein Gefühl sagte mir allerdings: „Lass gut sein, Antonia bleibt bei uns.“

Nach einem halben Jahr kam ich während des Besuchskontaktes von der Toilette zurück und bekam noch den Rest eines weiteren Anfragens in dieser Richtung mit. Frau Beifuß hatte sich beschwert, dass sie in der JVA nicht darüber aufgeklärt worden sei, dass es das Mutter-Kind-Heim, in dem sie mit ihrer großen Tochter gewesen war, noch gäbe. Sie hatte wohl, wie ich später telefonisch erfahren habe, sobald ich aus der Tür war, die Frage gestellt, wer das Aufenthaltsbestimmungsrecht für Antonia hätte. Das hatte sie selbst. Und ob sie denn Antonia zurückbekommen könne, wenn sie eine Wohnung gefunden hätte. Frau Zweig sagte, das könne nur vor Gericht geklärt werden. Dann folgte die Frage, was wäre, wenn die Schwester darauf bestünde, dass sie Antonia aufzieht? Frau Zweig sagte, nein, das ginge nicht, sie hätte sich an die

Pflegefamilie gebunden. Als ich wieder im Zimmer war, sagte sie noch, dass sie nun kein Kind mehr wolle. Frau Zweig bestätigte, dass man da ja entsprechende Vorsichtsmaßnahmen treffen könne. Frau Beifuß sagte, wenn es doch passieren würde, würde jedenfalls das Jugendamt das Kind nicht mehr bekommen. Sie würde es ihrer Schwester geben. Frau Zweig hatte wiederum den Eindruck, dass Frau Beifuß von Zeit zu Zeit immer wieder überprüfen müsse, was geht und was nicht. Sie vermutete, dass hinter der Art und Weise, wie sie fragte, keine wirkliche Absicht steckte. Sie schien immer mal wieder von außen bedrängt zu werden, doch zu versuchen, ihre Tochter selbst großzuziehen. Sie werde ihrer Nachfolgerin sagen, dass Frau Beifuß solche Fragen nicht mehr in Anwesenheit von Antonia stellen dürfe, denn diese könnte später etwas aufschnappen und verängstigt werden. Ich bekam auch dieses Mal kein ungutes Gefühl wegen des Verbleibs unserer Antonia. Zudem Frau Zweig mich beruhigte. Sie betonte, dass falls Frau Beifuß ihren Antrag auf Erziehungshilfe zurücknehmen würde, Antonia sofort in Obhut genommen würde. Natürlich von uns. Und dann würde es zu einem Gerichtsprozess kommen, und da hätte Frau Beifuß wohl keine Chance. Zum einen seien die Besuchskontakte dokumentiert und zum anderen spreche die Lebensgeschichte von Frau Beifuß gegen einen Verbleib von Antonia bei ihr. Sie könne einfach einem Kind nicht die mütterliche Fürsorge und Betreuung geben, die es bräuchte. Da sie im Gefängnis den Antrag mehr oder weniger freiwillig unterschrieben hatte, dachte ich, zumindest bei diesem Pflegekind hätten wir diesbezüglich mehr Ruhe und Einverständnis. Auf der anderen Seite konnte ich Frau Beifuß verstehen, denn sie bekam bestimmt viel Druck von Außenstehenden und ganz viele Ratschläge, dass und wie sie ihr Kind selbst erziehen könne usw. Seither kamen keine Bemühungen mehr von Frau Beifuß, ihre Tochter zurückzufordern.

Antonia hat eine ältere Halbschwester. Diese reagierte zuerst empört, als sie hörte, dass Antonia in eine andere Pflegefamilie als ihre eigene gekommen sei. Da sie knapp zwölf Jahre älter als ihre kleine Schwester ist, ist ihre Pflegemutter entsprechend älter und das Jugendamt wollte sie deshalb nicht in diese Familie geben. Als Antonia gute sieben Monate alt war, wurde ein erster Besuchskontakt mit ihrer großen Halbschwester angebahnt. Ein paar Wochen, nachdem Antonia bei uns lebte, hatten wir ein paar süße Fotos zusammen gepackt, ein paar Zeilen dazu geschrieben und das unserer Betreuerin im Amt gegeben, damit sie es an die Schwester schicken sollte. Das erste Treffen fand an einem Samstag zusammen mit einer Betreuerin vom Jugendamt in einem öffentlichen Lokal statt. Im Anschluss an den Kontakt zu ihrer kleinen Halbschwester sollte ihre leibliche Mutter sie nach vier Jahren wiedersehen. Alexandra war also entsprechend aufgeregt an diesem Tag. Wir sahen zuerst die Betreuerin vom Amt und hatten uns gerade an einen freien Platz gesetzt, als die andere Pflegemutter mit ihren beiden Pflegekindern kam.

Wir begrüßten uns freundlich und ich gab Alexandra Antonia auf den Arm. Diese wirkte etwas unbeholfen. Sie wusste seit Monaten von ihrer Existenz, aber sie nun auf dem Arm zu haben, war offensichtlich etwas ganz Besonderes. Wir fragten uns gegenseitig etwas aus und erzählten von Antonia. Ich hatte ein Fotoalbum von Antonia mitgebracht und zeigte das Alexandra und deren Pflegeschwester. Wir selbst machten Fotos von diesem spannenden Kontakt. Zwischendrin übergab mir Alexandra die kleine Maus wieder, mit den Worten, sie sei ihr zu schwer. Ich glaubte allerdings, sie brauchte einmal Pause und etwas Abstand. Nach einer Stunde verabschiedeten wir uns herzlich voneinander – wir sollten der leiblichen Mutter nicht begegnen, damit Alexandra nicht eifersüchtig auf das Baby würde. So gingen wir wieder nach Hause.

Beim nächsten Termin im Jugendamt fragte ich nach, wie denn die Begegnung von Alexandra mit ihrer Mutter verlaufen wäre nach all den Jahren. Ich musste zu meiner Überraschung hören, dass die leibliche Mutter nicht erschienen war, was normal zu sein scheint bei Herkunftseltern, die solch eine lange Zeit ihr Kind nicht gesehen haben. Alexandra sei diesbezüglich sehr wütend und auch traurig gewesen sei. Frau Beifuß kam beim nächsten Besuchskontakt mit Antonia nicht und wir dachten schon, sie hätte Angst vor den Vorwürfen, die ihr gemacht werden würden wegen des Nichtkommens zum Treffen mit ihrer älteren Tochter. Frau Beifuß tauchte nach zwei Wochen ohne Vorankündigung im Jugendamt auf und sagte, an dem Tag des Treffens mit Alexandra hätte sie die Grippe gehabt und als sie Antonia hätte besuchen können, wäre sie im Krankenhaus gewesen.

Wir schrieben Alexandra eine Karte, legten Fotos bei und gaben unsere Adresse und Telefonnummer preis (bisher verlief der Kontakt übers Amt). Ein paar Wochen später kam ein ganz netter Brief von Alexandra, in dem sie schrieb, sie hätte es schön gefunden, uns kennengelernt zu haben, und dass sie sich sehr freuen würde, wenn wir uns wieder sehen würden. Nun hatten wir gegenseitig die Adressen und Telefonnummern und konnten uns austauschen und treffen, ohne Betreuung vom Jugendamt. Ein paar Wochen später rief ich Alexandra an und sprach längere Zeit mit ihrer Pflegemutter und bedankte mich anschließend bei Alexandra für ihren lieben Brief. Wir versprachen uns, in Kontakt zu bleiben.

Bei einem Besuchskontakt, Antonia lebte ca. 16 Monate bei uns, weinte ihre Bauchmama längere Zeit. Sie wollte aber nicht sagen, warum. Mir war das ganz unangenehm. Ich bekam nicht wirklich Angst, ob sie Antonia wieder zurück wollte, aber es blieb so ein mulmiges Gefühl. Sie sagte am Ende noch andeutungsweise, dass das Weinen wegen ihrer und Antonias Ähnlichkeit als Kind gekommen sei. Sie hatte Kinderfotos von sich angeschaut und dabei sei ihr diese Ähnlichkeit aufgefallen. Danach ging sie mit Frau Stab, unserer neuen Betreuerin, zu einer Kollegin wegen des Vaterschaftstestes. Und diese Verwaltungsfrau, die sich mit Pflegschaften weniger auskennt, sagte in etwa: „Wenn Antonia mal zu Ihnen zurückgeht...". Da schaute Frau Beifuß wohl ganz verwirrt und entsetzt zu Frau Stab und sagte: "Aber die Antonia soll doch bei den Pflegeeltern bleiben, sie hat es doch gut dort." Dies erfuhr ich hinterher telefonisch. Dieser Segen der leiblichen Mutter, dass Antonia bei uns leben darf, war dermaßen schön, dass ich vor Rührung längere Zeit weinen musste. Dies bekam Kevin mit und er wollte natürlich wissen, was denn los wäre. Ich musste eine kleine Notlüge erfinden, da seine Bauchmama auch nach Jahren nach wie vor den innigen Wunsch hegt, ihren Sohn wieder zu sich nehmen zu können.

Frau Stab lobte mich schon mehrmals, dass ich immer wieder Babette, also Frau Beifuß einzubeziehen versuche, mit Antonia zu spielen etc. und ihr einen wertschätzenden Platz gebe. Das tue ich auch, es fällt mir bei ihr nicht schwer, sie erinnert mich sehr an meine verstorbene Tante. Die Besuchskontakte verlaufen seit vielen Monaten recht harmonisch. Jetzt, wo Antonia zweidreiviertel Jahre ist, schafft Frau Beifuß es besser, kindgerecht auf Antonia zuzugehen und gelegentlich mit ihr zu spielen. Sie beschränkt sich oftmals darauf, ihrer Tochter beim spielen zuzuschauen. Sie kann aus gesundheitlichen Gründen nicht auf dem Boden sitzen und nimmt daher auf einem Stuhl oder Sofa im Besucherzimmer Platz, ich sitze meistens auf dem Boden, bei der Kleinen. Ab und zu kommt Kevin mit zu solch einem Besuchstermin, und Frau Beifuß findet, dass die beiden ein tolles Gespann sind, und freut sich, dass ihre Tochter so einen tollen großen Bruder hat. Frau Beifuß hat oft ein großes Redebedürfnis und spricht während des Besuchskontaktes viel über ihre eigene Sorgen und Krankheiten. Ihr scheint es zu genügen, ihre Tochter einmal monatlich zu sehen und zu schauen, wie sie sich entwickelt hat. Wenn sie am Schluß ein Abschiedsküßchen bekommt, ist sie glücklich.

Beim ersten Hilfeplangespräch, bei dem Frau Beifuß dabei war, Antonia war ca. zweieinhalb Jahre alt, sagte sie ihre kleine Tochter sei ihr „Ein und Alles“ und dass sie sehr froh sei, dass sie bei uns lebe und es ihr so gut gehen würde. Und dass sie selbst, wenn Antonia größer wäre, ihr erklären wollen, warum sie sie damals in Pflege gegeben habe. Sie freue sich, dass sie nach wie vor einmal im Monat ihre Tochter sehen dürfe. Bei dem nächsten Besuchskontakt, Antonia war während des Hilfeplangespräches bei der Babysitterin, nahm Antonia zum ersten Mal Babettes Mutterhand. Diese war ganz gerührt. Mir schien es fast, dass Antonia diesen Segen der Bauchmama, bei uns aufwachsen zu dürfen, mitbekommen hatte und dies auf ihre Art würdigte.

Ich erzähle Antonia oftmals vor den Besuchen nochmals kurz ihre Geschichte in einer kindgerechten Version und dass wir jetzt ihre Bauchmama besuchen. Wenn sie Fotos im Album von ihrer Bauchmama sieht, sagt sie „Baba". Im Moment würde ich gerne wissen, wie Antonia selbst diese Kontakte sieht. Vielleicht so: wir gehen zu zwei Frauen, eine davon ist meine Bauchmama und die beiden sitzen am Tisch und trinken Tee und reden miteinander. Meine Mama redet ein bisschen mit, kümmert sich hauptsächlich aber um mich, spielt mit mir. Und sie versucht immer wieder, dass ich mit der Bauchmama Kontakt habe und wir sie in unser Spiel einbeziehen.

Derzeit genügt Antonia, dass ich dabei bin. Mal sehen, was die Zukunft bringt. Wir sind, seit Antonia läuft, bei den Besuchskontakten ab und zu draußen auf dem Spielplatz. Dort verhält sich ihre Bauchmama leider recht passiv, sie schaut lieber auf einer Bank sitzend dem Geschehen zu.

Als Antonia gute zwei Jahre alt war, wurde ihr leiblicher Vater per Urkunde anerkannt. Das hat uns für Antonia sehr gefreut, denn dieses Verfahren hatte sich lange dahin geschleppt. Der leibliche Vater kam nicht mit zu den Besuchskontakten. Es gab immer den gleichen Grund: zuviel Arbeit. Ich denke, gepaart war dieses mit einer Portion Angst. Angst vor dem Kontakt und dem Abschiednehmen hinterher. Die beiden Eltern lebten als Paar in einem Obdachlosenheim zusammen. Der leibliche Vater von Antonia ist vor Kurzem gestorben. Antonia hatte ihn nur zweimal gesehen und kann seinen Tod noch nicht erfassen.

Wer darf entscheiden: Elterliche Sorge und Alltagssorge der Pflegeeltern

Elterlichen Sorge

Eltern eines Kindes haben die elterliche Sorge und Verantwortung, das sogenannte Sorgerecht. Den Eltern kann ihr Sorgerecht ganz oder teilweise per Gerichtsbeschluss aberkannt werden, sofern sie das Wohl ihres Kindes gefährden.

§ 1626 BGB Elterliche Sorge
(1) Die Eltern haben die Pflicht und das Recht, für das minderjährige Kind zu sorgen (elterliche Sorge). Die elterliche Sorge umfasst die Sorge für die Person des Kindes (Personensorge) und das Vermögen des Kindes (Vermögenssorge). - (2) Bei der Pflege und Erziehung berücksichtigen die Eltern die wachsende Fähigkeit und die wachsende Bedürfnisse des Kindes zu selbständigem verantwortungsbewusstem Handeln. Sie besprechen mit dem Kind, soweit es nach dessen Entwicklungsstand angezeigt ist, Fragen der elterlichen Sorge und streben Einvernehmen an. - (3) Zum Wohl des Kindes gehört in der Regel der Umgang mit beiden Elternteilen. Gleiches gilt für den Umgang mit anderen Personen, zu denen das Kind Bindungen besitzt, wenn ihre Aufrechterhaltung für seine Entwicklung förderlich ist.
Die Personensorge umfasst alle Bereiche, die für das Kind zu regeln und zu entscheiden sind:

- Aufenthaltsbestimmung (wo lebt das Kind)
- Religiöse Erziehung und die Entscheidung über die religiöse Zugehörigkeit
- Medizinische Fragen (Arztbesuche, Operationen, medizinische Behandlungen)
- Ausbildung (Kindergarten, Schulen, Lehrstellen), Freizeit
- Umgang
- Taschengeldregelung
- Rechtsgeschäfte des alltäglichen Lebens (z.B. Kind wird zum Einkaufen geschickt)
- Recht auf Antragstellung öffentlicher Hilfen (z.B. Hilfe zur Erziehung beim Jugendamt)

Alltagssorge

Pflegeeltern können also nicht alle Entscheidungen bzgl. der anvertrauten Kinder selbst treffen. Pflegeeltern haben das Recht, die Eltern in verschiedenen Bereichen zu vertreten, die sog. Alltagssorge. Die Alltagssorge gibt den Pflegeeltern das Recht, viele tägliche Entscheidungen zu treffen. Zur Alltagssorge gehören Entscheidungen, die im Alltag einer Familie getroffen werden müssen, die nicht von Dauer und umkehrbar sind, z.B.

- Besuch bei einem Freund,
- Alltagserkrankungen wie Kinderkrankheiten oder Grippe, übliche Impfungen, Zahnarztbesuch,
- Entschuldigungen schreiben, Teilnahme an Schulreisen, Tests oder Prüfungen unterschreiben.

Pflegeeltern können nicht alle Entscheidungen im Bezug auf die ihnen anvertrauten Kinder selbst treffen. Die Entscheidung, das Pflegekind taufen zu lassen, obliegt den leiblichen Eltern. Die leibliche Mutter von Antonia wünschte schon von Beginn der Pflegschaft an eine Taufe. Die Betreuerin vom Jugendamt verzögerte dies ein bisschen, bis sich alles eingespielt hätte. Nachdem Antonia dreizehn Monate bei uns lebte und wir mittlerweile die dritte Betreuerin des Jugendamtes hatten, fragte Frau Beifuß abermals wegen einer Taufe nach. Sie bat darum, dass ihre Tochter bei dem Pfarrer getauft werden sollte, wo auch ca. 13 Jahre zuvor die Halbschwester von Antonia getauft worden war. Ich rief im entsprechenden Pfarramt an und machte einen Termin mit Pfarrer Paul aus. Ich ging dort ziemlich offen und erwartungsvoll hin, im Glauben dass sich die Kirche über jedes neue „Schäfchen“ freuen würde. Dass dem nicht so ist, bekam ich recht schnell zu spüren. Patrick und ich sind beide seit langer Zeit aus der Kirche ausgetreten – hätten also Antonia von uns aus nicht taufen lassen (können). Dem stand der Wunsch der leiblichen Mutter gegenüber, dem wir uns zu beugen hatten. Und nun saß ich einem Pfarrer gegenüber, der damit so seine Schwierigkeiten hatte. Und ich hatte auch das Gefühl, dass er bisher keine Pflegefamilien kennt. Ich erklärte ihm geduldig von meinem Anliegen: Dass wir mit einem Pflegekind zusammenleben, dessen Mutter die evangelische Taufe wünscht, dass wir Pflegeeltern beide auch evangelisch gewesen wären, aber aus der Kirche ausgetreten seien, ich aber an Gott glaube, mit meinen Kindern bete und mich als Christin fühle. Dem widersprach der gute Mann energisch. Denn zum Christsein gehöre nun mal die Gemeinde (und damit die Kirchensteuer) dazu. Nur beten genüge da nicht. Und daher könne ich mein Kind folglich nicht christlich erziehen. Ich sagte ihm, dass ich zweimalige Patin sei, worauf er erwiderte, da hätten seine Kollegen aber Fehler gemacht. Erst als ich ihm berichtete, dass die Halbschwester von Antonia seinerseits von ihm getauft wurde und seine Sekretärin den entsprechenden kirchlichen Eintrag gefunden hatte, erweichte sich sein Herz und er war bereit, diese Taufe zu übernehmen. Er bot mir zwei mögliche Tauftermine an. Ich sollte wieder anrufen, wenn wir Paten hätten und zum Taufgespräch kommen könnten.

Wir haben uns innerhalb kürzester Zeit vier Paten gesucht, denn wir wollten auch Paten für Kevin haben. Wir fragten dessen Mutter, ob wir ihn auch evangelisch taufen dürften – allerdings sicherlich bei einem anderen Pfarrer. Valentina-Mama bestand allerdings – wenn überhaupt – auf einer katholischen Taufe. Die Betreuerin vom Jugendamt, die mit Valentina-Mama gesprochen hatte, schlug vor, dass Kevin das später selbst entscheiden solle, ob und welcher Konfession er angehören möchte. Wir möchten nämlich vermeiden, dass unsere beiden Pflegekinder unterschiedlichen Konfessionen angehören. Wir haben daher das Thema Taufe seither nicht wieder angesprochen. Wenn Valentina-Mama allerdings auf einer katholischen Taufe besteht, dann müssen wir ihrem Wunsch folgen. Das wissen auch Kevins Paten, die beide der katholischen Kirche angehören. Wir machten für Kevin ein Patenfest mit beiden Paten samt Familie in einem großen Park.

Zurück zu Antonias Taufe. Zusammen mit beiden Paten, meiner Nichte Angelika und einer lieben Kindergartenfreundin, erschienen wir zum Taufgespräch. Ich habe das Thema Taufe in die Hand genommen und war gut vorbereitet: Ich hatte schon eine Einladungskarte entworfen, hatte mit Patrick zusammen einen passenden Taufspruch gewählt, hatte mir ein Lied ausgedacht, welches ich gerne als Tauflied singen wollte, und hatte eine Freundin gefragt, mir beim Basteln einer individuellen Taufkerze behilflich zu sein. Das alles schien den Pfarrer nicht zu beeindrucken, was alleine zählte, war unsere Nichtzugehörigkeit zur evangelischen Kirche. Meine Freundin Karin und zugleich Patin von Antonia, die katholisch ist, sagte, er hätte sehr gut versuchen können, mich zu „angeln“, statt mich, wie ich es gefühlt habe, auszugrenzen. Als der Pfarrer es für gut hieß, dass die eine Patin, meine Freundin, in der Nähe lebte und somit einen positiven Einfluss auf Antonia haben würde, fühlte ich es schon in mir brodeln. Und als er meine Nichte Angelika mit rechter Missachtung und leicht von oben herab behandelte, scheinbar weil sie mit ihren erst fünfzehn Jahren nur eine mäßig geeignete Patin wäre, zischte es schon innerlich.

Der Pfarrer erklärte uns genau den Ablauf des Gottesdienstes und klärte uns bzw. unsere Paten über christliche Erziehung auf. Ich wollte kurz erklären, warum wir den entsprechenden biblischen Taufspruch für Antonia herausgesucht hatten, das interessierte den guten Mann allerdings nicht. Ich sagte, dass ich abends mit meinen Kindern bete, und bekam als Antwort wiederum, dass das im christlichen Sinne nicht genüge. Das Zischen und Brodeln hatte ein Ende: Ich bin ein Mensch der klaren Worte und sagte dem Pfarrer, dass ich mich hier ausgegrenzt fühle. Das war dem Pfarrer allerdings auch zuviel und er entgegnete, dass ihn das jetzt treffen würde, er würde sich hier für diese Taufe quasi verbiegen. (Und wir als nicht-konfessionsgebundene Eltern hätten hier eigentlich nichts zu suchen). Ich musste ein paar Mal tief durchatmen, damit ich nicht aufsprang und mir einen anderen Pfarrer suchte, manchmal kann ich impulsiv sein. Die Stimmung war deutlich abgekühlt, entsprechend war auch die Verabschiedung. Ein bisschen bebte ich noch vor Empörung. Ich tat das schließlich alles für unsere kleine Pflegetochter und für deren leibliche Mutter, die warum auch immer bei diesem Pfarrer die Taufe wünschte. Vielleicht hätte ich nach dem Vorgespräch schon sagen sollen, danke nein, nicht bei diesem Pfarrer, ich kümmere mich um eine andere Gemeinde. Und vielleicht wäre das für Babette-Mama in Ordnung gewesen. Ich hatte aber gedacht, nachdem das erste Gespräch damit endete, dass der Pfarrer einwilligte, die Taufe zu übernehmen, dass es nicht wieder so unangenehm werden würde. Meinen Mann hatte der Pfarrer während des ganzen Taufgesprächs überhaupt nicht gewürdigt, was ihn traf, aber da er gelassener als ich ist, ließ er sich nichts anmerken und sprach es nicht an.

Nach diesem Pfarrer dürften unsere beiden geliebten Pflegekinder gar nicht bei uns leben. Denn, wie ich nebenbei erfuhr, hatte dieser Pfarrer (mittlerweile in Ruhestand) bei einer Taufe, bei der nur ein Elternteil der evangelischen Kirche angehörte, auch schon Probleme. Und da Valentina-Mama auf einer katholischen Taufe besteht, müssten, den Pfarrern zuliebe Patrick und ich mindestens einer evangelisch und einer katholisch werden. Oder das Jugendamt dürfte uns nur Pflegekinder von konfessionslosen leiblichen Eltern vermitteln und bei der Vermittlung von Pflegekindern stärker auf die Konfessionskompatibilität der Elternpaare achten. Dies tun manche Jugendämter verstärkt. Die Aufnahme eines moslemischen Jungen z.B. in eine deutsche, christliche Familie birgt also neben den kulturellen Unterschieden auch große Problematiken in dessen religiöser Erziehung. Da ist es wohl am besten, wenn solche Pflegekinder in entsprechenden Familien moslemischen Glaubens aufwachsen.

Zur Taufe luden wir Antonias Halbschwester samt Familie ein. Und als ich damals mit deren Pflegemutter sprach, erfuhr ich Folgendes: Alexandras Pflegeschwester hatte vor Kurzem, mit elf Jahren ihre quasi schon Erwachsenentaufe gehabt. Sandra war damals sehr eifersüchtig auf die Paten, die drei Taufkerzen und das Fest. Und von ihrer eigenen Taufe, sie war damals zwei Monate alt, wusste sie nichts mehr – ebenso wenig wie ihre (spätere) Pflegemutter. Sie sollte also an Antonias Tauftag ihre eigene Patin wiedersehen.

Der Tauftag von Antonia wurde von einem tragischen Ereignis überschattet. Wir fuhren etwas früher zur Kirche, sodass unsere Verwandten und Antonias Bauchmama nicht alleine warten mussten. Frau Beifuß stand schon vor der Kirche. Sie begann ihre Schwester zu entschuldigen, dass sie leider nicht kommen könne. Sie druckste etwas herum und ich dachte schon, dass eine Ausrede käme, als ich Frau Beifuß sagen hörte, ihre Schwester sei an dem Abend vorher gestorben. Welch ein Schicksalsschlag. Diese Frau wollte ihr Patenkind nach

13 Jahren wieder sehen und ihre kleine Nichte endlich kennenlernen, und nun war es nicht mehr dazu gekommen.
Frau Beifuß erschien mir sehr verstört und zutiefst traurig – es war ihre Lieblingsschwester gewesen. Sie schaffte es nicht, lange im Gottesdienst zu bleiben und verschwand noch, bevor die eigentliche Taufzeremonie begann. Dieser Todesfall überschattet Antonias Taufe. Dennoch war die eigentliche Taufzeremonie von Pfarrer Paul sehr schön. Er lud dazu alle ehemaligen Täuflingkinder ein, zur Taufe von Antonia nach vorne zu kommen. Antonia nutzte dies und "segnete" ihrerseits die Kinder, die hochkamen, da sie mit dem Wasser des Taufbeckens herumspritzte.

Auch beim Thema Taufe von Pflegekindern gibt es Variationsmöglichkeiten. Von einer befreundeten Pflegemutter weiß ich, dass die Taufe ihres Pflegesohnes von den Pflegeeltern organisiert wurde und die Pflegemutter zugleich auch Patin ist. Die geladenen Gäste stammten hauptsächlich aus Verwandten der leiblichen Eltern.

Herkunftsfamilien

Wenn man sich dazu entschließt, mit Pflegekindern zusammenzuleben, bekommt man vom Jugendamt nicht nur ein Kind vermittelt, sondern als Zugabe noch seine Herkunftsfamilie. Und diese hat im Leben des Kindes immer einen besonderen Stellenwert. Dieser kann unterschiedlich groß sein, z.T. hat man nur Kontakt zur leiblichen Mutter, es kann allerdings auch sein, dass z.B. der Vater, die Großeltern und Tanten Besuchskontakte einfordern und wahrnehmen.

Adoptivkinder sind vom Gesetz her alleinige Kinder ihrer neuen sozialen Eltern, der Adoptiveltern. Sie haben alle Rechte wie leibliche Kinder auch, beerben z.B. ihre Adoptiveltern. Als Adoptiveltern ist man sorgeberechtigt für das Kind und trägt dessen Unterhalt alleine.

Ganz anders sieht dies bei Pflegekindern aus: Pflegeeltern sind Vertragspartner vom Jugendamt und unterschreiben einen Pflege- und Erziehungsvertrag. Ich sehe uns gerne als Außenstelle, als kleiner, etwas entfernter Satellit vom Jugendamt. Und als diese Satelliten erbringen die Pflegefamilien eine Dienstleistung für die Herkunftseltern des jeweiligen Kindes. Sie bekommen dafür ein Pflegegeld, darüber sind die Unterhaltskosten für das Kind abgedeckt und ein Teil davon ist für den erzieherischen Dauereinsatz der Pflegeeltern. Die Pflegeeltern werden für das Kind die sozialen Eltern, aus Kindersicht die eigentlichen Eltern, welche im Alltag für sie da sind.

Es handelt sich also um einen Spagat, dass eine Pflegefamilie einerseits eine Privatfamilie ist, die Pflegekinder leben Tag und Nacht bei ihnen wie ihre leiblichen Kinder auch. Andererseits steht die Pflegefamilie in einem Vertragsverhältnis mit dem jeweiligen Jugendamt. Der gesetzliche Vormund für das Kind bleiben entweder die leiblichen Eltern oder ein Mitarbeiter, eine Mitarbeiterin des Jugendamtes. Oftmals sind die leiblichen Eltern noch die zahlenden Eltern (ökonomische Elternschaft).

Pflegefamilien werden im § SGB VIII zur Zusammenarbeit mit der Herkunftsfamilie verpflichtet, im Interesse ihres angenommenen Pflegekindes. Und langjährige Erfahrungen bestätigen, dass es Pflegekindern am besten geht, wenn diese Zusammenarbeit aktiv gesucht und genutzt wird, zum Wohle des Kindes. Kommt es zu Konflikten zwischen den Herkunftseltern und den Pflegeeltern, ist der größte Leidtragende stets das Kind, das in diesem Spannungsfeld (über)leben muss. Das Kind gerät hierbei schnell in einen Loyalitätskonflikt zwischen den leiblichen Eltern einerseits und den Pflegeeltern andererseits. Hierbei spielt es keine Rolle, ob das Kind seine Herkunftseltern regelmäßig sieht oder nicht. Kinder nehmen die Emotionen ihrer Eltern wahr. Und wenn diese nicht gut auf die Herkunftseltern zu sprechen sind oder diese wegen ihres Versagens gar verachten, spürt das Pflegekind dies und bekommt ein entsprechend negatives Selbstbild von sich – es ist ja das leibliche Kind diese Herkunftseltern.

Pflegeeltern dürfen sich nicht der Illusion hingeben, dass sie bei genügend Liebe für ihr Pflegekind dessen Vergangenheit wettmachen können. Das Kind ist frühtraumatisiert und lebt von den eigenen Eltern getrennt, entweder weil die leiblichen Eltern um Erziehungshilfe gebeten haben (wie bei uns bei Sam, Aileen und Antonia) oder weil das Gericht das Kind aufgrund einer Gefahr für das Kind von diesen weggenommen hat (wie bei uns bei Julia und Kevin). Und es spürt im Vergleich zu leiblichen Kindern dieses Manko, eben kein leibliches Kind seiner Pflegeeltern zu sein. Irgendwann in seinem Leben wird es sich mit diesem Thema intensiv auseinandersetzen müssen.

Pflegeeltern von Dauerpflegekindern sind zum einen also Privatfamilie und zum anderen Vertragspartner des Jugendamtes. Sie sind die sozialen Eltern dieses Kindes, und zugleich müssen sie mehr leisten als leibliche „normale“ Eltern. Sie müssen dem Kind helfen, das Schicksal zu tragen, von seinen Eltern getrennt zu leben. Sie müssen anerkennen, dass es dem Kind deswegen oftmals schlecht geht. Denn es ist für jeden Menschen schwer, wenn er seine eigene Familie verlassen musste. Dieser Schmerz trifft den Menschen ganz tief. Manche Experten (u.a. Irmela Wiemann) sagen, Pflegeeltern müssen sich – vor allem ihrem Kind zuliebe – den Herkunftseltern gegenüber öffnen. Sie müssen diese mit ihren Stärken und Schwächen so akzeptieren, wie sie sind, und ihnen einen Platz in ihrem Leben einräumen. Sie müssen inneren Frieden mit den Herkunftseltern suchen und finden.[16] Sie müssen z.B. bei den Besuchskontakten dazu beitragen, dass die Atmosphäre für das Kind harmonisch und entspannt ist. Besonders schwer fällt dies sicherlich, wenn in der Vergangenheit des Pflegekindes Misshandlungen oder Missbrauch passiert sind. Aber zumindest ein Gutes werden alle Pflegeeltern an den leiblichen Eltern finden können: Durch deren Zusammenkommen, vielleicht sogar deren Liebe zueinander,

---

[16] Bei diesen Aussagen beziehe ich mich neben meinen eigenen Erfahrungen als Pflegemutter auf die langjährige Erfahrung von Frau Irmela Wiemann (Bücher: Ratgeber Pflegekinder, Familienbeispiele, Informationen, Konfliktlösungen; Rowohlt Taschenbuch Verlag, 6. aktualisierte Auflage 2005; Pflege- und Adoptivkinder: Familienbeispiele, Informationen, Konfliktlösungen. Rowohlt Taschenbuch Verlag, 7. Auflage 2003)

wurde dieses Kind gezeugt, und somit haben sie dem Kind dieses Leben geschenkt.

Es gibt Herkunftseltern, die wie bei unserer kleinen Antonia aktiv um Hilfe beim Jugendamt nachfragen und ihr Kind freiwillig abgeben, damit es – aus ihrer Sicht – eine Chance im Leben bekommt. Sie haben dem Kind dieses Leben geschenkt und ihre Fürsorge geht so weit, dafür zu sorgen, dass es Pflegeeltern bekommt, die gut und täglich für es sorgen können, z.B. auch als Alternative zu einem Heimaufenthalt. Sie wollen das Kind vielleicht heranwachsen sehen und nehmen die Besuchskontakte wahr. Dennoch kann es sein, dass sie auch Schwankungen unterworfen sind und sich nach ein paar Wochen oder Monaten wünschen, dass ihr Kind doch bei ihnen aufwachsen darf. Hier ist die Betreuerin vom Jugendamt gefragt einzuschätzen, was für das Kind an Beziehungswechsel noch zumutbar ist.

Bei unserer Pflegetochter Antonia haben wir dies so erlebt. Ich denke, der Druck auf freiwillig abgebende Mütter ist in unserer Gesellschaft sehr groß: „Jeder kann doch ein Kind großziehen." Dadurch gerät natürlich die abgebende Mutter in Gewissenskonflikte, sich selbst, ihrem Kind und den Bekannten gegenüber. Manchmal werden die Fragen wegen einer Rückführung ohne wirkliche Motivation gestellt, es geht mehr darum, dies einmal mehr abzuhaken und nach außen hin sagen zu können: „Die vom Jugendamt geben mir mein Kind nicht mehr zurück. Ich habe ja nachgefragt und mich bemüht". Als Pflegeeltern gilt es, dies möglichst ruhig auszuhalten und nicht jeden Stimmungswechsel der leiblichen Eltern mitzumachen.

Manche Eltern sind nicht in der Lage, das alltägliche Leben mit ihrem Kind geregelt zu bekommen. Aufgrund ihrer eigenen Lebensproblematik sind sie zu sehr mit sich und ihren Problemen beschäftigt und können ihren Kindern keine verlässlichen Eltern sein. In solch einem Fall wird diesen Eltern vom Jugendamt Hilfe angeboten mit dem Ziel, dass die Eltern ihr Kind wieder selbst versorgen können. Diese sogenannten familienstützenden Maßnahmen werden für einen bestimmten Zeitraum angeboten. In dieser Zeit sollen sich die Eltern wieder stabilisieren, damit sie ihre Kinder wieder eigenverantwortlich erziehen können. Wenn das Kind allerdings weiterhin in einer Gefährdung lebt, muss das Jugendamt einen Schritt weiter gehen und die Eltern davon überzeugen, dass ihr Kind vorerst die Familie verlassen und anderweitig versorgt werden muss. So war es bei Sam und seiner leiblichen Mutter. Wenn die Eltern hiermit nicht einverstanden sind, muss das Jugendamt zum Schutz des Kindes das Familiengericht einschalten. Der Familienrichter oder die Richterin kann danach die Unterbringung des Kindes in einer Pflegefamilie veranlassen. So verlief es bei Kevin.

Herkunftseltern, denen ihr Kind per Gerichtsentscheid weggenommen wurde, können dies oftmals nicht verstehen und wünschen sich die Rückkehr des Kindes in ihre eigene Familie. Sie können sich hierbei meistens nicht in ihr Kind hineinversetzen, nachempfinden, was z.B. eine Rückkehr nach vielen Monaten oder gar Jahren bei seinen neuen sozialen Eltern für es bedeuten würde. Bei unserem Pflegesohn Kevin fragte seine leibliche Mutter, als sie mit ihrem zweiten Kind schwanger war, bei einem Besuchskontakt nach, ob Kevin nicht wieder zu ihr zurück könne. Sie fragte sich, wenn sie das neue Baby behalten dürfte, warum ihr Sohn nicht zu ihr zurück könne. Dass Kevin damals über zweieinhalb Jahre nicht mehr bei ihr lebte und ich seine emotionale Mama geworden bin, konnte sie nicht wirklich nachvollziehen. „Er kennt mich doch aber noch“ waren ihre Worte. Ich bekam damals einen Riesenschreck und hoffte, dass Kevin hiervon nichts mitbekommen hätte, er lief ein paar Meter voraus. Ein Jahr später, die kleine Schwester von Kevin war ein gutes Jahr, fragte seine leibliche Mutter vor einem Treffen mit Kevin die neue Betreuerin (wir wurden mittlerweile wieder vom hiesigen Jugendamt betreut) nochmals, ob er nicht wieder bei ihr leben könne. Die Betreuerin erklärte ihr, dass Kevin nach solch einer langen Zeit nicht einfach aus seiner Pflegefamilie herausgerissen werden könne. Die Betreuerin, die mir hiervon später berichtete, meinte, dass die Herkunftsmama das erstmal so geschluckt hätte. Sie schätze es so ein, dass sie nicht ernsthaft Interesse habe, ihren Sohn wieder zu sich zu holen. Sie scheine lediglich die Gewissheit zu brauchen, nichts unversucht gelassen zu haben. Es reiche ihr offenbar, Kevin regelmäßig zu sehen. Allerdings tauchte die gleiche Frage beim zweimaligen Wechsel der Betreuerin innerhalb eines dreiviertel Jahres hier jedes Mal wieder auf – immerhin in Abwesenheit von Kevin. Scheinbar hofft Kevins leibliche Mutter, dass irgendeine Betreuerin mal anderer Meinung sei als ihre Vorgängerin und will, wie schon beschrieben, nichts unversucht lassen. Und falls sie solche Äußerungen, dass sie ihn gerne wieder zurückhaben wolle, einmal vor Kevin äußern würde, würde ich ihm, um ihm Sicherheit zu geben, etwa Folgendes sagen: „Deine Valentina-Mama hätte dich am liebsten zurück. Sie wünscht sich, dass du wieder bei ihr lebst. Das kann ich verstehen. Aber das Jugendamt und das Gericht haben, als du ein Jahr alt warst, vereinbart, dass du hier bei uns bleiben sollst. Nun müssen wir damit zurechtkommen, dass deine Valentina-Mama dich zurückhaben will. Aber das geht nicht und vielleicht versteht sie es später mal. Ich mag deine Valentina-Mama dennoch. Ich kann sie verstehen. Und ich bin so froh, dass du bei uns bist.“ Am besten wäre es natürlich, seine Bauchmama könnte ihm selbst einmal sagen, dass es für sie okay ist, dass er bei uns wohnt. Das wäre für den kleinen Kerl sicherlich eine große Erleichterung. Wenn sie das nicht kann, bleibt nur die Betreuerin vom Jugendamt, die ihm das später einmal sagen kann, und wir als Pflegeeltern.

Wir haben unseren Kinder stets von Anfang an erzählt, dass wir ihre Pflegeeltern sind und dass sie im Bauch einer anderen Mama waren und von dieser geboren wurden. Immer hatte ich das Gefühl, dass auch Neugeborene zuhören und mich verstehen können. Ich habe unseren drei Säuglingen stets ihre Geschichte erzählt, warum sie nun plötzlich eine andere Stimme hören und einen anderen Herzschlag als sie bisher im Bauch wahrnahmen. Ich versuchte, ihnen so zu erklären, was passiert war, und sie, so gut es ging, zu trösten. Inspiriert dazu fühlte ich mich durch das Buch: „Das Kind, das eine Katze sein wollte“ von Caroline Eliacheff.

Heute ist – im Gegensatz zu den anonymen Adoptionen vergangener Jahre – die allgemeine Erkenntnis: Je früher ein Kind in diese Realität hineinwächst, Kind zweier Elternpaare zu sein, desto leichter wird es das später im Leben haben. Man kann ihm z.B. schon früh erklären, dass seine leiblichen Eltern es nicht geschafft hätten, jeden Tag fürsorglich für ihr Kind da zu sein. Und dass sie, je nach Geschichte, beim Jugendamt um Hilfe gebeten hätten. Dass die leiblichen Eltern es aber regelmäßig besuchen, weil sie es so lieb haben. Ferner dass umgekehrt ich selbst mir so sehr ein Kind gewünscht hätte und ganz glücklich bin, mit diesem Kind zusammenleben zu dürfen.

Unser Sohn Kevin sagt z.B. zu Antonia, seiner kleinen Schwester: „Ich habe drei Mamas, du hast nur zwei." Denn auch die Bereitschaftspflegemutter, bei der Kevin neun Monate lebte, gehört zu seinen Mamas und wir haben noch Kontakt, wenn auch sporadisch. Sie ist Kevins Patin und hat noch einen Platz in Kevins Leben, unabhängig davon, dass er nicht mehr das Haus erkennt, wo er so lange lebte.

Viele Pflegekinder sehen ihre leiblichen Mamas und Papas und z.T. auch Geschwister und Großeltern in regelmäßigen Abständen. Diese haben nach § 1684 BGB ein Umgangsrecht (siehe Kasten). Die leiblichen Eltern persönlich zu kennen und in regelmäßigen Abständen zu sehen hilft den Pflegekindern nach Wiemann meistens, ihre Realität besser zu verstehen. Sie erleben die Schwächen und Stärken ihrer Herkunftsfamilienmitglieder. Gleichzeitig wissen sie, dass sie es wert sind, dass diese noch nach ihnen schauen und Interesse haben, sie heranwachsen zu sehen.

§ 1684 BGB Umgang des Kindes mit den Eltern

(1) Das Kind hat das Recht auf Umgang mit jedem Elternteil; jeder Elternteil ist zum Umgang mit dem Kind verpflichtet und berechtigt.

(2) Die Eltern haben alles zu unterlassen, was das Verhältnis des Kindes zum jeweils anderen Elternteil beeinträchtigt oder die Erziehung erschwert. Entsprechendes gilt, wenn sich das Kind in der Obhut einer anderen Person befindet.

(3) Das Familiengericht kann über den Umfang des Umgangsrechts entscheiden und seine Ausübung, auch gegenüber Dritten, näher regeln. Es kann die Beteiligten durch Anordnungen zur Erfüllung der in Absatz 2 geregelten Pflicht anhalten.

(4) Das Familiengericht kann das Umgangsrecht oder den Vollzug früherer Entscheidungen über das Umgangsrecht einschränken oder ausschließen, soweit dies zum Wohl des Kindes erforderlich ist. Eine Entscheidung, die das Umgangsrecht oder seinen Vollzug für längere Zeit oder auf Dauer einschränkt oder ausschließt, kann nur ergehen, wenn andernfalls das Wohl des Kindes gefährdet wäre. Das Familiengericht kann insbesondere anordnen, dass der Umgang nur stattfinden darf, wenn ein mitwirkungsbereiter Dritter anwesend ist. Dritter kann auch ein Träger der Jugendhilfe oder ein Verein sein; dieser bestimmt dann jeweils, welche Einzelperson die Aufgabe wahrnimmt.

Pflegekinder müssen sich bei den Treffen mit dem Schmerz auseinandersetzen, nicht bei diesen Eltern leben zu können; sie können somit diesen Schmerz weniger gut verdrängen. Hierbei sind die Pflegeeltern wieder stark gefordert, die guten Seiten der Herkunftseltern hervorzuheben. Das Kind, das seine Identität sucht, vergleicht sich mit seinen leiblichen Eltern. Und wenn es an diesen gar nichts Gutes findet und auf diese nicht auch stolz sein kann, dann spiegelt sich dies in seinem eigenen Inneren und Leben. Als unser Pflegesohn Kevin nach neun Monaten Bereitschaftspflege zu uns übergesiedelt war, fanden monatliche Besuchskontakte statt. Im ersten halben Jahr, als er bei uns lebte, hatte er hinterher regelmäßig schlimme Albträume und war einige Tage verstört. Das hat sich mittlerweile gebessert, er verkraftet die Kontakte besser. Für ihn ist es seine Realität, dass er zwei bzw. drei Mamas hat und dass er die leibliche Mutter nur selten sieht. Bei seiner kleinen Schwester Antonia ist es schließlich genauso, er war öfters bei deren Besuchskontakten mit der leiblichen Mutter dabei. Ich habe derzeit so das Gefühl, die Kontakte haben für ihn die Bedeutung gewonnen, wie wenn andere Kinder eine Tante einmal im Monat besuchen. Ich kann mir vorstellen, dass, wenn er älter wird, die Besuchskontakte ihn wieder etwas mehr belasten, er sich vielleicht mehr Fragen stellt. Dass er, wenn er merkt, dass er in einer Ausnahmesituation lebt, also bei Pflegeeltern, viel nachdenken wird.

Hierzu fällt mir noch eine kleine Anekdote ein, die ich letztens bei einem Pflegeelternerfahrungsaustausch hörte. Die erzählende Frau hatte drei Adoptivkinder aus Sibirien. Zwei dieser Kinder holten die Adoptiveltern aus einem Heim in O. Das erzählte die Mutter ihren Kindern immer wieder. Und sie berichtete uns an dem Abend, wie sie ihrer kleinen Tochter etwas von einem anderen Mädchen erzählte, als dieses noch klein war. Darauf fragte die Adoptivtochter: „Damals, als sie noch im Heim in O. lebte?“ Ihre damalige Realität war in etwa diese, dass alle Kinder nach ihrer Geburt in O. im Heim leben, bevor sie zu ihren Eltern kommen. Das war für sie Normalität. Auch sie wird später verstehen müssen, dass dies ihre Geschichte ist.

Nach Wiemann haben Besuche gute Wirkungen:

- Die Fortsetzung von Bindung und Vertrautheit zu den Herkunftseltern.
- Sie können beruhigend für das Kind sein, es weiß, die Eltern haben mich nicht vergessen.
- Sie können ihm bei der Identitätsfindung helfen: Wer bin ich, wo komme ich her, wem ähnele ich?
- Sie können auch der Verarbeitung der Wirklichkeit dienen. Das Kind kann sich ein Bild von dem Menschen machen, der es geboren hat. Die Kinder können so besser einschätzen, weswegen sie bei Pflegeeltern aufwachsen und nicht bei den leiblichen Eltern leben können.
- Die Kontakte sind auch ein Anlass zu trauern und die Grenzen zu spüren.

Es gibt zu Besuchskontakten auch andere Meinungen. Bettina Bonus beispielweise hält Besuchskontakte meistens für überflüssig wenn nicht gar schädlich für die Kinder. Weil diese aus ihrer Sicht so nie zur Ruhe kommen und ständig von ihrer Vergangenheit eingeholt werden.

Gisela Zenz sagte in einem Interview im mittendrin magazin 1/2005: „...Ich stelle fest, dass nicht nur Pflegeeltern, sondern auch Sozialarbeiter und Pädagoginnen, die unmittelbar mit den Kindern arbeiten, den Nutzen von Besuchskontakten viel skeptischer beurteilen, während eine ziemlich pauschale Befürwortung von Kontakten von jenen kommt, die sich mehr theoretisch damit befassen. Sie argumentieren meistens damit, dass eine Familie ein System ist, das erweiterbar ist, indem man neben die Herkunftseltern eine zweite Familie – die Pflegefamilie – stellt. Die beiden Familien bilden dann zwei Subsysteme in einem größeren System, wobei man davon ausgeht, dass das alles zusammen funktioniert. Diese Perspektive der Systemtheorie scheint mir für die Soziologie und die Politikwissenschaft sinnvoll, aber da, wo es um Menschen und erst recht um Kinder geht, werden die inneren Realitäten nicht berücksichtigt. Das entspricht weitgehend dem Wunschdenken, dass die oft enormen Probleme von Familien bewältigbar sind durch Beratung und Therapie und vor allem, indem man alle zusammenbringt. Übersehen wird aber, dass da ein realer Abgrund zwischen den beiden Familien besteht. Wenn man den Abgrund nicht anerkennt, geht das zulasten der Kinder – und nicht nur der Kinder, sondern auch der Pflegeeltern und der leiblichen Eltern..."

Sabine Handbauer und Helga Stadbauer schreiben in Pflege und Adoption 1/2006: „Nicht immer sind Besuchskontakte förderlich. Wurde ein Kind in seiner Herkunftsfamilie misshandelt, sexuell missbraucht oder anders schwer traumatisiert, können Besuchskontakte zu einer Retraumatisierung des Kindes führen. Besuchskontakte sollen, bis das Kind älter ist, und sich selber mit seiner Situation auseinandersetzen will, nicht stattfinden..."

Für traumatisierte/bindungsgestörte Pflegekinder kommen Anja Conrad und Natascha Stumpf in ihrem Buch „Das Pflegekind im Spannungsfeld zwischen Pflegeeltern und Herkunftsfamilien" zu folgendem Schluss: „...Zusammenfassend kann festgehalten werden, dass es für traumatisierte und bindungsgestörte Pflegekinder wichtig ist, Schutz vor den sie traumatisierenden Herkunftseltern gewährt zu bekommen. Auf dieser Grundlage können sie dann eine positive Beziehung zu den Pflegeeltern erfahren, die ihnen eine gesunde Persönlichkeitsentwicklung ermöglicht. Damit sind Besuchskontakte zu den Herkunftseltern in diesen Fällen als ausgesprochen problematisch anzusehen."

In diesem Zusammenhang ist zu erwähnen, dass Pflegeeltern grundsätzlich nicht berechtigt sind, Beschwerde gegen eine Entscheidung des Familiengerichts einzulegen, in welchen den Herkunftseltern ein Umgangsrecht mit dem Kind eingeräumt wird.

Wichtig ist, sich klarzumachen, wozu diese Besuchskontakte dienen. Sie dienen im Normalfall nicht einer Rückkehr des Pflegekindes zu den Herkunftseltern. Sie müssen daher nicht unbedingt gut laufen. Sie dienen ebenfalls nicht dazu, in diesen Stunden "Mutter und Kind" zu sein, eine "gute Beziehung" aufzubauen bzw. aufrechtzuerhalten. Die

Bauchmamas sind keine Jeden-Tag-Mütter, sondern nur Besuchsmütter.

Die beiden Bauchmamas meiner Pflegekinder sitzen während der Besuchszeit im Amt hauptsächlich auf den Stühlen und trinken Tee bzw. Kaffee und schauen ihren Kindern beim Spielen zu, unterhalten sich mit der Betreuerin vom Jugendamt, statt sich zu ihnen auf den Boden zu setzen und mit ihnen zu spielen. Die Bauchmamas müssen sich allerdings auch nicht angemessen mit den Kindern beschäftigen. Oftmals können sie dies auch gar nicht, weil sie es wiederum von ihren Eltern in ihrer Kindheit nicht gelernt haben.

Ich wundere mich oftmals, dass die leibliche Mutter von Kevin mir kaum Fragen zu ihm und seinem Leben bei uns stellt. Ich habe so das Gefühl, die Anekdoten, die ich aus seinem Leben berichte, interessieren nur die Betreuerin des Jugendamtes. Aber auch das ist in Ordnung. Vielleicht schmerzt es seine Mutter zu sehr, dass sie nicht selbst diese Erlebnisse mit ihrem Sohn teilen kann. Sie will sich vergewissern, dass es ihm gut geht, und das genügt ihr. Die leiblichen Eltern müssen bei den Treffen mit ihren Kindern keine elterliche Kompetenz beweisen. Sie konnten ja keine Mutterrolle übernehmen, das Kind lebt deshalb ja in der Pflegefamilie. Es ist wichtig, dem Kind ggf. zu sagen, dass es nicht an ihm liegt, sondern dass die Mama das nicht immer hinbekommt. Genau deshalb kann das Kind ja nicht jeden Tag mit ihr leben.

Was mir persönlich bei den Kontakten mit den leiblichen Eltern oftmals schwerfällt, ist, den Kindern die ihnen gewohnte Mutter zu sein. Ich versuche bei den einstündigen Kontakten, die aus meiner Sicht der leiblichen Mutter und ihrem Kind „gehören“, möglichst unsichtbar zu sein und die Kinder den leiblichen Mamas sanft zuzuführen. Das klappt allerdings selten. Und wenn seitens der Bauchmamas keine Initiative zurückkommt, wenn ich mich künstlich zurücknehme, verwirre ich meine Kinder. Warum sind wir denn da, wenn keiner mit mir spielen mag? Am besten klappt es, wenn die Besuchskontakte mit Kevin draußen auf einem Spielplatz stattfinden. Da ist die Atmosphäre naturgegeben viel lockerer. Und Kevin flitzt drauflos, egal, ob seine Valentina-Mama mitkommt oder nicht. Und wenn er einen Ball dabei hat und eine Stunde mit seinem leiblichen Opa Fußball spielt, bis beide völlig verschwitzt sind, war es sicherlich kein schlechtes Treffen für ihn. Ich übe mich darin, während der Besuchskontakte für meine beiden Kinder die gewohnte Mama, ihre emotionale Mama, zu sein.

Beispiele von anderen Pflegefamilien

Mein Mann und ich sind mittlerweile seit acht Jahren Pflegeeltern mit Leib und Seele. Drei Pflegekinder lebten – wie beschrieben aus unterschiedlichen Gründen – nur für eine kurze Zeit bei uns, zwei Anfragen seitens des Jugendamtes verliefen gleich ganz im Sande und zwei Kinder leben seit knapp fünfeinhalb bzw. drei Jahren auf Dauer bei uns. Wir sind gereift an unseren Erfahrungen und können die guten wie die weniger guten akzeptieren und annehmen. Unsere Erfahrungen mit zwei Rückführungen von geliebten Pflegekindern und einem Todesfall klingen für den einen oder anderen Leser wohl eher abschreckend als herausfordernd. Das ist aber nur unser Beispiel. Bei anderen Pflegefamilien verlief es anders, auf den ersten Blick vielleicht leichter. Wir kennen natürlich durch unsere Fortbildungen und die Pflegeelternabende viele andere Pflegefamilien, und davon habe ich drei gefragt, ob sie einen kurzen Beitrag zu diesem Buch liefern möchten, damit meine Leser sehen, es kann ganz anders verlaufen, und aus einer Pflegschaft kann sogar eine Adoption werden, und dass aus einer Bereitschaftspflege eine Dauerpflege werden kann und dass es selten vorkommt, dass Pflegekinder krank geboren werden.

Andererseits haben unsere beiden Dauerpflegekinder einen vergleichsweise „kleinen Rucksack“ zu tragen. Antonia kam 48 Stunden nach der Geburt zu uns. Kevin dagegen verlebte die ersten acht Wochen in der Kinderklinik. Späterhin konnte seine junge Mutter nicht für ihn sorgen, hat ihn vernachlässigt, angeschrien und war übergriffig zu ihrem Baby. Es gibt leider viele hochproblematische und stark traumatisierte Pflegekinder, die misshandelt oder mißbraucht wurden. Das ist für die Pflegeeltern, deren schwer traumatisierte Pflegekinder vielleicht noch Besuchskontakte mit den leiblichen Eltern haben, ein ganz anderer Alltag als unserer. Hierzu kann ich das Buch: „Das Herz des Steines: Ein Erfahrungsbericht über die Arbeit mit Pflegekindern“ von Werner Frieling empfehlen. Zu einem befreundeten Paar kam ein knapp fünfjähriger Junge, dessen Mutter vor seinen und den Augen seiner kleinen Schwester den großen Bruder erstochen hatte. Dieser Junge lebt nun knapp sechs Jahre bei seinen Pflegeeltern und ist hochgradig traumatisiert. So nach und nach kommen Auseinandersetzungen mit seiner Vergangenheit ans Licht. Ich bewundere meine Freundin dafür, dass sie dieses Kind mit diesem Schicksal bei sich aufgenommen hat und ihn durchs Leben trägt.

Familie Schneider

Bei diesem Paar erfüllte sich der eigene Kinderwunsch nicht, und so kam es schließlich auf den Gedanken, fremde Kinder bei sich aufzunehmen.

Das erste Kind, ein Junge namens Jan, der mittlerweile zehn Jahre alt ist, kam mit knapp elf Monaten zu den beiden als Dauerpflegekind. Seine Mutter gab ihn später (mit ca. dreieinhalb Jahren) zur Adoption frei. Er hat keinen Kontakt mehr zur leiblichen Mutter. Die leibliche Mutter hat die kleine Familie nach der Adoption einmal auf Jans Wunsch hin besucht. Das war sehr schön für alle. Es besteht ein herzlicher Kontakt zu seiner leiblichen Oma und Tante sowie zu seinem dreieinhalb Jahre älteren Halbbruder, der in einer anderen Pflegefamilie lebt. Der leibliche Vater des Kindes hatte einen Kontakt auf dem Jugendamt wahrgenommen, er kam danach trotz Interessenbekundung nicht mehr. Auf einen Brief von der Pflegemutter hat er allerdings eine sehr schöne Antwort geschrieben, in der er den Verbleib von Jan bei seinen Adoptiveltern ausdrücklich gutheißt.

Das Paar erhielt eineinhalb Jahre nach Jans Einzug einen Anruf, wegen „unseres" späteren Pflegesohnes Sam. Da die beiden allerdings nur ein weiteres sicheres Dauerpflegekind aufnehmen wollten, sagten sie zu diesem kleinen amerikanischen Jungen „nein" – zu unserem Glück. So geschah es, dass Theo, ein älterer Bruder unserer verstorbenen Julia, im Alter von zwölf Monaten zu ihnen kam. Es handelte sich zuerst um eine Bereitschaftspflege mit der Option, eine Dauerpflegschaft zu werden. Der Junge war, als er zu ihnen kam, in seiner körperlichen Entwicklung etwa sechs Monate zurück. Er konnte sich z.B. noch nicht alleine drehen, robben oder krabbeln. Er hatte nach Aussagen der Familienhelferin immer mit Kissen gestützt auf dem Sofa vor dem laufenden Fernseher gesessen. Er schrie in den ersten Tagen fast ununterbrochen und brachte die Pflegeeltern an den Rand der Verzweiflung. Die Pflegemutter war kurz davor, sich einzugestehen, dass es so nicht weitergehen könne. Nach vier Wochen drehte sich Theo zum ersten Mal und machte von da kontinuierlich Fortschritte. Hierzu musste er allerdings sehr ermutigt werden. Er musste zwei Jahre in die Krankengymnastik und später zur Logopädie – jetzt ist er ein quicklebendiger Knirps, dem Außenstehende nichts anmerken. Im ersten Jahr war es Bereitschaftspflege, mit zunächst zweimal wöchentlichem Kontakt, später einmal in der Woche. Im nächsten Jahr gab es monatliche Besuchskontakte mit den leiblichen Eltern. Seit ca. fünf Jahren sind diese ausgesetzt. Die Kontakte verliefen häufig sehr konfliktbeladen, da der Vater oftmals ausrastete. Mit dem Zuständigkeitswechsel des Jugendamtes nach mehr als zwei Jahren gab es keinen Kontakt mehr, da die Eltern ein Kennenlernen der neuen zuständigen Sozialarbeiter verweigerten.

Nach wenigen Jahren entschied sich das Paar, noch ein drittes Kind aufzunehmen. Es sollte allerdings ein Mädchen sein. Sie gaben sich Zeit bis zum Ende des Jahres, bevor sie sich zu alt dafür fühlten. Das Baby, das im Dezember, wie die Pflegemutter sagt, „vom Himmel fiel", ist ihr Sonnenschein. Sie holten die kleine Maren kurz nach ihrer Geburt im Krankenhaus ab und haben sie mittlerweile adoptiert. Die leibliche Mutter hatte ihr Kind, ohne es zu sehen, direkt nach der Geburt verlassen. Sie möchte keinen Kontakt und keine Briefe, denn sie hat diese Schwangerschaft selbst vor der Familienhelferin verheimlicht. Die Adoptiveltern haben Fotos von der leiblichen Mutter, und diese hat sich bereit erklärt, gegebenenfalls für ihre Tochter da zu sein, wenn diese den Kontakt wünscht. Maren weiß über ihre Bauchmama ganz selbstverständlich Bescheid und darüber, dass Frau Schneider sie nicht gestillt hat, weil sie sie nicht geboren hat. Sie wird von allen geliebt und die beiden Jungs sind glücklich über ihre kleine Schwester. Somit ist die Familie Schneider komplett.

Familie Schmitt

Das zweite Paar, das ich hier kurz vorstellen möchte, kenne ich (noch) nicht persönlich. Seit zwei Jahren führen wir jedoch einen regen E-Mail-Kontakt, auf den ich im Folgenden auszugsweise zurückgreifen darf. Dadurch können die Leser nochmals einen Eindruck gewinnen, wie die ersten Wochen mit einem Pflegekind verlaufen können.

Frau Schmitt war an mich per Mail herangetreten, weil sie mein erstes Buch so berührt hatte. Denn ihre dritte leibliche Tochter hatte einen Herzfehler und ist leider gestorben. Dieses Paar hatte bereits zwei Mädchen im Alter von elf und acht Jahren, bevor ihr Pflegesohn zu ihnen kam. Linda, ihre dritte Tochter, starb mit genau vier Monaten. Sie starb nach einer Herzkatheteruntersuchung, die eigentlich ein Routineeingriff war. Frau Schmitt hatte in einer vorherigen Schwangerschaft im vierten Monat eine Fehlgeburt. Sie hatte drei Kaiserschnitte, und ein weiterer wäre ein zu großes Risiko gewesen. Außerdem wäre die Angst in der Schwangerschaft wahrscheinlich riesig geworden. So kam sie auf den Gedanken, ein oder mehrere Kinder in Pflege zu nehmen: „So können wir einem Kind in Not helfen und ihm ermöglichen, eine glückliche Kindheit zu erleben".

Die Bewerbung lief ca. ein Jahr mit Seminaren und Überprüfungen ab. Irgendwie glaubten die beiden nicht mehr, dass sie ein Pflegekind bekommen würden. Kurz vor Weihnachten kam ein Anruf, es sei ein kleiner Junge mit fünf Monaten zu vermitteln. Die leibliche Mutter von Kevin ist schizophren[17] (und lebt seit Jahren in geschützten Einrichtungen), und die Verantwortlichen im Mutter-Kind-Heim befürworteten eine Inpflegenahme. Die Aufregung war groß. Und so lernten sie knapp eineinhalb Jahre, nachdem Linda verstorben war, ihren Pflegesohn Kevin kennen. Frau Schmitt schrieb: „Dass wir ein Baby bekommen haben, ist natürlich für uns wie ein Wunder."

Die leiblichen Eltern und die angefragten Pflegeeltern hatten einen Tag Zeit, dies alles zu überlegen. Für die Familie Schmitt stand sofort fest, dass sie den kleinen Jungen aufnehmen möchten. Am nächsten Tag bekamen sie Bescheid, dass auch die leiblichen Eltern mit ihnen "einverstanden" waren. Die Anbahnung war sehr intensiv. Die Familie war sehr oft bei Kevin in dem Mutter-Kind-Haus (einfache Fahrtstrecke eineinhalb Stunden). Kevin durfte bald bei ihnen übernachten (erst eine Nacht und später auch ein Wochenende). Dieser Vorschlag kam von dem leiblichen Vater. Im Februar siedelte der Junge zur neuen Familie über.

Frau Schmitt schrieb mir damals: "Das erste Mal seit Lindas Tod habe ich das Gefühl, dass ich wieder einen Schritt vorwärts mache und nicht nur immer rückwärts oder auf der Stelle gehe." Als sie den kleinen Kevin gerade ein paar Wochen kannte und noch bevor er ganz bei ihnen lebte, las ich: "Ich habe aber eine unwahrscheinliche Liebe zu dem Kleinen und das von Anfang an. Er ist mir sehr vertraut." Sie war sich von Anfang an sicher, dass ihr der Kleine geschickt wurde und dass alles kein Zufall ist. Linda ging mit vier Monaten, Kevin lernten sie mit fünf Monaten kennen.

Als Kevin eine Woche bei den Schmitts lebte, bekam ich Folgendes geschrieben: "Mit unserem kleinen Kevin läuft es echt gut. Ich liebe den Kleinen wie mein eigenes Kind. Habe bloß Angst, dass er irgendwann weg muss." und „Kevin ist wie unser eigenes Kind. Es wird mir immer nur bewusst, dass es nicht so ist, wenn seine Familie da ist." Die großen Mädels sehen ihn als ihren Bruder und lieben ihn. Am Anfang haben sie den Kleinen gar nicht mehr losgelassen. Er war total auf die beiden Schwestern fixiert.

---

[17] Schizophrenie: Es handelt sich um eine Psychose mit unterschiedlichen Symptomen: Typische sind Wahnideen, Halluzinationen, Ambivalenzen, Affektstörungen usw. Aus: http://www.lexikon-psychologie.de

Frau Schmitt ist nun wieder fast Vollzeitmutter, sie macht nebenbei einen 400 € Job. Ihre großen Mädchen sind vormittags in der Schule, und die Pflegemutter ist mit Kevin beschäftigt. Da er sehr wenig schläft, bleibt für sie selbst ganz wenig Zeit. Kevin selbst ist und war ein eher unkompliziertes Baby. Was Frau Schmitt bei der Anbahnung fast wahnsinnig machte: Kevin blieb keine fünf Minuten im Kinderwagen liegen und wollte immer nur getragen werden. Das hat sich seit der Übersiedlung sehr schnell geändert. Kevin ist ein lustiges, aber sehr lebhaftes Kind.

Zu Beginn gab es in der Familie wöchentliche Besuchskontakte, die jeweils dreieinhalb Stunden dauerten, meistens bei den Schmitts zu Hause. Ab und zu werden auch Telefonate geführt, und es besteht ein E-Mail-Kontakt. Zudem durfte die leibliche Tante von Kevin ihn wöchentlich sehen. Mit dieser Tante lief es von Anfang an sehr locker, es waren keine festen Besuchskontakte. Ich wunderte mich ob dieser häufigen und langen Besuchskontakte – ganz im Gegensatz zu meinen eigenen Erfahrungen hier – und fragte nach, ob es sich um Bereitschaftspflege handeln würde, und bekam die folgende Antwort: "Die Pflege ist als Dauerpflege ausgelegt. Das JA (Jugendamt) meint, dass man am Anfang solche BK (Besuchskontakte) braucht.“ Dreieinhalb Stunden Besuchskontakt erschien mir sehr lange. Das empfand Frau Schmitt genau so. Wenn der leibliche Vater oder die Tante dabei war, war es für sie leichter. Diese gingen mit Kevin spazieren oder fuhren weg. Die leibliche Mutter kam zweimal allein, und Frau Schmitt empfand dies als furchtbar. Laut JA sollte sie nicht allein mit Kevin sein, und somit hatte sie an diesen Nachmittagen "zwei" Pflegekinder. Frau Schmitt schrieb: „Die Mutter ist anstrengender als Kevin und manchmal fragte ich mich, wer das denn gern dreieinhalb Stunden mitmacht.“

Kevin lebte gut drei Wochen in seiner Pflegefamilie, als mich folgende Nachricht erreichte: "Unserer (Kevin) ist heute total durch den Wind. Seine Eltern waren heute da, und er schaute nur immer zu mir. Jetzt ist er nur am heulen und will nichts essen." Offensichtlich war der Kleine sehr verwirrt nach den Besuchen seiner leiblichen Eltern. Ein paar Tage später las ich: „Die Mutter von Kevin dreht im Moment völlig durch. Sie will ihn unbedingt zurück (angeblich hat sie einen Arzt, der ihr helfen will), und heute hatte sie einen Anfall. Sie sah beim Einkaufen lauter verkleidete Leute. Jetzt muss sie in die Klinik." Immerhin erübrigten sich dadurch die langen und häufigen Besuchskontakte. Ich fragte nach, ob die Mutter öfters so schwankend sei und ihren kleinen Sohn zurückhaben möchte: „Sie will ihn schon immer zurück. Denke aber, dass dieser Rückfall jetzt einiges schwerer macht. Schreibe mir alles auf. Ist vielleicht fies, aber ich will für ihn das Beste." Und „Irgendwie tut sie mir ja leid. Aber Aufschreiben ist sicher nicht falsch."

Nach ca. vier Wochen Pause gab es wieder reichlich Besuche bei den Ks.: „Am Montag holen die Tante und die Oma Kevin ab und verbringen den Nachmittag mit ihm. Am Dienstag kommen die Eltern. Nicht mal ein freier Feiertag. Will aber nicht nein sagen, da die Mutter jetzt lang in der Klinik war und der Vater auch nicht kam. So hatte ich ja vier Wochen meine Ruhe." Diese Auszeit hat allen unheimlich gut getan.

Auch nachdem Kevin gut zehn Wochen bei ihnen lebte, war noch kein Pflegegeld überwiesen, immerhin erfuhr die Pflegemutter damals den Betrag, der ihr und Kevin eigentlich zustand. Die Zuständigkeit war noch nicht geklärt.

Als Kevin gut drei Monate bei der Pflegefamilie lebte, gab es ein Hilfeplangespräch: „...nur mal kurz, wir hatten heute Hilfeplangespräch. Es lief ganz gut. Jetzt sind die BK auf alle 14 Tage festgelegt (einmal mit Tante, einmal mit Vater). Die leibliche Mutter muss stets in Begleitung kommen. Der Vater will jetzt auf einmal mit ihr das Sorgerecht haben. Was das wieder soll? Ich hoffte so auf einmal im Monat." Und einige Tage später kam die Nachricht: „Die Mutter schimpft – ihr passen die 14 Tage nicht, sie will jede Woche. Vom JA wurde mir heute gesagt, dass Rückführung nicht in Frage kommt, es muss jedoch zwei Jahre gewartet werden. Warum??" Nach weiteren zwei Wochen schrieb Frau Schmitt.: „Wir haben jetzt die erste Woche ohne BK (zweiwöchentlich). Vor dem Urlaub noch mal und dann wieder Pause. Es tut unheimlich gut. Kevin sagt jetzt schon ganz bewusst Mama und Papa. Freu mich da immer total." Mit der Pause klappte es leider nicht so, da die leibliche Mutter das vergessen hatte und trotzdem kam.

Die Beziehung zu der Herkunftsfamilie ist eigentlich ganz gut, zu der Tante haben sie mittlerweile ein sehr vertrautes "Miteinander". Der leibliche Vater ist meist ganz einsichtig und offen den Pflegeeltern gegenüber, nur die Bauchmama ist aufgrund ihrer Krankheit oft etwas schwierig. Im Großen und Ganzen können sie sich jedoch nicht beschweren. Die leiblichen Eltern sind froh, dass es Kevin bei der Pflegefamilie so gut geht, und das macht vieles leichter.

Nachdem der Kleine ein gutes dreiviertel Jahr bei den Schmitts lebte, wollte die leibliche Mutter ihren Sohn wieder zurück. Seine Pflegemutter lebt in dieser Angst, dass Kevin eines Tages wieder weggeht: Sie schrieb hierzu: „...Habe total Angst, dass Kevin irgendwann zurückgeht..." - „Seine Mutter will ihn unbedingt wieder zurück Sie überlegt, ob Sie mit ihm in das Haus (wo sie von Geburt an war) gehen kann. Könnte schreien. Wie stellt die sich das vor?" und „Habe mit JA telefoniert, die meinen, Sie kann Kevin nicht groß ziehen. Ich glaube die Angst begleitet uns Pflegeeltern immer."

Mittlerweile lebt Kevin knapp zwei Jahre bei den Schmitts. Kevin ist ein wilder Junge, der gerne um sich haut, wenn ihm etwas nicht passt. Frau Schmitt schrieb: „...Kevin ist ein Dickschädel bis geht nicht mehr. Er will immer mit dem Kopf durch die Wand und versucht vieles durch Geschrei zu bekommen. Meine Nerven sind manchmal echt weg..."

An seinem zweiten Geburtstag wurde Kevin mit Geschenken überschüttet. Er bekam einen riesigen Traktor mit Anhänger und Zubehör, eine Rutsche und Kleinigkeiten von der leiblichen Verwandtschaft (Oma, Opa, Tante, Vater und Mutter). Es gab einen Ausflug ohne die Pflegeeltern, der ihm anscheinend gefallen hat. Abends fiel der Kleine k.o. ins Bett. Frau Schmitt schrieb in einer Mail: „...Es hat mir gestern totalen Stich gegeben, wie Kevin zu Wolf (Pflegevater) und Peter (leiblicher Vater) „Papa" sagte und winkte, wie er Anna (seine leibliche Mutter) sah. Die Stimmen im Bauch und das erste halbe Jahr bei den Eltern, anscheinend ist das noch präsent. Anna hatte beim Abschied Tränen in den Augen. Sie zeigte mir ein Bild von Blumen, die Ihr Peter zum Muttertag schenkte. Da komm ich mir richtig schlecht vor..." Zu einem weiteren Besuchskontakt schrieb Heike: „...Kevin wird um 15 Uhr von Tante bei Oma abgeholt und abends zurückgebracht. Es ist nur alle 4 Wochen, mir fällt es aber enorm schwer. Möchte ihn gar nicht mehr an jemanden geben (außer an meine Familie)..."

Die Besuchskontakte setzen dem Kleinen manchmal noch sehr zu: „Ich glaube, es wurde Kevin gestern zuviel. Er war anders als sonst (sehr aufgedreht und dann wieder sehr anhänglich). Normalerweise ist er ein sehr zufriedenes und aufgewecktes Kerlchen. Gestern war er jedoch total durcheinander. In der Nacht hat er relativ ruhig geschlafen..." Frau Schmitt selbst empfindet die Besuchskontakte auch zunehmend als anstrengend: „Gestern waren sie wieder da. Ist total komisch. Wir haben uns irgendwie nichts mehr zum sagen. Die Tante holte Kevin ab (mit Ihr komme ich super aus) und dann kam irgendwann Anna, sie musste auf die Toilette. Na, geredet haben wir nicht viel. Nach 2 Std. kamen alle mit Kevin, und es war irgendwie nur noch alles angespannt. Keiner wusste, was er sagen soll. Bin froh, dass dies nur alle 4 Wochen ist..."

Familie Kube

Als Gabi und Wolfram Kube sich entschieden, Pflegekinder bei sich aufzunehmen, waren ihre drei eigenen Kinder schon fast erwachsen. Der älteste Sohn lebte schon außer Haus, die Tochter befand sich in Ausbildung und das Nesthäkchen, ein Junge, war schon 14 Jahre alt. Sie stellten sich als Bereitschaftspflegeeltern zur Verfügung, d.h. sie nehmen die Kinder nur für eine gewisse Zeit auf, bis diese entweder zu den leiblichen Eltern zurückkönnen oder bis gerichtlich geklärt ist, dass sie in Dauerpflegeverhältnisse müssen. In dieser Zeit geben sie den Pflegekindern alle Zuneigung, die diese brauchen, und bereiten sie gleichzeitig darauf vor, dass sie nur vorübergehend bei ihnen leben werden. Dieser Spagat ist natürlich eine Herausforderung. Mittlerweile sind sie seit sieben Jahren Bereitschaftspflegeeltern und es lebten neun Kinder bei ihnen, zwei Mädchen und sieben Jungen.

Ein kleiner Junge kam mit zwei Jahren in Obhut. Er war wohl in seiner Kinderkrippe auffällig gewesen. Seine Mutter selbst lebte in einer Mutter-Kind-Einrichtung. Er war ein sehr übergriffiges aggressives Kind und auffällig anderen Kindern gegenüber. Der Klärungsprozess, wie es für den Jungen weitergehen solle, dauerte vier Monate. Danach konnte er zur leiblichen Mutter, zu der er eine enge Bindung hatte, zurück. Diese war bereit, in einem anderen Mutter-Kind-Heim einen Neuanfang mit ihrem Sohn zu wagen, was bisher klappte. Im Moment besteht kein Kontakt mehr zu diesem Kind.

Ein Mädchen kam im Alter von gut zwei Jahren zu den beiden. Sie war das fünfte Kind der leiblichen Mutter. Diese schaffte es immer, bis zum Alter von ca. zwei Jahren für ihre Kinder zu sorgen, hernach mussten diese in Pflege. Das Mädchen hat kaum Kontakte zu seinen vielen Halbgeschwistern. Die Besuchskontakte zur leiblichen Mutter liefen während der Bereitschaftspflege gut, wenn auch sehr unregelmäßig. Sie lebte vier Monate bei den Kubes, dann war klar, dass sie zu Dauerpflegeeltern kommen sollte. Diese wurden bald gefunden und es begann die Zeit der Anbahnung, sie dauerte ca. vier Wochen. Das Mädchen wächst nun in dieser Pflegefamilie auf und es besteht noch Kontakt zu den Bereitschaftspflegeeltern, u.a. durch die Patenschaft von Frau Kube zu dem Mädchen. Mittlerweile hat dieses Mädchen eine kleine Pflegeschwester bekommen.

Ein Pflegesohn war schon sechs Jahre, als er zu den Kubes kam. Er fiel in der Schule auf, weil er oftmals unentschuldigt nicht zum Unterricht erschien. So wurde das Jugendamt eingeschaltet und er wurde in Obhut genommen. Er konnte, als er in Obhut genommen wurde, kaum spielen und alleine schon gar nicht. Er zeigte ein sehr auffälliges Verhalten, er war psychisch sehr verletzt und trug einen großen Rucksack voller Probleme mit sich herum. Er hätte ein Mädchen werden sollen und wurde von seiner leiblichen Mutter und Oma auch entsprechend behandelt. Er hatte z.B. rosa Kleidung und einen rosa Schulranzen. Auffällig war auch, dass er mit einer Badehose in die Badewanne musste, offenbar, damit sein „falsches“ Geschlecht nicht zu sehen war. Es wurde eine sehr anstrengende Zeit mit ihm. Er hatte, nachdem er in Obhut genommen wurde, keinen Kontakt mehr zu seiner leiblichen Mutter. Sein leiblicher Vater hingegen besuchte ihn und erzählte ihm alles Mögliche. Er kannte von der leiblichen Familie her keine geregelten Tagesabläufe und hatte bis spät nachts ferngesehen. Er wechselte nach sechs Monaten in ein Heim und von dort zurück zu seinem leiblichen Vater. Während des Heimaufenthaltes bestanden noch Kontakte zu den Bereitschaftspflegeeltern. Danach nicht mehr, möglicherweise ist er mittlerweile wieder in einem anderen Heim.

Kevin, unser Pflegesohn, lebte vorab ebenfalls bei den Kubes. Ihn holten sie mit elf Monaten aus dem Krankenhaus ab, er hatte einen Darminfekt. Seine Mutter hatte einmal mehr nicht gut für ihn gesorgt, sodass das Jugendamt ihn in Obhut nehmen ließ. Wöchentlich einmal sah er seine Mutter und seinen Opa mütterlicherseits im betreuten Kontakt im Jugendamt. Nach sechs Monaten war gerichtlich geklärt, dass der Junge in Dauerpflege aufwachsen soll, seine Mutter erhob keinen Einspruch (mehr). Es dauerte allerdings nochmals mehrere Wochen, bis für ihn Pflegeeltern gesucht und gefunden wurden – nämlich Patrick und ich. Die Bereitschaftspflegemutter sagte mir, dass sich Kevin nach diesen sechs Monaten nochmals intensiver an sie gebunden hätte. Nach der siebenwöchigen Anbahnungszeit wechselte Kevin zu uns. Er hatte damals bereits neun Monate bei den Kubes gelebt, eine sehr lange Zeit für einen solch kleinen Kerl. Der Abschied fiel auch den Kubes entsprechend schwer. Sporadisch treffen wir uns mit der Bereitschaftspflegefamilie, öfters schaffen wir den Griff zum Telefonhörer. Gabi übernahm die Patenschaft für Kevin.

Ein weiteres Pflegekind bei den Kubes war ein dunkelhäutiger Junge, der mit gut zweieinhalb Jahren zu ihnen kam. Die Mutter war inhaftiert, sodass der Junge in Obhut genommen wurde. Der leibliche Vater war wohl in den USA. Er blieb ein halbes Jahr in Bereitschaftspflege und kam in eine Familie mit einem eigenen und zwei Pflegekindern. Er kam zu den Bereitschaftspflegeeltern in einer für sein Alter untypischen Embryohaltung und trauerte viel um seine Bauchmama. Er war ein entwicklungsverzögertes, sehr sensibles Kerlchen, mit einem enormen Bewegungsdrang. Das Zusammenleben mit ihm war sehr angenehm.

Die Anbahnungszeit dauerte ca. acht Wochen und wurde von Frau Kube als unangenehm empfunden. Vor allem, weil die Dauerpflegeeltern so drängelten und wenig kooperativ waren. Es konnten lediglich die Pflichtnachkontakte durchgeführt werden. Mittlerweile ist das Dauerpflegeverhältnis fatalerweise beendet. Der Junge ist weitergereicht worden.

Ein weiterer Junge war auch sechs Jahre alt, als er in Bereitschaftspflege kam. Dies wurde seiner leiblichen Mutter vom Jugendamt nahegelegt. Er war das vierte Kind seiner leiblichen Mutter, das in Pflege kam. Sie war selbst psychisch krank und nicht in der Lage, den Sohn großzuziehen. Sie war alleinerziehend, hatte einen Freund, der jedoch getrennt von ihr eine eigene Wohnung hatte. Sie besuchte ihren kleinen Sohn unregelmäßig, rief aber an. Er war ein umgängliches, insgesamt wohl einigermaßen gut versorgtes Kind. Nach knapp vier Monaten wechselte er nach einer kurzen Anbahnungszeit von drei Wochen zu seiner Dauerpflegemutter. Diese lebte alleinerziehend mit ihren drei eigenen Kindern bei ihrer Großfamilie. Sie hat den Kontakt zu den Bereitschaftspflegeeltern abgebrochen, obwohl sie nur um die Ecke wohnte. Das Kind wolle keinen Kontakt mehr, wurde gesagt, dies konnte sich Frau Kube allerdings nicht vorstellen. Wie sie hörte, lief es nicht so gut mit diesem Jungen bei seiner neuen Mutter. Diese hätte sich das wohl etwas anders vorgestellt. Immerhin war der Junge schon gut sechs Jahre. Auch diese Pflegschaft ist mittlerweile beendet, und leider hat die Dauerpflegemutter den Kontakt wiederum ganz und abrupt abgebrochen. Der Junge lebt jetzt bei einer älteren Bereitschaftspflegemutter, die ihn solange wie möglich bei sich aufwachsen lassen will. Frau Kube, deren ungutes Gefühl, das sie bei der ersten Dauerpflegemutter hatte, nicht getrügt hat, sah den früheren Pflegesohn mittlerweile mehrmals wieder. Sie sagte ihm, dass es damals nicht an ihr lag, dass der Kontakt abgebrochen wurde. Der Junge hörte sich das still an. Scheinbar wurde ihm das von seiner Dauerpflegemutter anders vermittelt.

Ein aus moslemischem Kulturkreis stammender Junge war zweiundzwanzig Monate alt, als er in Pflegschaft zu den Kubes kam. Seine Mutter gab ihn und seine beiden Brüder im Heim ab und besuchte sie nur einmal. Immerhin im Vergleich zu den Fällen, über die oftmals in der Presse zu lesen ist, hat diese Mutter so viel Fürsorge besessen und ihre Kinder selbst in ein Heim gebracht, statt sie z.B. in einer verwahrlosten Wohnung sich selbst zu überlassen. Der leibliche Vater war damals inhaftiert. Der Junge ist ein äußerst anstrengender Zeitgenosse, sehr lebhaft, ziemlich aktiv und herausfordernd. Er erlebte bei den leiblichen Eltern vor allem das eheliche Zerwürfnis. Bei ihm dauerte es am längsten, bis für ihn Dauerpflegeeltern gesucht und gefunden wurden. Diese hatten selbst drei Kinder, was für den kleinen Mann sehr gut zu sein schien. Bis zu seinem Wechsel zu den Dauerpflegeeltern lebte er 16 Monate bei seiner Übergangsfamilie. Nach acht Monaten in Dauerpflege kam eine Anfrage an die Kubes, ob sie den Jungen wieder aufnehmen könnten. Er konnte dort nicht bleiben, weil er zum einen nach acht Monaten immer noch keine Bindung zu seiner Dauerpflegemutter aufgenommen hatte. Er hing sich an jeden, der gerade da war. Zum anderen ging es ihm in dieser Familie nicht gut. Die Kinder waren viel sich selbst überlassen, und der kleine Junge war den Angriffen der größeren Kinder im Alter von sechs und zehn Jahren ungeschützt ausgeliefert. Als er wieder zur Bereitschaftspflegefamilie kam, war es in jeder Beziehung ein „endlich wieder nach Hause Kommen", sowohl im Haus der Kubes selbst als auch im Kindergarten sowie in der Umgebung. Zur ehemaligen Dauerpflegefamilie besteht kein Kontakt mehr, auch nicht zu den leiblichen Eltern. Diese haben immerhin ganz nette Briefe verfasst und geschickt. Der Junge wollte sich von der Dauerpflegefamilie nicht verabschieden, er schaffte es immerhin symbolisch mit Hilfe von Fotos. Nach vielen Monaten wurde eine Erziehungsstelle, ca. 200 km entfernt, für den Jungen gefunden. Das Paar, das selbst einen behinderten leiblichen Sohn hatte, der verstorben ist, lebt in einer ländlichen Region und kommt gut mit dem Kind aus. Diese Dauerpflegeeltern zeigen sich bisher auch sehr kooperativ mit den Bereitschaftspflegeeltern. Frau Kube hat dieses Mal ein gutes Gefühl. Sie telefoniert noch regelmäßig mit diesem Kind und gegenseitige Besuche finden sporadisch statt.

Ein sehr abgemagertes Baby einer ganz jungen Mutter kam mit vier Wochen zu den Kubes. Sie lebten bis dahin in einem Mutter-Kind-Heim. Dennoch schaffte die Mutter es nicht, ihrem Sohn eine fürsorgliche Mutter zu sein und so wurde er in Obhut genommen. Recht schnell willigte seine leibliche Mutter in eine Dauerpflege ein unter der Bedingung, ihren Sohn monatlich sehen zu dürfen. Sie war die bisher einzige leibliche Mutter, zu der ein intensiver Kontakt bestand und die die Kubes zu Hause besuchte. Für das Baby wurden Dauerpflegeeltern gesucht und nach einer intensiven sieben Wochen dauernden Anbahnungszeit wechselte es zu diesen.

Zusätzlich sorgte der Junge, der aus der Dauerpflege zurück musste, für Unruhe, da er ja wieder bei den Kubes lebte. Eine Zeitlang betreute Frau Kube beide parallel. Es bestehen noch Kontakte zu dem Baby. Die leibliche Mutter besucht ihren kleinen Jungen in der siebzig Kilometer entfernten Stadt noch.

Seit drei Monaten lebt ein Mädchen, 19 Monate alt, bei den Kubes, 19 Monate bei den Kubes. Es ist das neunte Kind einer mittlerweile 42 jährigen Frau. Die anderen Kindern sind z.T. schon erwachsen, in Pflege oder in Heimen. Eine jüngere Schwester, die eine Frühgeburt war, ist noch im Krankenhaus, sie kommt, sobald sie aus dem Krankenhaus darf, direkt in Bereitschaftspflege zu den Kubes. Das Mädchen, das momentan bei den Kubes lebt, zeigte zu Beginn der Pflegschaft Angst vor männlichen Personen, langsam bessert sich dies. Sie ist ein sehr wildes Mädchen, das vor allem durch Lautstärke versucht, Aufmerksamkeit zu gewinnen. Erst beim letzten Besuchskontakt mit der leiblichen Mutter, diese finden einmal pro Woche statt, nahm es scheu wieder Kontakt zu dieser auf. Es soll – nach Wunsch des Jugendamtes – in einer Dauerpflegefamilie aufwachsen. Es werden allerdings noch keine Pflegeeltern gesucht, weil der Fall noch nicht gerichtlich geklärt ist.

Frau Kube fiel der Abschied der einzelnen Kinder unterschiedlich schwer. Oftmals wurden viele Tränen vergossen, z.T. war es eine Erleichterung für sie und ihre Familie, wenn sich das Zusammenleben mit einem Kind als sehr anstrengend erwies.

Sie findet, dass die Nachkontakte für die Pflegekinder sehr wichtig sind. Daher ist sie froh, dass diese Nachkontakte z.T. verpflichtend festgelegt werden. In manchen Fällen beschränkte es sich leider auch auf diese. Sie nimmt an, dass die Eifersucht der Dauerpflegeeltern eine Rolle spielt. Das sollte allerdings kein Grund sein, die Dauerpflegeeltern werden in Seminaren auf die Situation der Kinder hingewiesen, und ihnen wird erklärt, wie wichtig ehemalige Bezugspersonen im Leben der Kinder sind und bleiben.

Oftmals ist der Wechsel eines Kindes von der Bereitschaftspflegefamilie in eine Dauerpflegefamilie vor allem für die leiblichen Eltern schwer nachvollziehbar. Frau Kube wurde des öfteren gefragt: „Warum kann er nicht bleiben, er passt so gut hier her und fühlt sich wohl!“ Sie muss dann sich und das System des Jugendamtes verteidigen. Hierbei geht es darum, dass Dauerpflegeeltern einen anderen Status als Herkunftseltern haben.

Eine ihrer Kolleginnen, also eine Bereitschaftspflegemutter, die dies schon viele Jahre macht, lädt jährlich zu einem „Jahresfest“ mit den ehemaligen Pflegekindern ein.

Schlusswort

Trotz unserer teils heftigen Erfahrungen würden wir fast alles nochmals so machen wollen. So schmerzhaft manche der Erfahrungen waren, so sehr sind wir daran gewachsen. Wir hatten eine wunderschöne, wenn auch bisweilen kurze Zeit mit den jeweiligen Pflegekindern.

Nach wie vor ist das Thema Pflegschaft etwas nebulös, wird kaum von Adoption abgegrenzt, oder ist mit großen Ängsten, was mit den Kindern zukünftig passiert, verbunden. Es ist sicherlich diese Unsicherheit und die Scheu vor Zusammenarbeit mit den leiblichen Eltern, die viele abschreckt, diesen Weg zu beschreiten. Nun, Julia war eines unserer sicheren Pflegekinder, und nachdem sie gestorben war, wusste ich endgültig, dass es eine noch höhere Instanz als das Jugendamt gibt. Das Leben ist nicht sicher, aber das macht es nunmal lebendig, reich und lebenswert schön. Seitens der Adoptionsszene ist man ja längst weg von der Inkognito-Adoption vergangener Jahrzehnte, weil es sicherlich für die Kinder keine gute Sache ist, nicht zu wissen, wer man wirklich ist und wer einen geboren hat. Hierzu gibt es über und von mittlerweile erwachsenen Adoptivkindern reichlich Literatur. Früher oder später spielen im Leben der Adoptivkinder die leiblichen Eltern eine wichtige Rolle. Man trifft sie nicht regelmäßig, aber in der Fantasie und dem Leben der Kinder bekommen sie immer eine große Bedeutung.

Um als Pflegeeltern mit den Herkunftseltern zurecht zu kommen, braucht es meiner Meinung nach vor allem Offenheit, ein großes Herz, das Akzeptieren des „anderen“, also viel Toleranz und Geduld. Man muss zudem in der Lage sein, das Schicksal anderer Menschen anzuerkennen und nicht darüber zu urteilen.

Ich würde nicht so weit gehen wie andere Autoren, die, überspitzt gesagt, betonen, dass das Zusammenleben mit Kindern die einzige Möglichkeit ist, an der Persönlichkeit zu reifen und ein lohnenswertes Leben zu führen. Ich kann ihnen insoweit Recht geben, dass ich durch meine Mutterrolle viel weniger egoistisch bin, die Kinder stehen an erster Stelle. Ich mache weniger Aufsehen wegen meiner eigenen Person und meiner kleinen oder großen Probleme. Ich habe verstärkt Durchhaltevermögen und eine selbstlose und andauernde Zuneigung zu anderen Menschen gelernt. Ich freue mich ab und zu sehr über eine kinderfreie Stunde, in der ich Zeit für mich und meine Interessen habe.

Das Leben mit oder ohne Kinder ist aus meiner Erfahrung ein komplett anderes. Wie bei vielen anderen Bereichen im Leben gilt: Man muss es erlebt haben, diese Erfahrung „Elternschaft“ ist in der Theorie und durch Lesen nicht erfassbar. Patrick und ich haben das Zusammenleben mit unseren Pflegekindern stets als große Bereicherung erlebt. Das Leben wurde zwar um vieles chaotischer und anstrengender, und die Nächte waren nur noch die Hälfte wert. Aber ein Lächeln der Kinder am nächsten Morgen macht vieles wett.

Vor allem bei unseren drei Kindern im Säuglingsalter kam nichts als Liebe zurück. Wir brauchten nur in deren Augen, ihre Seele zu schauen. Als Antonia ein paar Monate alt war, war ihre Liebe zu mir rein und bedingungslos. Sie war und ist ein richtiges Mamakind. Zu meiner ältesten Nichte sagte ich einmal, als Antonia sieben Monate alt war: „Es ist für mich so einfach, für Antonia Mama zu sein. Ich brauche nichts zu tun, und fast alles, was ich mache, wird mit einem Dankesblick oder einem Lachen von Antonia quittiert.“ Auch sie wird fordert mich jetzt mehr heraus, da sie in die Trotzphase gekommen ist.

Es geht mir in meiner Elternschaft nicht darum, etwas zurückzubekommen. Das wäre meiner Meinung nach schon im Ansatz grundlegend falsch. Ich möchte ihnen helfen, mit ihrem besonderen Schicksal und ihrer Frühtraumatisierung gut leben zu können, diese möglichst zu heilen. Ich möchte meinen Pflegekindern vor allem Ur- bzw. Selbstvertrauen vermitteln. Ich möchte sie als eigenständige Persönlichkeiten betrachten, sie bedingungslos lieben und so akzeptieren, wie sie sind. Ich wünsche mir, dass mit meiner Unterstützung und Hilfe selbstständige Menschen aus ihnen werden, die ihre eigenen Ideen verwirklichen können. Unterstützen möchte ich ihre Entwicklung durch positive Motivation und das Setzen von Grenzen. Das gelingt mir mal besser und mal schlechter. Die Kinder sollen erfahren, dass ich immer für sie da sein werde, wenn sie mich brauchen. Ich will mich nicht an sie klammern, da ich mir wünsche, dass sie freiwillig zu mir kommen und nicht aus Pflichtgefühl. Ich möchte meine Mutterschaft daher frei von Erwartungen bzgl. ihrer Zukunft gestalten. Was ich gebe, gebe ich gerne und bedingungslos. Soweit meine Theorie.

Und dennoch war ich froh, als ich bei Kevin das Gefühl hatte, er fängt auch an, zu mir eine echte Bindung aufzunehmen. Er begann z.B., freiwillig etwas mit mir zu spielen trotz Patricks Anwesenheit. Und ganz gerührt war ich, als er anfing, mir im Alter von fünf Jahren zu sagen, ich sei so eine liebe Mama, so eine würde es eigentlich gar nicht geben. Und ich sei die beste Mama, die es auf der ganzen Erde gäbe. So sehe ich mich selbst nicht, da ich Fehler und Schwächen in der Erziehung meiner Kinder wahrnehme. Dennoch schmeichelt mir das und es freut mich sehr. Natürlich sagte er durchaus ein paar Minuten später, als es mit mir Ärger gab, dass er nur Antonia lieb hätte und mich gar nicht und ich eine Scheißdreckmama und blöde sei.

Den Weg mit dem mehrfach frühtraumatisierten Kevin zu gehen ist ein herausfordernder. Manchmal wundere ich mich über den Mut, den ich hatte, ein weiteres Pflegekind nach Kevin aufzunehmen. Die Ergänzung mit unserem Sonnenscheinkind Antonia hat das Jugendamt wohlgezielt hinbekommen. Ich weiß nicht, woher ich die Kraft genommen hätte, noch ein Pflegekind mit den Problemen von Kevin hier aufwachsen zu lassen. Es kam Gott sei Dank anders. Und die beiden unterschiedlichen Kinder tun sich gegenseitig sehr gut, sie lieben und sie streiten sich. Wobei die kameradschaftliche Zweisamkeit überwiegt.

Ich hoffe, dass ich mit meinem Buch Lesern bei der Entscheidung, mit Pflegekindern zusammenzuleben oder nicht, ein Stück weit helfen konnte. Ich denke, es ist sehr wichtig, sich seiner eigenen Belastbarkeitsgrenzen bewusst zu werden und nur zu dem „ja" zu sagen, was für einen selbst stimmig ist. Für den einen ist das die Herausforderung, mit einem hoch traumatisierten älteren Pflegekind mit unsicherer Perspektive zu leben, und für den anderen wird nur eine Adoption eines Säuglings mit den entsprechenden Sicherheiten in Frage kommen. Oder eben ein Leben ohne Kinder.

Als Pflegeeltern haben wir einen besonderen Status. Wir sind nicht nur Mama oder Papa des Kindes. Nein, wir bekamen daneben die ganze Herkunftsfamilie gratis mit eingepackt, und wir haben, als Vertragspartner mehr oder weniger viel Kontakt zum Jugendamt und der jeweiligen Betreuerin, die uns nicht in jedem Fall sympathisch sein muss. Viele können uns noch gefragt oder ungefragt in die Erziehung reinreden. Das mag für den einen zumutbar sein, für den anderen wiederum nicht. Hier muss jeder in sich gehen und spüren, was für ihn stimmig ist.

Zum Schluss noch eine Anekdote, die einen Vorteil mit dem Leben mit zwei Pflegekindern unterschiedlichen Geschlechts aufzeigt: Als Kevin drei Jahre alt war, sagte er, dass er, wenn er groß wäre, mich heiraten wollte. Ich fühlte mich geschmeichelt, mein Mann lächelte irritiert. Allerdings hat sich Kevin mittlerweile anderweitig orientiert. Er machte letztes Jahr seiner kleinen Schwester Antonia einen Heiratsantrag. Zuerst antwortete sie nicht. Ich erklärte Kevin, dass sie schon „ja" sagen müsse, falls beide sich gegenseitig heiraten wollen. Er fragte sie nochmals, sie sagte „ja". Damals sagte sie eigentlich immer und zu allem ja, unser Sonnenschein. Kevin sagte noch zu ihr, dass er auch warte, bis sie alt genug sei. Und in diesem Fall haben wir Pflegeeltern es auch einmal leichter als Eltern leiblicher Kinder: Wir haben schon beide unterm Hut, sogar unter einem einzigen. Wir müssen nur einmal eine große Hochzeit organisieren und durchführen.

☺

Dank

Ich möchte hiermit allen Mitwirkenden an diesem Buch, meinen Dank aussprechen.

Ich möchte mich ganz herzlich bei all denen bedanken, die im Vorfeld mein Buch gelesen haben und mir Mut gemacht haben, dieses Buch zu schreiben und mich so indirekt bei der Entstehung dieses Buches unterstützt haben.

Ich danke meinem Ehemann, der mir den Freiraum gab, dieses Buch zu verfassen.

Ein ganz herzlicher Dank gebührt meinen fünf Pflegekindern, die jedes auf seine Art dazu beigetragen haben, dass dieses Buch entstehen konnte. Sie sind meine heimlichen Lehrmeister.

Ein besonderer Dank gilt dem Herausgeber des Buches, Wolfgang Gerts, der mein Buch sprachlich bearbeitet und überdies viele inhaltlich sinnvolle Anregungen gegeben hat. Unser Austausch per E-Mail war sehr befruchtend und erheiternd.

Literaturverzeichnis

Bonus, Bettina: Mit den Augen eines Kindes sehen lernen, Bd.1: Zur Entstehung einer Frühtraumatisierung bei Pflege- und Adoptivkindern. Books on Demand 2006

Bonus, Bettina: Mit den Augen eines Kindes sehen lernen, Bd.2: Die Anstrengungsverweigerung. Books on Demand 2007

Blandow, Jürgen: Pflegekinder und ihre Familien. Geschichte, Situation und Perspektiven des Pflegekinderwesens. Juventa Verlag, 2004

Blum, Volker: Kindersegen. Von Kindern, Pflegekindern und den Vorzügen des Elternseins. Verlag Manfred Becker. 2006.

Bundesverband der Pflege- und Adoptiveltern e.V.: Handbuch für Pflege- und Adoptiveltern. Informationen von A-Z. Schulz-Kirchner Verlag, 1997

Coelho, Paulo: Die Hexe von Portobello. Diogenes Verlag, 2007

Conrad, Anja und Stumpf, Natascha: Das Pflegekind im Spannungsfeld zwischen Pflegeeltern und Herkunftsfamilien. Verlag Dr. Kovač, 2006

Eliacheff, Caroline: Das Kind, das eine Katze sein wollte. Psychoanalytische Arbeit mit Säuglingen und Kleinkindern. Deutscher Taschenbuchverlag, 1997

Frieling, Werner: Das Herz des Steines: Ein Erfahrungsbericht über die Arbeit mit Pflegekindern. Lippe Verlag, 2003

Handbauer, Sabine und Stadbauer, Helga: Pflege und Adoption. 1/2006, S. 8-9

Kast-Zahn, Annette und Morgenroth, Hartmut: Jedes Kind kann schlafen lernen. Oberstebrink Verlag GmbH, 2001

Kerkelink, Hape: Ich bin dann mal weg. Meine Reise auf dem Jakobsweg. Piper Verlag 2007

Krolzik, Volker: Pflegekinder und Adoptivkinder im Fokus. Verlag Schulz-Kirchner, 1999

Linnenbrink, Ulrike: Pflegekind Stephan – Geschichte eines steinigen Weges. Shaker Media, 2008

McBratney, Sam, Anita Jeram, und Sam MacBratney: Weißt du eigentlich, wie lieb ich dich hab? Sauerländer, 2004

Oberloskamp, Helga: Wir werden Adoptiv- oder Pflegeeltern. DTV-Beck, 2006

Ossowski, Leonie: Die große Flatter. Fischer (Tb.), 1999

Prekop, Jirina: Hättest du mich festgehalten. Grundlagen und Anwendung der Festhalte-Therapie. Goldmann, 1992

Schwenger, Viktoria: Ein Leben voll Liebe. Eine Pflegemutter erzählt. Rosenheimer Verlagshaus, 2006.

Wiemann, Irmela: Ratgeber Pflegekinder. Erfahrungen, Hilfen, Perspektiven. Verlag Rowohlt Tb 2005

Wiemann, Irmela: Pflege- und Adoptivkinder. Familienbeispiele, Informationen, Konfliktlösungen. Verlag Rowohlt Tb 1996

Winter, Deborah: Julia, Engel im Licht: Ein Abschied. Smaragdverlag, 2007

Zenz, Gisela: Auseinandersetzung ja, Besuchskontakte nicht unbedingt. Mittendrin 1/2005, www.mittendrin-magazin.de, Netz 3/2004 Zeitschrift für das Pflegekinderwesen, Pflegekinder-Aktion Schweiz

Zwernemann, Paula: Praxisbuch Pflegekinderwesen. PAN e.V. 2007

*Im **Kirchturm-Verlag** sind folgenden Bücher zu den Themen Adoption, Pflege und Religionspädagogik erschienen:*

Wolfgang Gerts, **Unsere kleine Rumänenbande** – *Kinder aus dem Heim! Wie Adoptionen Kinder und Eltern verändern.* 192 Seiten, 2003 ISBN 978-3-934117-00-6

Sabine Wielicki (Text und Aquarelle), **Der kleine Aus-dem-Nest-Faller** Von einem Baum, in dem Adoptionen ganz natürlich sind. Ab 6 Jahren, Bilderbuch mit 24 Seiten, 2000 ISBN 978-3-934117-01-3– 2. Aufl. 2006

Anja Weiss (Text und Illustrationen), **Bruder Jakob, Schwester Jana**, *Wie aus zwei Lebensgeschichten eine einzige wird.* Ab 4 Jahren, Bilderbuch mit 24 Seiten. 2000 ISBN 978-3-934117-02-0

Andrea Dück-Mertins, Wolfgang Gerts (Herausgeber), **Sirintra – wunderschöner Mond** *Der etwas andere Weg zur Großfamilie.* 96 Seiten, 2000 ISBN 978-3-934117-04-4

Gabi Dünschede, Wolfgang Gerts (Herausgeber), **Leon!** – *Die Geschichte einer Auslandsadoption.* 96 Seiten, 2002 ISBN 978-3-934117-05-1

Wolfgang Gerts, **Auslandsadoption – das Findbuch,** *Erweitert auf 224 Seiten, mit einem Teil zum neuen Adoptionsrecht.* 2002 ISBN 978-3-934117-06-8 - mit Aktualisierungen in „farbenfroh extra“

Lydia Guyer, **Schattenmutter,** *Die spannende Beziehung zwischen Adoptiv- und Bauchmama.* 128 Seiten, 2002 ISBN 978-3-934117-07-5
Dieses Buch möchten wir Ihnen besonders empfehlen. Es hilft sehr zur Klärung eigener Fragen bei Adoptiveltern wie bei abgebenden Eltern und ist außerdem sehr spannend geschrieben!

Margot Weyer, **Adoption – und danach?** *Erfahrungen, Orientierungen und Berichte über Adoption.* 192 Seiten, 2006, ISBN 978-3-934117-08-2

Wolfgang Gerts, **Predigterzählungen-Erzählpredigten.** *Erzählungen, die zu Herzen gehen, auch für den persönlichen Bedarf.* Kooperation mit dem **Lutherhaus-Verlag** Hannover, 200 Seiten, 2006 ISBN 978-3-7859-0948-5

Wolfgang Gerts, **Evangelische Gottesdienstkunde**, Nicht nur für Bläserinnen und Bläser, Chorleiterinnen und Chorleiter, *zur Vorberei-*

tung auf die Posaunenchorleiter-Prüfung. 105 A-4-Seiten, ISBN 978-3-934117-09-9, © **2008** Druck und Form: Ringmappe mit Einlagen, Zuletzt aktualisiert: September 2009

Christine Swientek, **ausgesetzt,. verklappt, anonymisiert** *Deutschlands neue Findelkinder* Gebunden, 288 Seiten, ISBN 978-3-934117-10-5

Wolfgang Gerts, Illustrationen Anja Weiss, **Ari, der kleine Schmutzengel**. Bilderbuch ab 6 Jahren, 28 Seiten, 2009 ISBN 978-3-934117-11-2
Schutzengel Ari, der lieber mit seinem Schützling herumtollt, als ihn zu beschützen, erhält von höchster Stelle Engelunterricht und lernt dadurch wesentliche Engelfiguren und -geschichten der Bibel kennen. Eine fröhliche „Engelkundeprüfung" schließt das Buch ab. Es ist aus einer Kinderbibelwoche erwachsen, aber mit den wunderschönen Illustrationen von Anja Weiss ein Erzähl- und Fachbuch für Kinder geworden.

BVEaA-Farbenfroh – Fachzeitschrift für Auslandsadoption - Einzelnummern

Nullnummer	Kinderhandel und andere Themen	2 € zuz. Porto
Nr. 2	Haager Konvention	2 € zuz. Porto
Nr. 3	Alte Adoptiveltern	2 € zuz. Porto
Nr. 4	Unser Beitrag für das Überleben von Kindern in aller Welt	2 € zuz. Porto
Nr. 5	Möglichkeiten und Grenzen der Auslandsadoption – mit einer Darstellung der Vermittlungen	2 € zuz. Porto
Nr. 6	Aktuelles in einer sich rasant verändernden Adoptionslandschaft	2 € zuz. Porto
Nr. 7	Offenheit im Adoptionsgeschehen	2 € zuz. Porto
Nr. 8 - Extra	Alle Adoptionsvermittlungen im Überblick	2 € zuz. Porto
Nr. 9 **(A 4)**	Auslandsadoption auf dem Rückzug?	3 € zuz. Porto
Nr. 10 **(A 4)**	Wurzelsuche von Adoptierten	3 € zuz. Porto
Nr. 11 **(A 4)**	Maulkorb für Adoptionsbewerber?	3 € zuz. Porto
Nr. 12	Adoptionsliteratur: Bilderbücher, Kinderbücher, Jugendbücher – 111 + 1 Titel	3 € zuz. Porto
Nr. 13	Adoptionsliteratur II: Beratung, Authentische Literatur von Betroffenen, Belletristik	3 € zuz. Porto
Nr. 14	Adoptionsliteratur III: Fachliteratur, Wissenschaftliche Literatur	3 € zuz. Porto

Holzkreuze, Bläserzeichen, Fische aus Rumänien können Sie betrachten unter www.adoptionsbuch/11.htm

Kirchturm Verlag

Erste Stimmen über dieses Buch:

Das Manuskript ist sehr praxisbezogen und hat mir sehr gut gefallen. Es lässt sich leicht lesen und ist gut verständlich für den Laien. Sehr zu empfehlen für Bewerber.

Mitarbeiter im Jugendamt Burgdorf

Hab noch mal herzlichen Dank für's Lesen Lassen – es war eine sehr erkenntnisreiche Lektüre.

Eva-Maria H.

Ich habe fleißig gelesen – innerhalb von zwei Tagen hatte ich es fertig. Ich finde es sehr gut. Es enthält viele Informationen für Pflegeeltern.

Eine Pflegemutter

Von derselben Autorin stammt das Buch:

Deborah Winter, **Julia, Engel im Licht – Ein Abschied**
Ein Trostbuch für verwaiste Eltern, erschienen im Smaragd-Verlag, 57614, Woldert (Ww.), In der Steubach 1, E-Mail: info@smaragd-verlag.de ISBN 978-3-938489-23-9